「子育て」のとらわれを超える

発達行動学的「ほどほど親子」論

根ヶ山光一

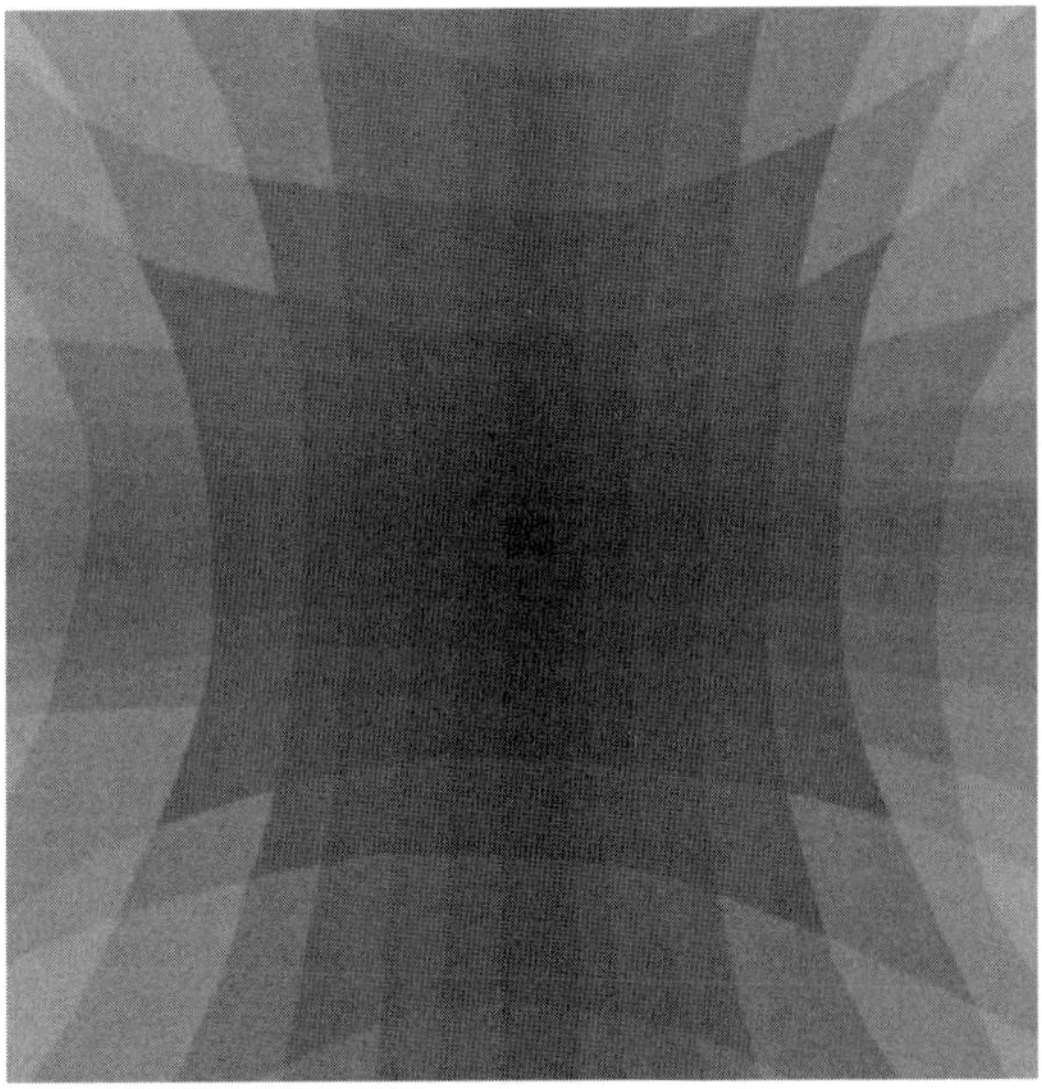

新曜社

序文

大学人としての生活を終える、その集大成として本書『「子育て」のとらわれを超える――発達行動学的「ほどほど親子」論』を刊行される根ヶ山光一さん、教育も学務も多忙だったなかで、これだけの研究をなさった、その素晴らしさに私は圧倒されている。若いうちはそこそこの研究をしても、教授となり定年退職する頃は、単著の論文も著書も消え、編著とか共著ばかりになってしまう大方の大学教授のなかで、本書は燦然と輝いている。刊行を心から慶賀したい。

根ヶ山さんのお仕事の特徴は、広い視座、多様な研究フィールドと手法にある。それは本書に収められた研究をみれば明らかである。心理学が哲学と決別して以来、客観性・厳密性・再現可能性の重視傾向が強いなか、根ヶ山研究は子どもが生まれ育ち生活する現場、そこに生起する育つ者・育てる者双方の行動に焦点づけ、愛着という正の側面と同時に、事故やけがなど負の側面にも焦点づけている。この研究視座と方法は、大阪大学での教育・研究にその根がある、と私は思っている。

もう40年も前であろうか、非常勤講師として大阪大学に行った際、助手室で根ヶ山さんに会ったのが、その後の長い交流の始まりであった。ドアを開けると、ドア裏面一杯にさまざまなサルの写真。何か食べているサル、眠りこけているサル、振り向いているサル、追いかけているサル。どれとどれが同じサル○○ちゃん、これは△△で○○の弟……とこともなげに識別し親しげに名前で呼ぶ。これは実験室で誕生・飼育した動物研究ではなく、サルが生育するまさに現実のフィールドでサルと出会い観察するフィールド研究のなかで育まれた研究者の力であろう。これがその後の根ヶ山研究の原点となっている。本書に収められている研究はその結実である。

行動発達の方法論、家族・親子の社会的文化的基盤などに関心をもつ方々に、本書を強く勧めたい。自分の研究の意味や方法を点検し、より広く深く展開してゆく一助になると思うからである。

最後に、大学から離れる根ヶ山さんへの期待と注文とを述べたい。

根ヶ山研究のフィールドである多良間島に近い沖縄本島の作家・大城立裕の近作「あなた」[1]をご覧いただきたい。（本土の都市で）大学院を終えて就職した男子青年が、その生活に納得できず、郷里沖縄に戻ってくる。職を探すと思いきや、彼はごく自然に（亡き母親がしてきた）家事万端をひき受け、うまくこなし、父親も兄もそれをごく自然に受けとめ、一家はつつがなく生活してゆく姿が淡々とした筆致で描かれている。

これまで根ヶ山さんが研究対象としてこられたのは、子育て・家事を担っている女性たち。男性・父親はあまり登場していない。これは「父親不在」の日本の現実を反映している。[2]さらにうがっていえば、母親（女性）による養育を自然さらに善きものとする視座が暗黙裡にある。[3]

しかしその女性・母親には子を〝イヤになる〟ことは稀ではなく、子との「一体感」は意外にも母親より父親しかも育児しない父親に強く、母親にとっては子は一体感を抱くよりも自分と対立する「他者」である。[4]

少子化が止まらない。子がひたすら愛情の対象であるなら少子化の進行はありえない。今や子どもは“授かる”宝ではなく、子どもは他の価値と比較検討の末、“つくるもの”となった[5]。根ヶ山研究の対象の子どもも、価値ありとして選択された相対的価値をもつにすぎず、その限りでの宝として養育しているのである。

少子化の進行さらに非婚の増加は、子どもや養育・家族のジェンダー問題と深く関わる。換言すれば、日本の家族、子の養育の問題解明にジェンダー視点は不可欠であるが、それにもかかわらず根ヶ山さんの本にはジェンダーなる語は一度も登場しない。大学を離れてより広く自由な世界に入られる根ヶ山さんに、この点を補ってより豊かな視野をもった研究を展開されること、それに基づいた社会への発言を私は期待している。

柏木惠子

まえがき

母子は生物学的に重要な関係であるが、そこには互いに近づこうとする志向性だけでなく離れようとする志向性もある。本書は後者に軸足をおこうとするものである。母親と子どもは離れすぎてはいけないが近づきすぎるのも問題で、「ほどよいへだたり」が必要である。そして健全なへだたりが成立するためには、母子が家族や保育士など、まわりの豊かな世界に開かれていなくてはならない。

子どもを「育てる」というのは、誰しも耳にし口にするおなじみの他動詞で、その主語はふつう親である。一方「育つ」という自動詞もあり、この場合の主語はふつう子どもであるが、親が育つという言い方も成立する。また子どもが泣いて親を呼び自分を「育てさせる」という言い方も可能で、その場合子どもが主語で親が目的語の使役動詞といえる。さらに親が他人に子どもを「育ててもらう」という状況もありうる。この場合親の依頼に応じ、他人が子どもを親に代わって「育ててあげる」。またあえて「育てない」という「子育て」もなくはない。また、子どもがよその子どもと遊ぶことがその母親にとっては子育てからの解放、つまり「育ててもらう」に近いことであったりもする。そのときは他人が親に子どもを「育てさせてもらう」、親が他人に子どもを「育てさせてあげる」ことになるかもしれない。このように地域のなかでの子どもの育ちは、実は親とまわりの他者と子どもの主体性が多様に絡み合うものなのである。

本書は、子どもの育つさまを親子関係とりわけ母子関係の呪縛から解き放ち、こういった全体から問おうとしている。ではその全体を一言で表す言葉として何があるであろうと考えてみる。まず「子育て」は「親→子」という意味合いのみが強く適切とはいえない。「育児」も「養育」も同様である。子どもの主体性を示すならば「子育て」をもじった「子育ち」があるが、これでは親の主体性が消えてしまうし、まわりにいる人々の関与も見えない。親子とその周囲にいる人やモノの関与も含め、「育てる」「育つ」「育てさせる」「育ててもらう」「育ててあげる」「育てさせてもらう」「育てさせてあげる」のすべてを一言でカバーする言葉、育ちゆく子どもとそれを育てる周りの人々の有機的な関係性をひとことで包括する言葉が見当たらないのだ。

このひずみは、子どもと世界の関係性に対して私たちがもつ認識の、素朴ではあるが強固なバイアスの産物なのだと思う。このバイアスは、一般社会にも広くしみ渡っているし、学界とてもその呪縛から自由ではない。それを「(母)親→子」に限定しようとする「とらわれ」は子どもを受動的存在とし無力化する「三歳児神話」や「母性神話」[1]にもみられる。親に自分を「育てさせる」というのは、子どものたくましさ、したたかさではないだろうか。また子どもは、自ら親の手を退けて周囲のヒトやモノに能動的に近づこうとするかもしれない。そのしたたかさが親を手こずらせるという光景は珍しくない。

もちろん、昨今の子どもの権利や安全の確保といった意識の高まり、「子どもの福祉」に対する配慮は正論であり、それ自体は批判すべきことではない。正論であるから否定できず、否定できないからひたすら子育ての主役を(母)親とみなし、手厚いケアを要求する。しかし、その求心性だけでは親が疲弊するし、また子どもの主体性や周囲の人たちの重要な意味がかすんでしまう弊害も生じかねない。親以外の多様な人々に子どもを委ねるとき、親子間には意図的に「離す」「離れる」という力が働く。それは「育てる」という言葉のニュアンスとは異なる。この子どもを取り巻くネットワークにおける育てと育ちの広漠とした全体を、本書では「コソダテ」と呼ぶことにする。子どもが成長発達する過程における親子間の近づきとへだたりを平等にとりあげ、親と子どもと周囲の人々それぞれにおける主体性を対等に位置づける。そしてそれに対する子ども自身の主体的な取捨選択やモノの関与もそこに盛りこむ。本書においてコソダテと書いたときには、そういう意味がこもったものとしてご理解いただきたい。したがって本書は、母子から説き起こしてはいるが、母子関係の本ではない。

動物の行動は、この問題を俯瞰的にみる視点を教えてくれる。とくに私たちに近い霊長類の行動は示唆に富む。本書は動物行動学をふまえつつヒトのコソダテの真相を解明しようと筆者なりに努力した約50年の歩みの総括である。副題を『発達行動学的「ほどほど親子」論』としたのにはそういう意図がこめられている。

「子育て」のとらわれを超える＊目次

装幀　藤田悠子

第1章　動物研究と母子関係
——母子関係は愛だけでは語れない

人間行動を理解するうえで、これまで動物は私たちのよき師であり続けてきた。動物は私たち自身を図にすれば地（背景）となるが、自らがどういう存在であるかを問う人間科学にとって、ヒトの心理と行動という複雑な対象に対し、「動物＝自分自身でないもの」を逆に図にしてそれとの対比で自分の姿を客観視する、という作業は有力な一つの方法である。私たちは動物を自分と同じ生き物とみることによって、動物の生き様から私たちの生の根本原理を学ぶことをしてきた。また動物を私たちとは違う生き物としてみることによって、私たちは自分の独自性も確認してきた。筆者の「発達行動学[1]」は、そのように動物をふまえて私たちヒトの発達を人間科学的に考察する立場であった。

生物として、動物として、哺乳類として、霊長類として、と比較する基準は一つではない。たとえば植物と私たちを比較して、呼吸もするし栄養摂取も排泄もするという生物としての共通性を指摘することも可能である。世代をつないでいくこと、繁殖も生物の重要な特徴であり、本書でいう「コソダテ（子どもの育ちと育ての総称）」は行動を通じてそれを達成する生物共通の姿である。他方「子育て」は、本書では原則として親子関係に限定した意味として用い、「コソダテ」のなかに含まれる。

ひとことでコソダテといっても、異なる種類の動物間では抱卵や抱き、妊娠・哺乳などのように、そのスタイルに違いもみられる。[2] 母親と父親の関与についても同じではない。まえがきで述べた「育てる」「育つ」「育てさせる」「育ててもらう」「育ててあげる」「育てさせてもらう」「育てさせてあげる」というコソダテの多面性は、このような動物行動の多様性のなかにみることができるであろう。

ここでは、動物のコソダテ行動の多様性を紹介するつもりはない。むしろ、筆者を本書のテーマに導いた動物研究をかいつまんで紹介することで、私たちヒトのコソダテの特徴を考察する端緒としたい。

第1節 「母子の絆」はいかに探究されてきたか

1 ハーロウの愛情システム

母子関係の議論に霊長類研究から一石を投じたという意味で、最初に挙げるべき人物はウィスコンシン大学のハーロウ（Harlow, H. F.）である（図1）。もともと学習の研究者であった彼がいかにして「愛情」の研究に導かれていったかは、ブラムの『愛を科学で測った男：異端の心理学者ハリー・ハーロウとサル実験の真実』[3] に詳しく描写されている。それによればハーロウは、繁殖用飼育檻の床に保温のために置かれた布おむつに子ザルがしがみつくのを見て、当時若手の共同研究者であったメイソン

(Mason, W. A.) とともに、母親の代理模型を子ザルに与えて母親への愛情を調べるという研究を着想した。この後の彼とその仲間による一連の研究は、ボウルビー (Bowlby, J.) のアタッチメント理論に多大な影響を与えることとなった。

「安全基地としての母親」の発見

母親の代理模型を用いたハーロウの研究は、「子ザルの愛情」を心理学的に明らかにしたものとしてあまりにも有名である。針金製の胴体をもつ母親模型とふかふかした布製の胴体をもつ母親模型と一緒に育てられたアカゲザルの子どもは、たとえ針金製の母親から授乳されても布製の母親との接触を好んだ。また子ザルが新奇な物体を提示されると、布製の母親がいることで安心感を得て周囲の探索を行った。彼はその研究から、子ザルにとって母親との接触の安らぎと安全基地としての母親の役割の大切さを主張した。このように母子が身体接触を求めて親密に接近し合う傾向を本書では「母子の求心性」と呼ぶ。親和性といいかえてもよい。この代理母は人形であって、子どもに近づき抱く行動を示すわけではなく、積極的な求心性は子どもからのみみられていたが、もちろんそれ

図1　ハリー・ハーロウ
Photo by Nina Leen/The LIFE Picture Collection via Getty Images

は本来母親にも子どもにもともに認められる性質である。

ハーロウの代理母実験は、快い身体接触を求める性質が子どもに生まれつきあることを明らかにした。それをふまえて彼は次に、隔離飼育という手法の導入によって、正常な社会性の発達には母親や仲間という個体との社会的接触が重要であることを実証した。母性剥奪の広範な負の影響は、むしろ直接的には仲間（peer）との関係構築が損傷されたことによるとも考えられ、また逆に仲間との接触経験が母性剥奪の負の影響を軽減するという側面もある。[4] ハーロウたちの研究が母子の身体接触の重要性のみを実証したとするのは正しい認識ではない。

ハーロウとハーロウは後に、[5] 霊長類の個体間を結びつけるシステムとして少なくとも、①子どもから母親へ、②母親から子どもへ、③子ども同士、④異性間、⑤父親から子どもへ、という5種類の基本的な愛情システム（affectional system）が、発達的にその順に存在すると指摘した。母子関係、仲間関係、異性関係と展開したあと父子関係に至るというのであるが、母子と父子が異なる時期に位置づけられているのは考えてみれば奇妙なことである。ここでは育てられる個体の時間軸と育てる個体の関係軸が混在している。このことは、筆者がまえがきで指摘した「育ててもらう」と「育てる」の混乱による交錯を意味し、本書の問いがこの時期にはすでに存在する根の深いものであることを示唆している。

ハーロウをボウルビーに初めて結びつけたのは、ケンブリッジ大学のハインド（Hinde, R. A.）（図2）であった。ハーロウとハインドは1957年にスタンフォード大学で議論を交わす機会があり、感銘を受けたハインドが英国に帰国後ただちにボウルビーに連絡を入れた。それに応じてボウルビーは1957年8月8日にハーロウに自分の論文の草稿を送り、そこから両者に研究上の交流が始まったと

図２　ロバート・ハインド（筆者撮影）

いう。

スピッツ（Spitz, R. A.）の母性剝奪[6]やボウルビーのアタッチメント理論などにも母子の結合という思想が認められ、母子関係を優先するという暗黙の前提がここにも強く作用していた。そしてそこには後述のとおり、ローレンツとの親交などエソロジー（比較行動学）の色濃い影響を読みとることができる。ハーロウの対象としたアカゲザルは通常は父親行動が明らかではない種であり、彼がそのアカゲザルをヒトのモデルとしたことは、幼少期の父子関係が相対的に過小評価されるという当時の学界の雰囲気を反映しているのであろう。それにもかかわらずハーロウが父親から子どもへという愛情システムに言及したこと自体、あえて評価してもいいことなのかもしれない。

隔離飼育研究――エソロジーと学習心理学の出会い

霊長類の隔離（剝奪）飼育研究の源流は１９３０年代に遡るが、体系的な研究としては１９５０年頃からヤーキーズ霊長類生物学研究所で行われた視覚や触覚の剝奪研究を嚆矢とし、その後も同研究所で社会経験の剝奪すなわち隔離飼育実験が行われた。それに加わった糸魚川直祐は後に、帰国して大阪大学でニホンザルの隔離飼育研究を開始した（このあたりの霊長類学に関する国内外の動向は岡野[7]を参照されたい）。日本の松沢や友永らもチンパンジーを対象として、その認知発達をヒトやそれ以外の霊長類と比較することによって、ヒトの心とその発達についての進化を多面的に論じた[8]。根ヶ山[9]は、隔離飼育による行動変容を、探索などの物理的環境事物に対する行動[10]、攻撃や性行動などの社会行動[11]、常同行動などの個体行動[12]の3点に集約した。剥奪・隔離飼育は生育環境の操作であり、刺激を奪うことによって行動に欠落を生じさせるという発想は、経験を重視する米国流の学習心理学のパラダイムである。しかしこの研究手法は動物倫理の観点などから後年下火となった。

サケット（Sackett, G. P.）は、さまざまな生育条件のアカゲザルが好んで探索する刺激の複雑さのレベルが、生育環境の豊かさと比例することを見出した。筆者も卒論研究として実験室で隔離飼育ザルと野外集団で育ったサルがいろいろなモノに対して示す行動を調べ、なんの変哲もない積み木のような物体に野外で育ったサルはほとんど興味を示さず、一方貧弱な環境で育ったサルは異様な執着をみせて関わるという同様の経験をした[13]。サケットは対象とするサルの心理的複雑さから適度なズレをもつ刺激をペースメーカー（pacer）と呼び、それが好奇心を喚起して探索行動を誘発すると考えた[14]。乏しい環境に育てば心理的複雑性も低下するというのは素朴なとらえ方であるし、サケットのいう心理的複雑性なるものの内実が何であるのかには議論の余地があるが、隔離飼育ザルが受けるダメージを考えるうえでの示唆にはなる。

筆者は隔離飼育霊長類の常同行動研究をレビューし、次のような考察を行った[15]。まず常同行動は、個体内の自発的行動傾向または刺激への欲求が、隔離飼育という制約によって適切な形での発現または刺激受容が阻まれ、本来とは異なる形態でもしくは対象に対して行動が発現したものである。自発的な衝動の一次的な反応解消が妨げられ、それを二次的に本来とは異なる形で回避することで個体の衝動体系の平衡維持が図られている。つまり剝奪下で、行動が消失するのではなく歪んだ形にせよ発現するという点に、生物としての自発性を認めようとした。これは筆者のベースが次に述べるエソロジーにあったことと関係する。

同じ常同行動をみても、それを正常な行動の「欠落」ととらえる立場と行動の「自発性」の発露ととらえる立場の二つがあったことは興味深い。動物の行動における生得性や自発性などを主張するエソロジーの登場は、獲得性や環境の重要性をベースとする学習心理学に大きなインパクトを与えた。その二つの立場が出会い交流することによって、動物の母子関係研究が飛躍的に進展することとなった。前に述べたとおりケンブリッジ大学のエソロジストであるハインドとの出会いは、ハーロウがボウルビーと結びつくうえで重要な契機であり、母子関係の研究へと傾斜していく大きなきっかけとなった。ハーロウ一派の研究のなかに、サケット[16]のように視聴覚的な生得的解発機構の研究などエソロジーに親和的な研究がみられるようになったことも、けっして偶然ではない。

2 ローレンツのインプリンティング

重要なのは生得性か、環境か？

ハーロウたちの一連の研究が霊長類を用いて母子の求心性を支えるメカニズムのエビデンスを生み出

していた頃、海を隔てたヨーロッパではオランダのティンバーゲン（Tinbergen, N.）[17]やオーストリアのローレンツ（Lorenz, K.）[18]（図3）らによってトリやサカナなどによる生得性を重視したエソロジー（比較行動学）の研究がなされていた。
ハーロウの研究が実験室における霊長類の学習研究に端を発するものであったのに対し、エソロジーは貴族の猟場の森林警備を行っていたルロアという人物が、自然場面で動物の習性を書き記したことを源流とする。[19]かたや開拓者精神の国、木こりの子でも努力次第で大統領になれるという考えの米国から行動の可変性を取り扱う視点をもった研究が発展し、かたや継承や伝統を重視する価値観のヨーロッパから本能を取り扱う視点が発祥して下等動物を中心に研究が行われたというのは、学問とその背後の信念体系の関係におけるコントラストとして興味深い。
ローレンツは動物の行動研究でティンバーゲン、フォン・フリッシュとともに1973年にノーベル医学生理学賞を受賞した。彼は、形態と同じように行動が動物の進化の産物で、それによって環境適応をとげてきたこと、したがって近縁種間の行動比較を通じて進化を論じることが可能であると主張した。そのローレンツを訪ね、日本に初めてエソロジーを紹介したのが大阪大学の前田嘉明であったとされる。[20]
動物の行動をよく観察することの意義の指摘と、攻撃性を含め重要な行動の発現機制についての示唆はローレンツの大きな貢献であったが、とりわけ彼のインプリンティング（刷り込み）の研究はヒトの発達科学に多大な影響を及ぼした。これは離巣性のトリの雛が、卵からかえって初めて見る動くものを親とみなしてそれに付き従うという特殊な学習のことであり、餌や電気ショックなどによって外部から行動を強化しないでも成立し、発達初期の特定の時期（臨界期）に一瞬で学習され、その効果は一生涯にわたって不可逆的に続く。つまり母子結合のメカニズムとして子どもに生得的に備わった特殊な学習能力の指摘であった。[21]

ヒューマン・エソロジーから社会生物学、行動生態学へ

その後ローレンツの弟子であるアイブルーアイベスフェルト[22]は、エソロジーの考え方を積極的にヒトに適用し、ヒューマン・エソロジーという分野を開拓した。彼は生まれつき視力をもたない子どもがみせる表情に対して古典的なエソロジーの手法を適用し、また非侵襲的な撮影手法を開発して挨拶行動などの文化比較を行った。[23] 一方英国ではハットらにより、エソロジーの手法を用いて臨床的・非臨床的な子どもの行動の定量的な研究が１９６０年代になされた。[24] またトリの研究者であったブラートン・ジョーンズ（Blurton Jones, N.）[25]が子どもの研究をし、遊び、攻撃や優劣関係、空間や混み合い、アタッチメントの研究を行う者も出てきた。また英国ではラックやソープがトリの研究をし、ラックの弟子で鳥類学者であったハインドがティンバーゲンとともにその後の英国におけるエソロジーを牽引した。

図３　コンラート・ローレンツ（右）とニコラス・ティンバーゲン

このように20世紀後半は、母子関係や行動の発達に関していくつかの新たな観点が生まれ、それが活発に相互交流した時期であったといえる。それはさらに米国や英国を中心に、遺伝子と行動の関わりから繁殖として行動の機能を考察するという流れを新たに生み出した。行動の機能への注目は１９７０年

代のバラッシュ（Barash, D. P.）やウィルソン（Wilson, E. O.）らの社会生物学の研究に認めることができる。ウィルソンは彼の大著『社会生物学』[26]を遺伝子の問題から説き起こした。遺伝子を後世にどう残すかは個体の寿命や繁殖集団の形態、雌雄の出会い方、子育てのスタイルなどに影響される。とくに遺伝子を共有する親子間の世話のしかたはその問題に直結する。これは繁殖と発達の問題であり、ハミルトン（Hamilton, W. D.）の包括適応度、真社会性昆虫のハチのヘルパーの議論、トリヴァース（Trivers, R. L.）による親子の離乳コンフリクトの議論などはまさに生物学的な発達研究として特筆される。のちに具体的に述べるとおり、トリヴァースの理論は筆者の研究とも深く関わっている。

また行動生態学[27]でも同様の議論がなされ、社会生物学や行動生態学あるいは進化心理学は、母子に限定されないで血縁個体・非血縁個体の広いネットワークからコソダテを考えるという視点をもたらした。自分の遺伝子の頻度を集団内で高めることが個体の適応であり、同じ遺伝子を共有する血縁個体全体が残す遺伝子による包括適応度が進化のめざすところであるとして、その適応度を高める要因（究極要因）を重視した。親子は遺伝子の共有率がもっとも高い個体同士であり、その点から子育ての重要性が注目された。その考え方はクラットン－ブロック[28]の著作によく現れていて、そこでは親のケアにおける投資、その損失と利得、種差、性差などの議論が展開された。

3　ボウルビーのアタッチメント

エソロジーが心理学に与えた衝撃

　エソロジーは動物学領域において進化と適応から行動を議論するという視点の重要性を訴え、当時の学習理論をふまえた行動主義的行動観に立つ心理学に大きな衝撃を与えた。発達心理学もその例外ではない。アーチャー[29]によれば、まずその影響の第1として、1950年代にボウルビー（図4）がエソロジーの概念をヒトのアタッチメントに適用したことが挙げられる。第2は1960年代半ばから始まった動きで、エソロジーの観察手法がヒトの子どもの研究に応用された。そして第3に、1970年代以降、機能の進化的説明が発達に適用された。

図4　ジョン・ボウルビー

　ボウルビーはローレンツのインプリンティングの研究に触発されて、人間のアタッチメントを、敏感期をもち母親に対する外的強化をともなわない持続的な強い絆とした。さらに彼はハーロウ、ハインドらによるアカゲザルの母子分離実験の研究を人間のアタッチメント研究のモデルと考えた。

　アタッチメントは本来、危険に出会った子どもが親との近接性を通じてその不安を解消しようとする子どもの性質である。それは発達初期には吸う、しがみつく、後を追う、泣く、ほほえむ、それと呼びかけるという愛着行動によるアタッチメントは子ども側の能動性であり、母親側の能動性は養育行動とされた。[30]ボウルビーは、行動システムや目標指向性によって組織された機能的に重要な行動の概念をアタッチメントに適用した。その後アタッチメント理論は、適用範囲を幼少期から生涯発達的変化に広げ、発達心理学の巨大理論に発展している。それと同時に、母親を超えた多様な相手に対する広がりとして、ソーシャルネットワークの問題として考えようとする機運も高まってきた。[31]

ストレンジ・シチュエーションが見落としてきたこと

アタッチメント研究はストレンジ・シチュエーション[32]という検証手法の登場によって実証性が与えられた。具体的には、新奇な部屋にいる子どものそばから親やストレンジャーが短時間立ち去ったりまた子どものもとに戻ったりするという一連の手続きがとられた。それは親や周囲の人物が子どもにどう関わるかを変数として、子どもの反応を離れた場所から隠れて観察するものであった。ストレンジ・シチュエーション下では、近接を求める、近接を維持する、近接や接触に抵抗する、近接や交渉を回避する、立ち去った養育者を探す、へだたって相互交渉する、といった行動が子どもに出る。それをもとにして、アタッチメントに回避型、安定型、抵抗／アンビバレント型という組織化された基本型が分類され、さらに組織化されていない無秩序・無方向型が加えられている。[33]

この手法の確立によって同じ物差しを用いた比較が可能となったというメリットがあったが、母子関係とは本来母親と子どもの双方向的な調整過程であるとすれば、子どもの状況とは無関係に場面が進行し、一方的強制的に変化するその場面に受け身に反応する存在としてしか子どもをみず、母子の相互主体的なインタラクションをとらえていないという制約も含んでおり、そのことが母子関係、とくに子どもの能動的役割を過小評価するという弊害ももたらした。

高橋・柏木によれば、このような研究の動向は男性が公的領域を支配し、女性は家庭領域で家事・育児に専念するべきだとの、フロイト（Freud, S.）を起点とする当時の性的役割分業の家父長的認識に影響されているという[34]。ハーロウやローレンツも同時代を生きて相互に影響し合った者同士であることを考えると、この高橋・柏木の指摘はさもあろうと首肯すべきものがある。また高橋が正しく指摘するように、この分離場面は通常の生活場面と落差をもっており、それが与えるストレスには文化差が存在するという可能性があることも考えておく必要がある。その点でいえば、抱き下ろしたり抱き上げたりといった日常みられる自然で軽微な分離再会場面などの場面も有効であろう[35][36]。

後に行動生態学の影響下で、そのようなバリエーションは養育する側における養育タイプの違いと対応する繁殖戦略であるという考え方が提唱されるようになった[37]。また親の繁殖戦略と子どもの発達戦略の組み合わせによってそのバリエーションを説明しようとするなど[38]、進化という観点からそれを説明しようとするうねりが出てきた。そこには、多産多死の r 戦略、少産保護の K 戦略という二分法や[39]、親子の利害の対立という社会生物学の影響がみてとれる[40]。これらのことは母親と周囲の人物がどう子どもに関わるかという、開かれたコソダテの問題意識につながる本書の本質的な問いであり、このことについても後ほど議論する。

4　求心性を追究した巨人たちの時代

ファン・デル・ホルストはボウルビーを題材とした著書[41]のなかで、ここでとりあげたハーロウやローレンツをはじめ、さまざまな人々と彼が交流してきたプロセスを整理しているので（図５）、それを紹介しつつ、一つの時代を形成した研究者の相互交流を概観しよう。

ボウルビーは友人ホトフからの情報で初めてローレンツのインプリンティングの研究を知り、エソロジーに関心をもったという。それとほぼ同時に彼は、休暇中に英国の進化生物学者ジュリアン・ハクスリーと偶然出会い、ローレンツの『ソロモンの指輪』のゲラを見せてもらうとともに、ティンバーゲンの仕事も知るところとなる。少年時代からトリ好きだったこともボウルビーが動物行動に関心をもったことと関係していた。一方ローレンツとティンバーゲンは１９３６年にオランダで開催された某シンポジウムで初めて出会って意気投合し、一緒に研究をするようになってエソロジーが発展し、やがてそれが大きく結実して１９７３年のノーベル医学生理学賞につながることとなる。

ボウルビーが最初にローレンツと出会うのは、１９５３年から56年までの間に開催されたＷＨＯの会議の場であり、それから個人的で緊密な交流が開始される。それと同時にその会議のなかでボウルビーはハインドの存在をローレンツから教えられ、１９５４年に両者は初めてロンドンの研究集会で出会うこととなる。それ以降二人は英国内でかけがえのない重要な関係を構築した。

ＷＨＯの会議が下敷きとなって、１９５９年から65年までＣＩＢＡシンポジウム（スイスの医薬品会

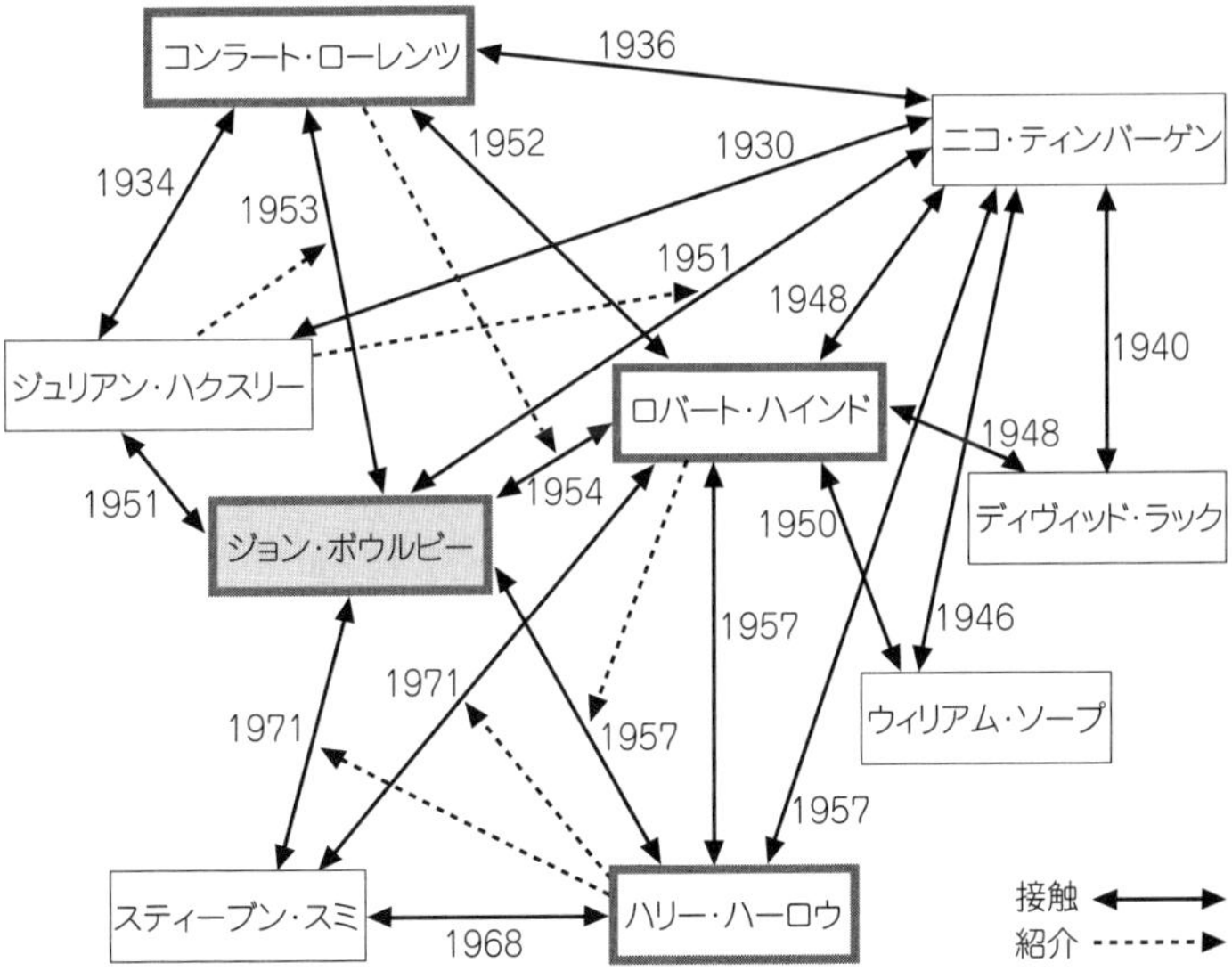

図５　ボウルビーと研究者たちが互いに初めて連絡をとった年（van der Horst, 2011[41]を改変）

社ＣＩＢＡが支援し、ボウルビーがオーガナイザーとなって開催された母子研究者・動物研究者・臨床研究者の集会）が繰り返し開催されたことは画期的な出来事であった（成果は『Determinants of infant behaviour 第１－４巻』[42]として刊行されている）。それらにはいずれもボウルビーが序文を寄稿している。このシンポジウムは学際的、国際的なシンポジウムであり、ハインドとともにハーロウとその研究仲間も重要メンバーとしてそこで繰り返し報告している。ハインドはそれまでトリの研究者であったが、ハーロウの影響もあって、このシンポジウムを境に霊長類の母子分離研究へと舵を切った。そこには霊長類での実証を期待するボウルビーからのアカゲザルコロニー設置の経済的支援もあったという。それ以来ハインドは、ボウルビーがエソロジーに傾倒していくうえでかけがえのない存在となる。

そのハインドが1957年に米国の会合でハーロウと初めて出会い、ハーロウが自分の研究に関心をもっていることを帰国したハインドから告げられたボウルビーが、ハーロウに手紙を書いたことがきっかけで二人の交流が始まったことは前述のとおりである。そしてボウルビーがハーロウを1959年のCIBAシンポジウムに招待し、その後もハーロウは同シンポジウムの常連参加者となった。そのようにして二人は相互に影響を与え合ったのである。動物研究と人間研究の運命的な出会いというべきである。

このように20世紀の後半は、エソロジー・霊長類学・母子研究という三角構造をめぐる異領域の出会いがあり、それが相乗効果をあげて研究が飛躍的に発展した時代であった。その協働体制の「化学反応」が1950年代のわずか10年ほどの間で爆発的に起こったことに、あらためて驚きと感動を禁じ得ない。そこにはローレンツ、ボウルビー、ハーロウ、ハインドといった、時代の新しい空気を敏感に感じとり、領域の垣根を越えて切磋琢磨しようとした気鋭の研究者たちの情熱があった。その巨人たちをコーディネートしたボウルビーの功績は大きい。

振り返れば筆者の学生時代はまさに、その爆風が学界を席巻していた最中であった。エソロジーを標榜しつつ、野外集団と実験室のニホンザルを擁し群れ生活と飼育下の隔離飼育研究などを行っていた大阪大学も、日本でその動きの一翼を担っていた。糸魚川の率いるこの研究室は、のちに手がけたヒト低出生体重児の研究も含め、今にして思えば一研究室でありながらここでみてきたハーロウ・ローレンツ・ボウルビーの連携協働の要素をすべて擁していたことになる。[43] 一学部生であった筆者はこの研究室の門を叩き、そうとも知らずその動きのなかに飛び込んで霊長類研究に関わることになったわけである。

当時大阪大学の実験室では主に隔離飼育研究を行っていたが、何かそれと同じでなく野外集団と実験室をつなぐような面白い研究テーマはないか、との模索が本書のそもそもの起点となっている。

第２節　遠心性への注目

以上、ヒト以外の動物研究を中心にして、筆者が研究を始める時点における当時の学界の動向を簡単に紹介した。何らかの同時代的な価値観が世界を包み、その価値観のもとで研究者が相互に刺激し合い、情報を提供し合い、競っていたことであろう。高橋が家父長的イデオロギーと呼んだ動き[44]は、研究にたずさわらない一般人の興味関心とも連動して、良くも悪くもある時代的な社会的空気を醸成していた。哺乳類の雌が子育てに適応した身体を進化させ、一般に雄よりも子育てに積極的であるという生物学的事実がそれを後押しした。

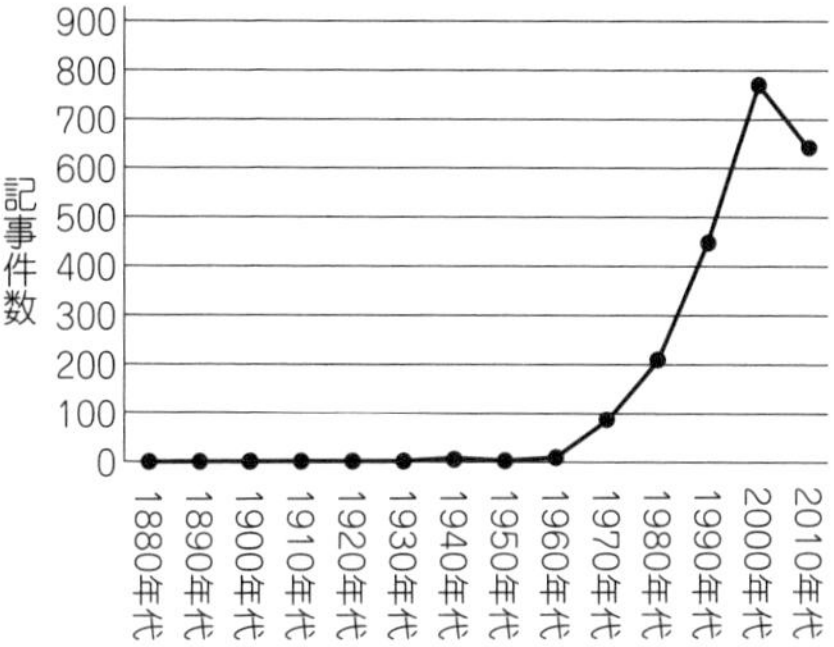

図６　「子育て」記事の推移
朝日新聞（東京版・大阪版）本紙データベースの見出し語検索から

図６は朝日新聞（東京版・大阪版本紙朝刊夕刊）データベース「聞蔵Ⅱビジュアル」で、創刊直後の１８８０年から10年刻みで２０１９年まで、「子育て」という言葉が見出しに含まれていた記事を抽出し、その総数を示したものである。巷における

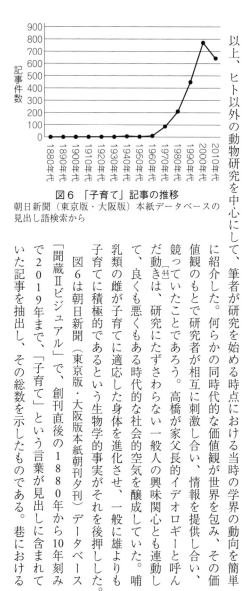

庶民のこの言葉に対する関心の指標といえよう。驚いたことにこのポピュラーな言葉は、たかだかこの半世紀ほどの間ににわかに急増してきたものであって、それ以前にはその言葉を見出しに含む記事はほぼ皆無であった。庶民の関心がここ50年間、とくに30年余りの間ににわかに高まりをみせていることがわかる。それは同時に過去30年間学術論文において、「育児ストレス」や「仕事と家事の葛藤」といったネガティブな意味合いのキーワードや、「育児サポート」や「夫婦の育児協力」などの支援系のキーワードが増えてきたこととも呼応している。[45] 上に述べた研究者間の協働が社会にもたらしたインパクトがいかに甚大であったかを物語るものであろう。

1　筆者による母親の攻撃性の研究

しかしながら母子関係に限らず、個体の関係にはすべからく親和性と反発性が存在するものである。母子の引きつけ合う性質だけを取り上げて、離れようとする性質について目を向けようとしないことはバランスを欠く姿勢であり、実態の包括的理解を妨げる。母子がそのように互いのへだたりを拡大しようとする性質を、本書では母子の「遠心性」と呼ぶ（ちなみにこれはワロンのいう求心性・遠心性（自己内部に向かうか外界に向かうかという個体の志向性）[46] とは定義が異なる）。母親のもつ遠心性は母性を賛美する考えによって視野に入りにくくなっているが、虐待などの問題として否定的に扱われるだけではなく、肯定的な機能も有するという可能性を考慮する必要があるのではないか。これは、このような学界の空気に対して、学生としての筆者がいだいた疑問であった。

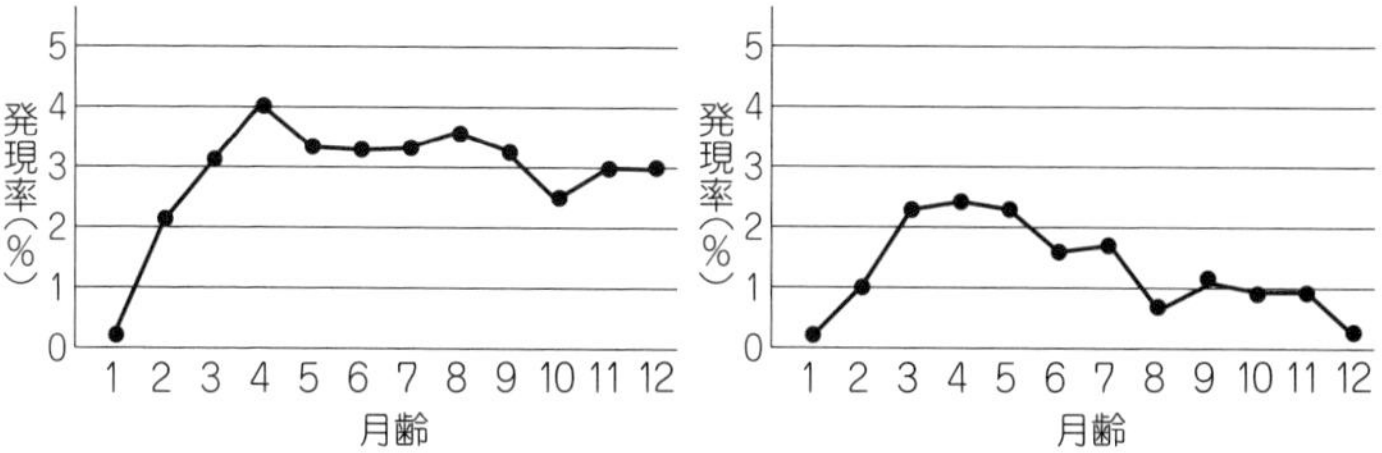

図7　ニホンザルの母親から子どもへの攻撃行動

左：飼育ニホンザル母子6組；右：餌付けニホンザル集団母子8組（根ヶ山, 1998[51]を改変)

筆者は「ヒトもサルである」という観点に立ち、そのような先達の諸理論に触れながら、動物（とくに霊長類）行動をふまえてヒトの行動を研究したいと考えた。大学院生時代の修論研究のテーマは成体ニホンザルの出会わせ場面における攻撃行動であった[47][48]。実験室で飼育されていた母子もそのついでに観察してみたことが、筆者の母子研究の始まりである。そこで母親が子どもにわずかながらも攻撃行動を向けること（扉裏の写真）がわかり、親和的な母子という常識が根底から揺さぶられたことが、思えば永らく遠心性の問題に取り組む出発点であった。そのときの違和感が筆者の心のなかで発酵し、新たな母子像を確立したいという思いが、40年以上も経て本書の執筆につながっている。

サルの母親も子どもに苛立つ

ニホンザルの出会わせ実験からは、抑制のきいた攻撃性がニホンザル成体雄の関係調整に重要な役割を演じているということを知り得た[49][50]。同じ目で母子関係にも攻撃行動の適応機能が存在するものであろうかと思い、生後1年間ニホンザル母子の相互作用を観察してみた。すると頻度こそ高くはないものの、飼育下でも野外でも共通に、母親から子どもに対しても噛みついたり威嚇したりする抑制された攻撃行動が認められたのである。[51]しかもでたらめに発現するのではなく、発達的に意味のある形で発現頻度が推移していた。図7が大学のキャンパス内の飼育下[52]と岡山県真庭郡勝山町（当時）の中国山地に生息する野外餌付け集団[53]での母子追跡観察の結果である。図で明らかなように、どちらの場面においても4か月で攻撃行動がピークに達している。野外では頻度そのものが低く、さらにその後徐々に減少しているが、飼育下ではそのレベルが維持されている。野外では子どもと母親が離れる空間的な広がりがあるのに対し、飼育下では両者間に十分なへだたりが得られないことがこの違いの理由であろうと考えられた。

飼育下の観察によれば、母親の攻撃は子どものさまざまな行動によって母親が苛立ったり子どもをうるさがったりすることによるものであった。それが子どもを母親から一時的に遠ざけたり母親に向けられた子どもの行動を停止させたりしたが、これはしつけ機能を背後に感じさせる「罰」という解釈[54][55]よりはむしろ、苛立ちによる攻撃（irritable aggression）[56]に近いものと考えられた。フェアバンクスとマグァイアーも、ベルベットモンキー母子を集団内で観察し、その母親行動から接近や接触などによる保護と、接触の停止や遠ざかりなどによる拒否という二つの主成分を抽出していた。[57]

ハーロウの代理母は求心的母子関係のモデルではあるとしても、ここでいうような対立的な母親の姿は教えてくれない。ハーロウらは母親の身体から圧搾空気が噴射されたりトゲが突き出たり、子どもを振り落とそうとしたりする「モンスター・マザー」を作って、それに対する子ザルの反応を調べることも試みたが、子どもをますます母親にしがみつかせるという結果となったという。[58]そのことから、母親による拒否や攻撃が子どもを自立させるという機能はもたないとされたが、しかしその結論は早計である。ここでみてきたように、飼育下でも野外でも、あるいは異なる種でも、母親は子どもに対してそういったネガティブな行動を発現させるものであり、それは子どもの自立と関わる繁殖上の適応行動であった。ローゼンブラムとハーロウの研究[59]では、あらかじめ決められたタイミングで嫌悪刺激である圧搾空気が代理母の身体から噴き出すという手続きをとっていたが、その負刺激は子どもの行動との随伴性を欠くものであった。子どもの行動に応じて抑制のきいた攻撃が適時に随伴する場合が、それと同列に論じられないことは明らかである。母親の遠心性の意味を正しく把握するためには、そういった行動がいつどんな文脈とタイミング、どんな強度で発現したか、そしてそれが子どものどのような反応をもたらしたか、さらにそれに対して母親がどう対応したか、という結びつきを丁寧に検証する必要がある。それを怠ったのは、母性への偏った構えが生んだ軽視といえるだろう。

出産は遠心性の出発点

母子の身体が分離し、互いに独立の行動主体になるという形の母子関係の遠心性の展開は、出産が端緒となる。出産は母子の新たな出会いのようにみえるが、実は子どもが保護的な胎内から外界に放出されて、厳しい体外環境に曝される瞬間なのである。栄養摂取も呼吸も体温調節も、それまでは母体がカバーしてくれていたが、出産以降すべて自分で行わねばならない（母乳に関しては母親との共同作業というのがより正しい）。母親側からすると、出産はそれらの身体的負担の大幅な軽減ということになる。また胎内に子どもがいる状態では母親がその運搬をフルタイムで担っているが、出産以降は子どもを離すこともできるのでそれがオプションとなり負担が軽減される。ただし運搬や保護には手の関与が必要となり、その意味では新たな負担の追加という側面もある。

筆者は大学院時代、所属研究室の飼育施設でニホンザルの出産の観察研究を行ったことがある。新生体という新奇個体の突然の出現に対して母親がどういう反応をするのか、その際には攻撃行動はともなわないのか、野外育ちのサルと隔離飼育のサルとではそこに差があるのか、といったことを調べたかったのである。何か月も施設に寝泊まりし、夜間も含め数時間ごとに分担して妊娠ザルを肉眼観察し出産の兆候を待ち構えるという人海戦術中心の地道な研究であった。

出産に際して野外育ちのサルたちは、いきなり娩出される新生体を、攻撃や回避などせず当然のように平然と受け入れた。身体分離に対して、母親が抱いてほぼ直ちに子どもとの接触を成立させ、その後子どもの体表面を舐めて汚れを拭いつつ皮膚刺激するという行動が続いた。これに対して隔離飼育ザルの場合は子どもを抱き取ろうとせず威嚇すら発現した。隔離飼育ザルの母親の子どもは自分で積極的に檻の鉄棒にしがみつき、壁に自らの口を付けて心身の安定を図っていた[60]。出産による分離後に接触を回復するのは母親によるものとつい思いがちだが、母子関係を成立させる求心性は母親のみではなく、出産場面からすでに母親と子どもの協働で達成されていたのである。

2　母子関係の種間比較研究

筆者はさらに、母親から子どもへの攻撃行動などについての種差を調べる目的で、研究施設や動物園で飼育されている14種の霊長類（チンパンジー、オランウータン、ニホンザル、タイワンザル、ヤクザル、カニクイザル、ボンネットモンキー、バーバリーエイプ、ベニガオザル、シシオザル、モナモンキー、ドグエ

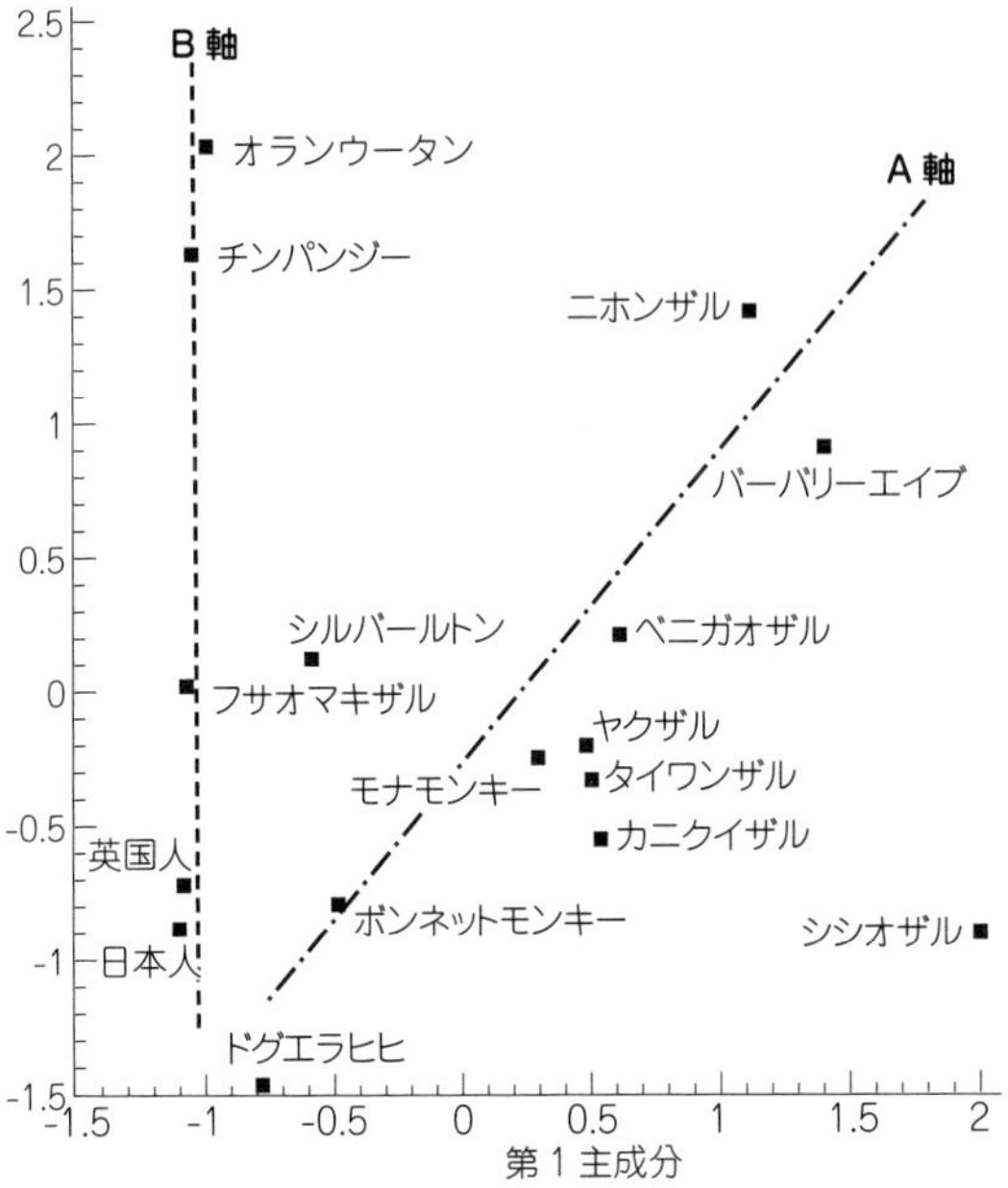

図８　飼育霊長類の母子関係の種間比較

A 軸：一点鎖線；B 軸：破線（根ヶ山，2002[61]を改変）

ラヒヒ、シルバールトン、フサオマキザル）の母子を、それぞれ出生直後から1年間追跡観察したことがある。[61] 図8はその結果に対して、さまざまな行動発現の基本構造を明らかにするために主成分分析を行ったものであるが、筆者が日本（大阪・兵庫）と英国（エディンバラ）の家庭で行ったビデオ観察の結果も、比較のために加えている。観察は0～1か月、6～7か月、12～13か月の3時期にわたって日英の各家庭で観察したもので、場面も方法も飼育霊長類とはまったく異なるためあくまでも参考ではあるが、示された結果はヒトの母子の遠心性を考えるうえで示唆的であった。

図の第1主成分は母親から子どもに対する攻撃行動と子どもの乳首への口

唇接触をともに強く反映する軸（親による関係調整成分）、第2主成分はもっぱら身体接触全般を強く反映する軸（母子の接触成分）であった。子どもによる乳首への接触行動が第2主成分の母子接触ではなく攻撃行動と同じく第1主成分に含まれることは、摂乳（子どもによる母乳の摂取）要求が母親の攻撃を惹起し、結果として子どもを自立へと駆り立てていたことを示唆しており興味深い。この図には、第1主成分と第2主成分で構成される平面上に2本の軸が横たわっている。一つは、左下のボンネットモンキーからカニクイザル、タイワンザル、バーバリーエイプを経て右上のニホンザルまでをつなぐマカク属の軸（A軸）であり、もう一つは左上のチンパンジー・オランウータンと左下のヒトをつなぐヒト属の軸（B軸）である。A軸とB軸は、ともに原点が求心的特徴であり、その対極が遠心的特徴（A軸は対立的、B軸は非対立的）である。

まずA軸は、ボンネットモンキーに代表されるような早期自発的母子分離傾向の極と、ニホンザルに代表されるような身体接触と親による関係調整がともに強い極からなっている。ニホンザルはマカク属の仲間のなかでも、母子の関係調整と接触がともに強い傾向を示す種であることがわかる。同時にニホンザルは体格も大きく、世界の北限にすむサルとして冬の厳しい季節を生き延びる強さをもっている。それは一年のうちに繁殖期と非繁殖期が存在することとも無関係ではなく、厳しい季節には母親が接触して子どもを保護し、季節がよくなれば子どもを積極的に自立へと押し出すことによって次の繁殖期に備える。この母親による子どもへの反発性を筆者は「子別れ」と呼んだ[62]。親による子どもの拒否という反発性が母子の遠心性をもたらしていた。

一方、A軸におけるニホンザルの対極に布置するボンネットモンキーやカニクイザルは暑い地方にす

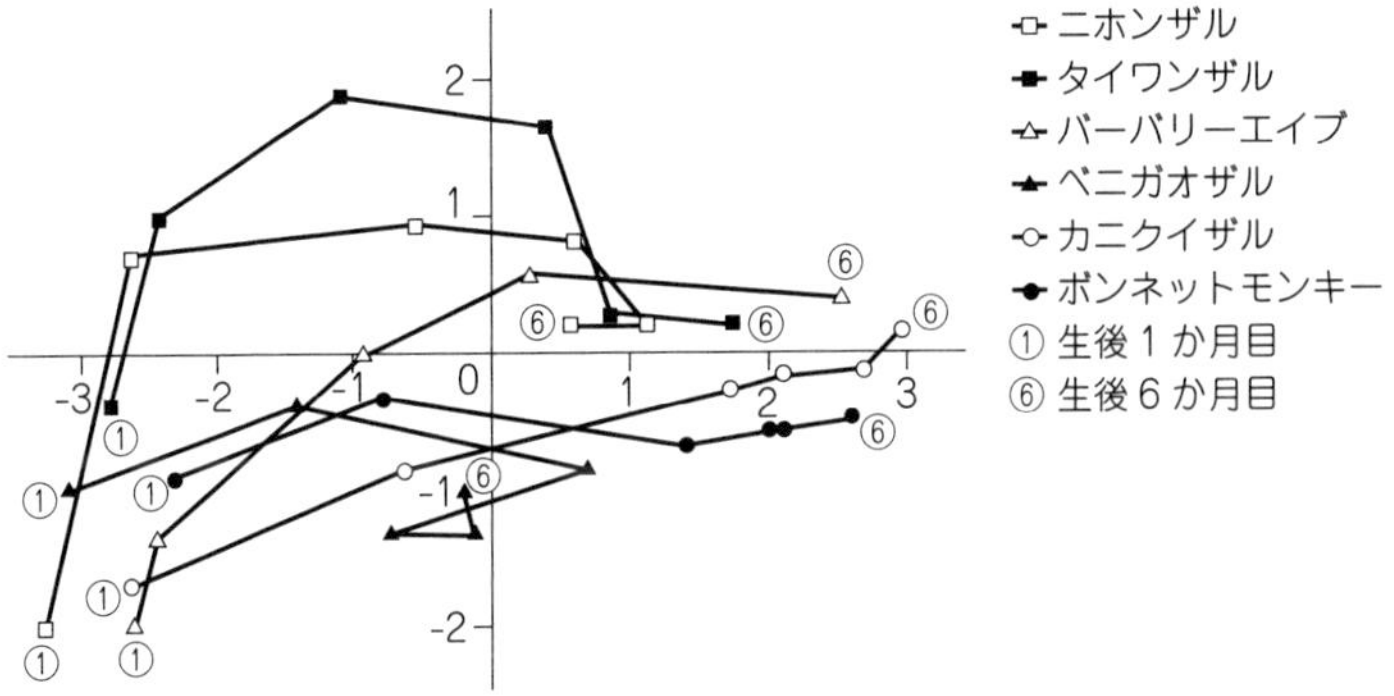

図9　マカク属の母子関係の生後6か月間の変化（根ヶ山，1998）[64]

むサルで体格も小さく、年中繁殖可能である。体格の小さな霊長類は母乳のタンパク含有率が大きい傾向があって[63]、親から拒否されるというよりも子ども自身が早く成長して親から自発的に離れることを特徴とする。子どもの早い成長によって親子の反発的関係を介さずに遠心性がもたらされるのである。

マカク属だけをぬき出して、生後半年間にわたる月ごとのデータを主成分分析にかけた結果を図9に示す。この図では第1主成分（横軸）がへだたり（抱き、しがみつき、0・5m以上のへだたり）、第2主成分（縦軸）が母親による距離調節（母親の攻撃、制止、毛づくろい）を表している[64]。これによると生後1か月目を示す①の位置はどの種も比較的近いが、その後体格の大きなニホンザルやタイワンザルが第2主成分のほうに大きく膨らみ、そしてまた⑥の生後6か月目ですべての種が近くに収束しているのをみてとることができる。

図8が教えてくれるもうひとつの側面は、大型類人猿とヒトの比較（B軸）が示すものである。図ではチンパンジーとオランウータンが左の上限に位置づいており、彼らは母子の接触期間が長く分離がゆっくりであってきわめて求心的な種である。ヒトはそ

れと近縁種であるにもかかわらず、大きなへだたりをもつことにおいてそれと好対照である。しかしヒトは、上記の小型のマカク属のサルのように子どもが早く成長することで母親のもとから早期に分離する種でもない。それとは逆に、たとえばベッドに寝かされ布団を掛けられて母子の身体距離が大きくなる、といった形でモノやヒトが母親に代わって子どもを守り、その保護のおかげで母子がへだたっていられるのである（後述）。このことについて筆者は、二次的就巣性（後述）というヒトの赤ん坊の特徴と不可分にかかわることであると考えている。

第3節　求心性バイアスからの脱却

アタッチメントは文字通り求心性を基盤にした議論で、もともと危機場面をアタッチメント行動の進化的適応環境（environment of evolutionary adaptedness, EEA）として限定し、その危機に遭遇した子どもが生存のために親に接近して保護を求める性質のことである。子どもの生存と発達を保障するうえで、アタッチメント理論が発達心理学にはたしてきた貢献は計り知れない。そのことの評価を惜しむものではないが、しかし同時に親和的母子関係観の素朴理論と強く結びつき、母子関係の見方を求心性のみで説明する方向に引っ張ってしまったという側面は否めない。

1　安心感の輪と求心性バイアス

危機に直面した子どもと母親の接近という求心的な視点は、重要ではあるがあくまでも母子もしくはそれに類する関係を説明する一要因であり、もう一つの要因である遠心性にも等しく光を当てないと現実の関係は正しく理解できない。これは本書の基盤をなす認識である。遠心性を排したままアタッチメントが母子の絆へと拡大され般化されたことは、いわば「求心性バイアス」といえるような状況かもしれない。求心性バイアスとは、母親は子どもに対し親和的に接し、母子は求心的に接触を求め合うものであるという研究者のもつ暗黙の構えが、データをとる場面の設定や観察眼を無自覚的に枠づけ、そのことによってその構えに合致するエビデンスのみが過大に再生産されてしまうということとする。

「安心感の輪」[65][66]を例にして考えてみよう。安心感の輪（図10）とは、アタッチメント理論を実践の場に応用するモデルとしてよく知られる。左側に母親を連想させる人物の両手が開かれて、子どもがその手から飛び出している。「みててね」「見守っていてね」「一緒に楽しんでね」というせりふに表れているとおり、子どもの意識は母親に釘付けである。そして子どもを送り出す手には「安全基地」との添え書きがある。また子どもは、「待っててね」「大好きってうけとめて」といいつつその手に帰還していく。

ここで優しく送り出し受けとめる手として描かれる母親の姿は、ハーロウのアカゲザルを用いた母親代理模型と変わらない。さらにいうとチザムのアタッチメントサイクルという図式（図11）にも、同じ構造が示されており[67]、アタッチメント理論の基本的構図といえる。

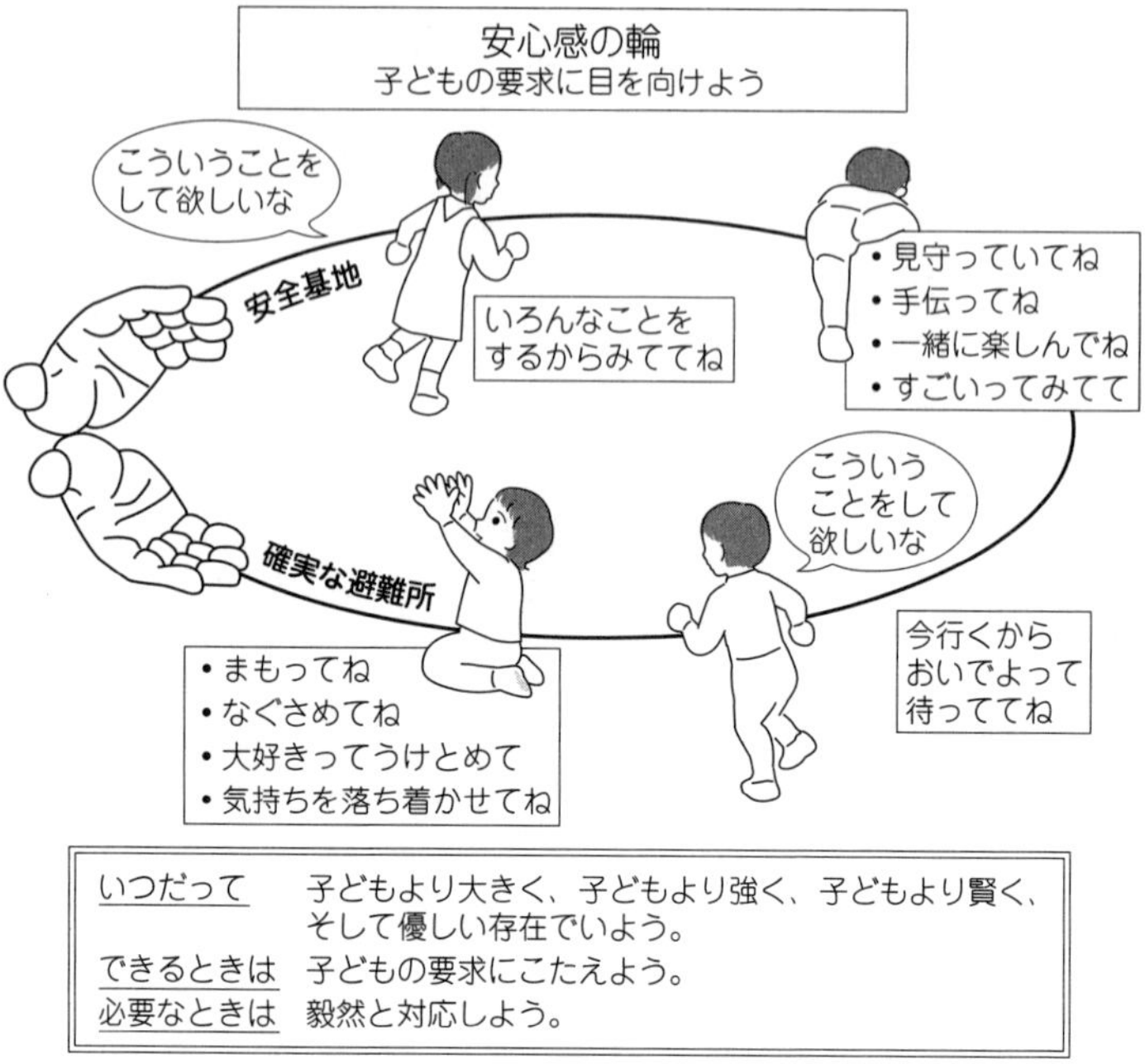
安心感の輪
子どもの要求に目を向けよう
こういうことを
して欲しいな
安全基地
いろんなことを
するからみててね
• 見守っていてね
• 手伝ってね
• 一緒に楽しんでね
• すごいってみてて
こういう
ことをして
欲しいな
確実な避難所
今行くから
おいでよって
待っててね
• まもってね
• なぐさめてね
• 大好きってうけとめて
• 気持ちを落ち着かせてね
いつだって　子どもより大きく、子どもより強く、子どもより賢く、
そして優しい存在でいよう。
できるときは　子どもの要求にこたえよう。
必要なときは　毅然と対応しよう。

図10　安心感の輪（北川，2012）[66]

「安心感の輪」に描かれていないもの

安心感の輪が示すのは、子どもの母親からの遠ざかりを描いているという点からすれば、実は遠心性の場面といえる。しかしこの絵では、安心の基地と避難場所という2種類の求心性によって円軌道が説明されているにすぎず、描かれた子どもの姿はまるで真空を遊泳する宇宙飛行士のようである。さしずめスペースシャトルが母親であろうか。そこで注目されているのは、子どもから母親に向けられた求心性であり、その子どもを外に誘い出し、あるいは子どもを危機にさらす外界の正負両面の豊かさには言及がない。それは「探

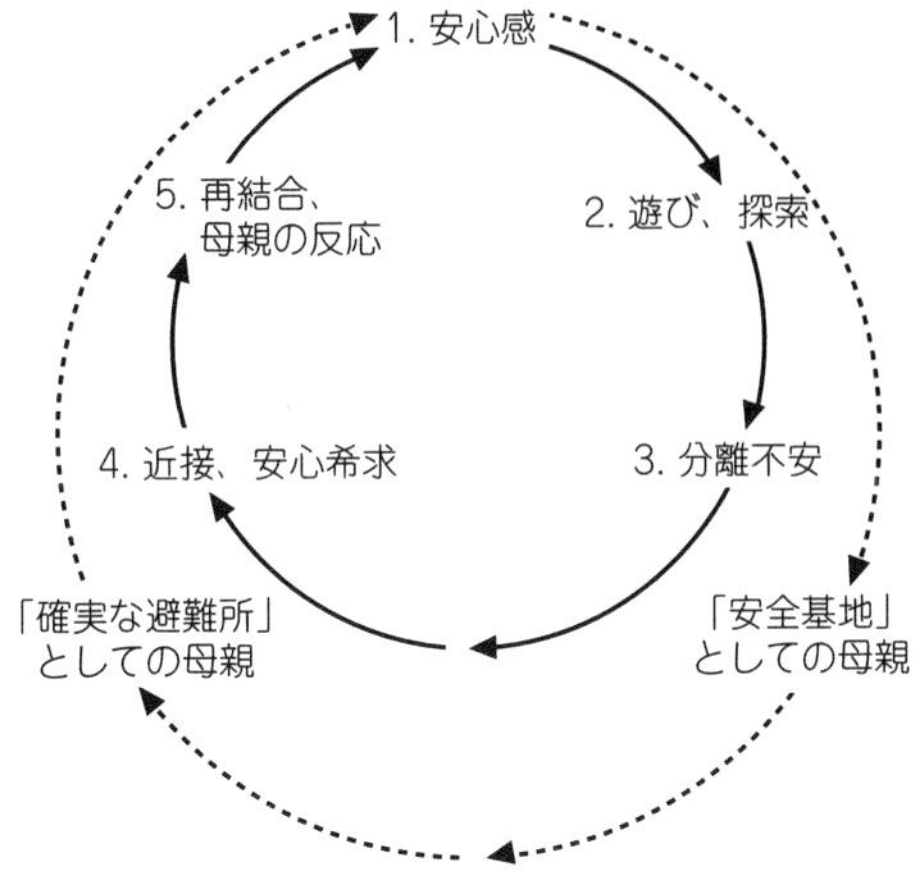

図 11　アタッチメントサイクル（Chisholm, 1996）[67]

索」として暗に示唆されているのみである。しかしながら、あたかもブラックホールのように、子どもを引きつけているもの（あるいは子どもを退けているもの）が母子の外側に間違いなく存在している。そもそも子どもが母親から離れるためには、子どもの周囲に子どもの興味を引くモノやヒトがあるわけで、子どもが円軌道を描いて母親から離れるときには、母親に向かうベクトルとモノやヒトに向かうベクトルという相反する両ベクトルの「葛藤」や「すり合わせ」があるはずなのである。

氏家が子どもの一見「気まぐれ」とみえるゆらぎのなかに発達的な真理があると主張したように、ある構えをもつことでそれとは異なる説明がかすんでしまうことがある[68]。モノの種類によっては、図の手は子どもを制止する手ともなりうる。母親から離れるという遠心性は、ここでは単に求心性を実証する補助線として使われているにすぎない。

接近・接近のコンフリクトというものがある。たとえば映画も見たいしスポーツもしたい、といったような葛藤場面であるが、この安心感の輪に描かれている子どもも、実はまさにこの葛藤場面と同じ構造にいる。また母親も、ただ黙って子どもに向かって優しく手を広げて子どもを放し、また受けとめるだけの存在ではない。その手は時には子どもを無理に押し出す手かもしれないし、また行こうとする子どもを引きとどめようとする手かもしれない。また母親は、時には子どもが自分のもとを離れていってくれることを心待ちにする存在でもあろう。その手は帰還しようとする子どもを押しとどめるかもしれない。

母子関係を取り巻く世界の生態学的な実像や、それに好奇心をもって引きつけられる子どもの内面、そのモノがもつ身体的リスク、その際の外界志向性と母親志向性間の葛藤などがうまくすくい取られていないのである。母親にも同様のことがいえて、子どもを引き留めておきたい思いと離れさせたい思いが彼女のなかに両価的に共存しているはずである。それらをすべて書き並べてみるとよくわかるのだが、この安心感の輪の場面とは実は、母子それぞれにとって葛藤をはらんだ両価的な場面であるということになる。その葛藤は、外界が互いにとって正負の豊かな誘因を湛えた場であるからである。その潜在的な葛藤のなかで、互いに相手や自分の状況、また二人を取り巻く周囲の状況を総合的に判断して具体的な行動を選択しているのである。子どもは外界に対し母親への求心力を上回る牽引力を感じるからこそ、母親のもとを離れようとするのであろう。その好奇心や遊びという遠心力と母親への回帰という求心力が両価的に存在する場で、相対的に遠心力のほうが勝ったときに子どもは母親から離れていき、また求心力が遠心力よりも強くなった時点で母親のもとに戻ろうとする。母親にも子どもを連れ戻したい思いと離していたい思いが共存する。その相反する二つの力は異なる比率で常に両者に同時存在していて、時々刻々ダイナミックに子どもと母親の行動を変化させているはずである。「安心感」の輪とはあくまでも、母子と外界の間に成立するやり取りの一面だけを説明するものである。

親は「動かぬ起点」ではない

安心感の輪は親を動かぬ起点とし、それを母港として子どもが出帆と帰還をくり返すという図式であるが、母親にとっても、外界は彼女を子どもから離そうとする魅力に満ちている場でもあろう。子どもが手元から離れることは、母親にそれらへの接近接触を可能にしてくれもする。つまり母親も子どもも、ともに相手に向かうベクトルと相手以外に向かうベクトルのアンビバレンスにあると考えられる。親も実は子どもの反対側に輪を描くように外界を志向しており、相互の力動的な位置調整こそが親子の実態である。親子は互いに近づいたり離れたりしながら距離を調節し合うダイナミックな関係なのである。近づくことは求心性の強まりであるが、その背後に遠心性の弱まりがある。移動し距離が変化すれば、求心性と遠心性の関係は時々刻々と変容する。しかし求心性も遠心性も両方とも強いというアンビバレントな状況もありえて、その場合には母親もしくは子どもが金縛りにあったかのように動けなくなるかもしれない。逆に求心性も遠心性もともに弱いというアンビバレンスもありうる。つまり、「安心感の輪」とされるこの図は、別の視点に立てば「不安感の輪」「冒険の輪」「拒否感の輪」などの意味が多層的に重なった輪とみるべきである。

母親に接近することが安全安心をもたらすとしても、主観的な安堵感は離れた位置から母親に戻るその変化のなかにこそ実感されるのではないか。また接触の状況がいとおしいのは、その前後の分離と暗に対比されるからなのではないか。つまり接触には分離が、分離には接触が、それぞれ同時にイメージされて場面を複雑なものにしている。いかなる場面でも遠心性のベクトルと求心性のベクトルとが同時存在していると考えるべきである。アタッチメントはあくまでも、母子双方の求心性だけでなく遠心性も絡み合う状態のなかの、「子どもから母親への求心成分」を指していうものなのである。

先にも述べたストレンジ・シチュエーションにおいても、一連の手続きのなかには母親やストレンジャーが子どもから離れて退室するという遠心性が組み込まれている。この遠心性は、その分離に子どもがどう抵抗するか、また再会を子どもがどう受容するかというように、あくまでもそれらの人物との求心性喚起のための手続きとして導入されているが、場面に存在する玩具・モノやストレンジャーをこのような意味において重要な生態学的要因と位置づけているとはいい難い[69]。ここでの遠心性は求心性の試金石にすぎず、遠心性を求心性と対等に位置づけるものではないということである。あくまでもアタッチメントは関係のダイナミズムを説明する一要因であり、現実の行動を正しく説明するにはもう一つの要因すなわち遠心性も正当に注目されなくてはならない。これは親子関係を考えるうえで重要な本書の基本的メッセージである。このことは、親子それぞれを常に求心性と遠心性の共存するダイナミックな関係ととらえる「楕円モデル」（第7章）のところでもう一度議論する。

2　集団社会化理論——仲間集団の重要性

ハーロウらによるアカゲザルの代理母研究を含めた隔離飼育研究は、霊長類の子どもにとって母親との接触が重要であることを実証した。ただし彼らは、そのようにして育つ子ザルを集めて仲間集団を作り、その発達を追うことによって、実は母親だけでなく、むしろ仲間の存在が子ザルの行動発達にとって重要であると早々に気づくことになる（図12[70]）。これは子ども同士の社会体験が大事だとするハリス（Harris, J. R.）の集団社会化理論[71]の主張にも引き継がれていくが、そこに至るまでに30余年の時間を要し、またその後の展開も停滞していることは、これまた母子の求心性バイアスゆえであろうか。

「客観的データ」の落とし穴

研究者といえども、それが意図的である場合は論外としても、社会に広く共有されている素朴信念に知らず知らずのうちに染まって、自らの研究の視点を自縄自縛してしまうということが起こりかねない。社会もその信念を補強するような「エビデンス」を期待して待ち望み、それを歓迎する。そういうループに入り込むと、研究者と社会の間で一種の掛け合いの状態が生じ、ステレオタイプの不毛な拡大再生産を招きかねない。動物にヒトのモデルを求めるという研究スタイルには、その陥穽におちいる危険が大きい。あえていえば、アタッチメント理論がハーロウによる霊長類の実験室的モデル研究と結びついたことの負の側面であろう。

心理学において母子関係を実験・観察するとき、あたりまえのように、子どもが眠たいときや空腹のときは研究の遂行が見合わせられる。母親が病気や多忙のときも研究には不適切な場面とされる。母親も子どももともに時間の余裕があって気分体調ともによく、課題に集中できるときが適時とされ、それ以外のときは研究から除外される。子どもが泣いて母親に抗議するときなどはもってのほかである。そんな場面が混入しているような実験や観察論文は、手続きの不備として査読段階で没扱いされるのが関の山である。実験は統制された場面で特定の要因に焦点化してその効果を検討するものであり、そのた

飼育条件	現在の年齢	行動				
		ない	少ない	ほぼ正常	おそらく正常	正常
隔離飼育						
全面的 生後2年間	4 歳	■□▩				
全面的 生後6か月間	14 か 月	□▩	■			
全面的 生後80日間	10 ½か月			■□▩		
部分的 生後6か月間	5～8 歳		■ ▩	□		
部分的 母親模型と生後6か月間	3～5 歳		■ ▩	□		
母親と共に飼育						
正常な母親：同年齢個体との遊び経験	1 歳	▩	■			□
motherless mother：同年齢個体とプレイペン※で遊び経験あり	14 か 月			□	▩	■
正常な母親：同年齢個体とプレイペン※で遊び経験あり	2 歳					■□▩
同年齢個体と共に飼育						
同年齢個体4頭共生：同年齢個体とプレイルーム※で遊び経験あり	1 歳				■	□▩
母親模型と共生：同年齢個体とプレイペン※で遊び経験あり	2 歳				▩	■□
母親模型と共生：同年齢個体とプレイルーム※で遊び経験あり	21 か 月					■□▩

■ 遊び行動
□ 防御行動
▩ 性行動

※プレイペン、プレイルームについてはSackett（1968）[72]などを参照のこと

図12　隔離飼育と社会行動（Harlow & Harlow, 1962）[70]

めに妨害要因としてのノイズを排除しようとするのはある意味で当然である。

母子の日常は、そんなにゆったりとしてコンディションがいい場面ばかりではないし、機嫌のいいとき悪いとき、その揺らぎもあわせて全部が母子関係の実態なのだが、しかしながら実験室や家庭で観察される母子のデータからは、特別の意図がない限り細心の配慮でネガティブな場面は排除される。そして、親密に関わり合う円満な母子像が「客観的なデータ」となり、統計的なチェックを経て確定される。母子は親和的であるという構えが研究を下支えしていて、研究成果がその土台の上に積み上げられるという構図である。しかもそれが客観的エビデンスの名で権威化され、母性神話化することとなる。

他方日常生活場面では、そこにある事物や人物のもつ引力や斥力が子どもと母親に多様でかつ複雑な接近や疎隔をもたらす。突発的なヒト・モノ・できごとの到来が好奇心を喚起して関わりを誘発したり、恐怖をもよおし尻込みさせることもある。仮説検証的な場である実験室ではノイズとして統制されるものこそが、日常生活では活き活きとした緊張感とリアルな意味をもつ。遠心性はそのなかでこそ生じるものである。

第2章　子別れ＝Push型遠心性
――親と子が反発するとき

筆者はこのようにして、自らの研究のなかで母親から子どもへの攻撃行動という新たなテーマに偶然めぐり会い、求心性とは異なる母子関係像を模索することになった。そして母親の攻撃性が、母子関係の発達にとって無視できない、むしろ求心性と比肩しうる重要な要因であるという示唆を得た。ここからは攻撃性を含む遠心性が母子関係と子どもの自立の発達にとっていかに重要か、またその実現が子どもを取り巻く豊かな世界によっていかに支えられているかを多角的に論じるとともに、求心性と遠心性を統合して理解する可能性について言及していくことにしよう。

本書では子育てという言葉を親子間に限定して用いる。親はそのために、負担をあえてひきかぶって幼い子どもを育てる。それを保障するものが親の愛情である。他方、未熟な子どものために周囲の個体（親とは限らない）が、環境の正資源を子どもに提供し負資源を排除して子どもを成育させ、また子どもにさまざまな経験を積ませて子どもを健康に成熟に導く営みをコソダテと呼ぶ。そのことによって子どもが生き延び、子ども自身が繁殖を行うようになれば、それによって親の遺伝子も子どもを介して後世に伝えられていく。

子どもにも親にも繁殖戦略がある。環境は子どもにとって危険に満ちており、その生を全うするために母親による保護を強めるというのは、理にかなった進化の方向性である。「育てる」のは親の繁殖戦略であるが、一方で「育つ」というのは子どもの側の主体性であり繁殖戦略である。子どもは能動的に親を操作してその資源を自分に向けさせる。つまり自分を「育てさせる」。これは子どものたくましさである。子育てが親と子どもという異なる主体の共同作業であるという観点は、繁殖という枠組みのなかで、親と子どもそれぞれの繁殖戦略がときに一致し、またときにぶつかり合い、かけひきの場であるとする視点をもたらす。

親は子どもを自分の手元から積極的に退けて親への執着を断ち、それによって子どもの自立が成し遂げられる。筆者はそのようなPush型の遠心性を「子別れ」と命名している。[1] 子別れとは動物行動学の分野で、それまで母親の世話に依存していた子どもが自立可能なまでに大きくなったとき、その子どもに対して母親が突然に攻撃行動を向けて子どもを自分のそばから追い払うことに対してつけられた名称で、キツネなどで報告されてきた母子の遠心性である。[2] 高石らも子育てのゴールが親・子それぞれの自立であるという立場から、「分離」の視点によって子育てを考察している。[3] 以下では親子のそういう反発性の役割を考察する。

第1節　母子遠心性の指摘

1　親は限りある資源をどう使うか――社会生物学の視点から

トリヴァースの「母子コンフリクトモデル」

子どもは自らの生存のために自己主張して親からの資源を獲得しようとする。親は喜んで子どもの要求に応じることもあれば、その要求が親のやりたいこととバッティングして親を悩ませるということも起こりうる。親と子どもには親の資源をめぐってせめぎ合いの世界がある。多産多死のタイプであれ少産保護のタイプであれ、育てる子どもは通常は一個体ではなく複数存在する。ということは、子どもは親の資源をいつも独り占めできるわけではないということである。子育ては親の投資であり、それによって子どもたちが繁殖年齢まで育って遺伝子を残すことを繁殖成功（度）という。子どもはもとより、きょうだいやいとこ、孫など血縁個体すべてが特定の割合（血縁度）で自分と遺伝子を共有している。血縁個体が生存し子どもを残すことで、その血縁度に応じて自分の遺伝子を残すことが適応とされる。その適応のために母子には発達の一時期に対立相が顕在化するということを社会生物学の立場から説いたのが、トリヴァース[4]の離乳についての母子コンフリクトモデルである。

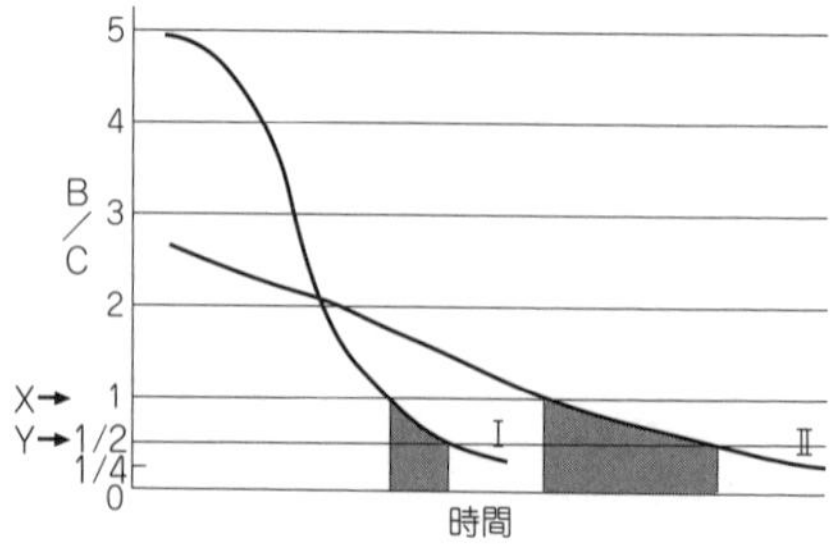

図13　離乳コンフリクトの種差

母子間の離乳コンフリクトは利得B／損失Cが1～1/2の間で顕在化する。X，Yはそれより下が，それぞれ母親，子どもにとって当該の子育てから次の子育てへの移行が適応的となる変化点で，XとYの間で母子にコンフリクトが生じる（アミかけ部分）。子どもが成長の早い種Ⅰは遅い種Ⅱに比べ，コンフリクトが早発し短期で終息する。（Trivers, 1974[4]を改変）

母子にはそれぞれが自分の遺伝子をなるべくたくさん残し広めようとする性向があるとし、母親は血縁度が高い子どもの生存を支えるべく子育てを行うが、子どもが成長すると、当該の子育てによって得られる繁殖成功度の上昇（利得）と次の子育ての機会の喪失による繁殖成功度の低下（損失）の比が悪化する。その結果、母親は次の新たな子どもに投資先を振り替えようとするが、それに対し子どもが抵抗を示すことによって一過的に母子コンフリクトが顕在化する、と考えたのである（図13）。反復的育児のなかで子育てという行為が正負の両価性をもつという考え方である。種差を含めたトリヴァースの図は前述した筆者による種差についての研究結果とも適合している。

この考え方は、親による子育てと、大きくなった子どもと親の間に生じるコンフリクトをうまく説明してくれる。子どもと親は遺伝子を互いに半分共有しており（血縁度＝0・5）、また同じ両親から生まれるきょうだい間の血縁度も0・5である。つまり親にとっては同じ血縁度同士である2個体の子どもの関係が、子どもからみると自分自身と相手との間に血縁度1対0・5と落差のある関係となる。図13のX－Y間、つまり利得／損失が1～1/2の区間というのは、母親にとっては投資を次の子どもに切り替えるべき時期、子どもにとってはまだ自分への投資を継続すべき時期なのであり、母子間コンフリクトはこの利害の不一致のせいだと考えた。

動物の親は何頭もの子どもを同時並行的に、もしくは継時的に次々と育てようとする。そこではいつこの子どもから別の子どもへ、もしくは今の子育てから次の子育てへと有限な親の資源をスイッチするかが問題になる。今の子育てに集中すればその子どもの育ちは保障されるかもしれないが、別の子どもを育てるチャンスを遠ざけてしまう。そうなればその子育ては、全体としてみると十分成功したことにはならない。これは生活史における子育てのトレードオフの問題である[5]。子育てが複数の過程であることを前提とし、一つの子育てへの資源投入をそこそこで切り上げて別の子育てへと振り替えるのを適応とすることは、子育てを単独の子どもと単独の親間の一回性の関係に閉じ、絶対化して語るのとは異なる母子像である。

母親による攻撃が子どもの離乳を促進し、それを通じて子別れが達成される[6][7]。単なる子離れではなく、そこには母親から子どもへの攻撃という母子間の反発性、斥力が存在する。子どもは抵抗するものの、最終的には母親への依存状態を脱して自立していく。現象としては親子の衝突であるが、そういう対立相をくぐり抜けることで結果的に、効率よく子どもが母親から独立して栄養的他者性（後述）を獲得していくことができるという意味では「協力」ともいえる。つまり母親から適切な時期に適切なしかたで抑制的に示される攻撃行動は、母親行動に反するものではなく、それどころかそれまで母親が保護し母親に愛着していた子どもを母親から自立させ集団に送り出すという意味において、理にかなった母親行動ということができる。

アルトマンの「時間予算」

アルトマン（Altmann, J.）の『ヒヒの母子』[8]は、群れで生活するキイロヒヒの母子に対して、この社会生物学の枠組みを適用した研究成果である。成体の雌は群れのなかで、自分の身体を養えるだけの摂食行動を行うが、同時に群れ個体との共同生活を維持するために、移動をしたり休息をしたり、また群れの他個体と毛づくろいなどの社会的行動も行う必要がある。ところが個体にとって利用可能な時間は有限であるため、それらの行動に対してうまく時間配分しなければならない。アルトマンはそのように配分されるべき時間のことを「時間予算」と呼び、限られた時間予算をどう使うかが子どもの発達や母親の群れ内での優劣順位によって異なってくることを示した。

子どもをもった成体雌における日中の諸行動の時間配分を観察から割り出したところ、子どもの成長につれて採食する時間が徐々に増えたが、4か月でそれ以上採食に時間を費やすと母親が群れ生活を維持することのできない限界に到達し、その後減少に転じたという。母乳の分泌量が子どもの要求量をまかないきれなくなって子どもへの拒否が起こり、結果として子どもの固形物の摂取量が増加したものと考えられる。この問題は本節第3項に紹介する筆者の実験研究（後述）でも確認された。

哺乳は母親が乳腺によって子どもに自らの身体資源を与える行動である。哺乳類は胎盤とともに乳腺によって親の身体から栄養資源を与えることを子育ての重要な手段とした。子どもの保護には、外敵の脅威から守るための巣を作ったり、攻撃や衝撃から守る硬い殻を用意したりといった方法もあるが、哺乳類は雌が妊娠と哺乳を通じて、自分の身体で子どもを守り育てることを進化させてきた。母親の体内に子どもを宿すのであるから、子どもの数には自ずと制約がある。繁殖戦略として少産保護を選択したものが哺乳類ということになる。

ハトやペンギンなどいくつかの鳥類やシクリッド（カワスズメ）など魚類でも乳のような成分を子どもに与えることが知られているが、それは哺乳類雌の乳腺とは起源を異にしており、雄でも可能である。[9][10]哺乳類はもともと、母親の身体資源を積極的に子どもに提供し、そのことによって子どもを保護するという繁殖戦略を選んだ動物群であり、そのために母親と子どもが求心性を志向するように進化的に仕組まれているのだといえよう。

文字通り身を削る行為であるため、哺乳は親にとってはアンビバレントな行動である。それを行う方式として、栄養価の高い乳汁を間欠的に与えるか、栄養価の低い乳汁を頻回に与えるかという区別があり、また子どもの成長につれて組成の変化もみられる。[11][12]哺乳の頻度は母子の接触頻度の違いに関係するわけで、[13]乳組成の違いは母子の求心性・遠心性の違いと不可分に結びついている。それは母子がどのような生態学的環境のなかで生活しているか、どんなものを餌にしているか、子どもの数はどれくらいか、世代交代の回転速度はどうか、などの要因とも関連する繁殖の基本構造である。

ところで、離乳食の摂取が本格化した後にも乳首を吸う行動はみられる。吸啜による乳首への刺激は、排卵抑制を維持させ、現行の子育てを継続させる。固形物摂取能力を身につけた子どもがさらに引き続き乳房を求めるのは、その子どもの繁殖戦略でもある。吸啜の機能は栄養の受け渡しだけではない。

2　ハーディによる新たな母親像

動物行動学の諸研究が求心的母子関係像を支えてきており、そこには研究を行ってきた男性の視点が色濃く反映されてきたという可能性はすでに述べた。その点、女性研究者ハーディ（Hrdy, S. B.）による『マザー・ネイチャー』[14]は、男性が作り上げた子育て観に大きな思想的変革を迫る著作であった。彼女はその著書の序で次のように書いている。

近年のいくつかの修正を経て、ボウルビーの「愛着理論」は、進化論系の心理学者が人類の幸せのために果たした大きな貢献の一つに数えられるようになるだろう。しかしボウルビーの洞察は、一連の新しい——えてして両立できないと思われる——ジレンマを一部の母親にもたらすことにもなった。情緒面の健全な、自分に自信をもてる子どもに育てたいけれど、その一方で、自分自身の人生やキャリアも捨てたくないと思っている母親たちである。（塩原通緒訳）

インドのハヌマンラングールという単雄群（1頭の成体雄および複数の成体雌とその子どもによる集団）を作るサルは、群れが別の雄に乗っ取られると、その新しいリーダー雄が前の雄の子どもを次々と殺害する。すると母親は子殺しの張本人であるその雄と交尾をし、その雄を父親とする新たな子どもをなす。これは日本の霊長類学者である杉山幸丸が院生時代に見出した重要な事実であるが[15]、ハーディは学生のときにこの研究の存在を知り、自らもインドに行って現地でその行動を研究した。

彼女は、新しい群れのリーダー雄によるわが子の殺害を命がけで阻止せず、その雄と直後に交尾すら行う雌という存在に対して、子どもへの愛情深い母性とは異なる観点から考察した。新しい雄に乗っ取られた群れのなかで子どもを健全に育てるためには、その雄と反目し戦うのではなく、早くその雄の子どもを妊娠し育てるのがもっとも妥当な選択なのだ。このことは母親を、子どものために献身する存在としてではなく、現実的な損得というしたたかな打算にもとづく戦略の持ち主とみる考え方である。母性を過剰に美化せず、雌自身を中心におき、主体的に生きる姿をとらえようとする重要な指摘である。ハーディは後に『Mothers and others（母親と他者）』というアロマザリング（後述）をテーマにした書物も著しており[16]、それは母子の遠心性に関するもう一つの代表作となっている。

3　筆者によるニホンザルの離乳研究

ニホンザルの母親の攻撃行動は生後4か月頃にピークに達するが、筆者はその時期のもつ意味を調べるために、次のような実験を行った。ニホンザル母子を生後すぐから半年間、半月ごとに毎回4時間分離し、その間に乳腺に溜まった母乳を搾乳して乳量を計測するとともに、子ザルに固形飼料を計量後与えて4時間後にその残量を回収・測定し、その差から摂取量を推定したのである[17]。飼育場面なので子どもの栄養源は固形飼料か母乳以外にはなく、母乳から固形物へという栄養源の推移過程が正確に推定できる。その利点を活かして、子ザルの要求する栄養が母乳でまかなわれているか固形物の摂取でカバー

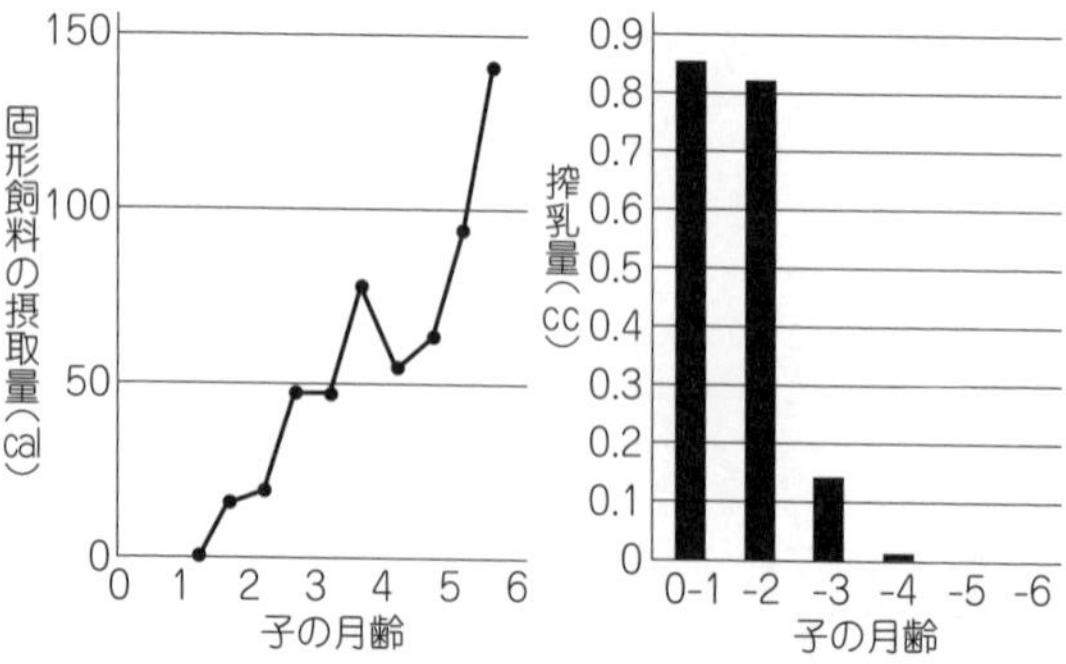

図14　ニホンザルの母子分離による搾乳と摂取固形飼料定量実験（根ヶ山，1987）[17]

されているかを知りたかったのである。

その増減の変化を調べて、第1章で述べた母親の攻撃の発達的変化と重ね合わせてみたところ、興味深いことがわかった。母親の攻撃行動がピークを迎える4か月という時期は、母乳泌乳量が減少した直後であり、同時に子どもの固形物摂取量が増加する直前でもあったのである（図14）。このことから、この時期における母親の攻撃は、出にくくなり始めた母乳を子どもがしつこくねだることで発現し、子どもは攻撃を受けることで母乳から離れて固形物摂取へと駆動されたのだと解釈された。そ

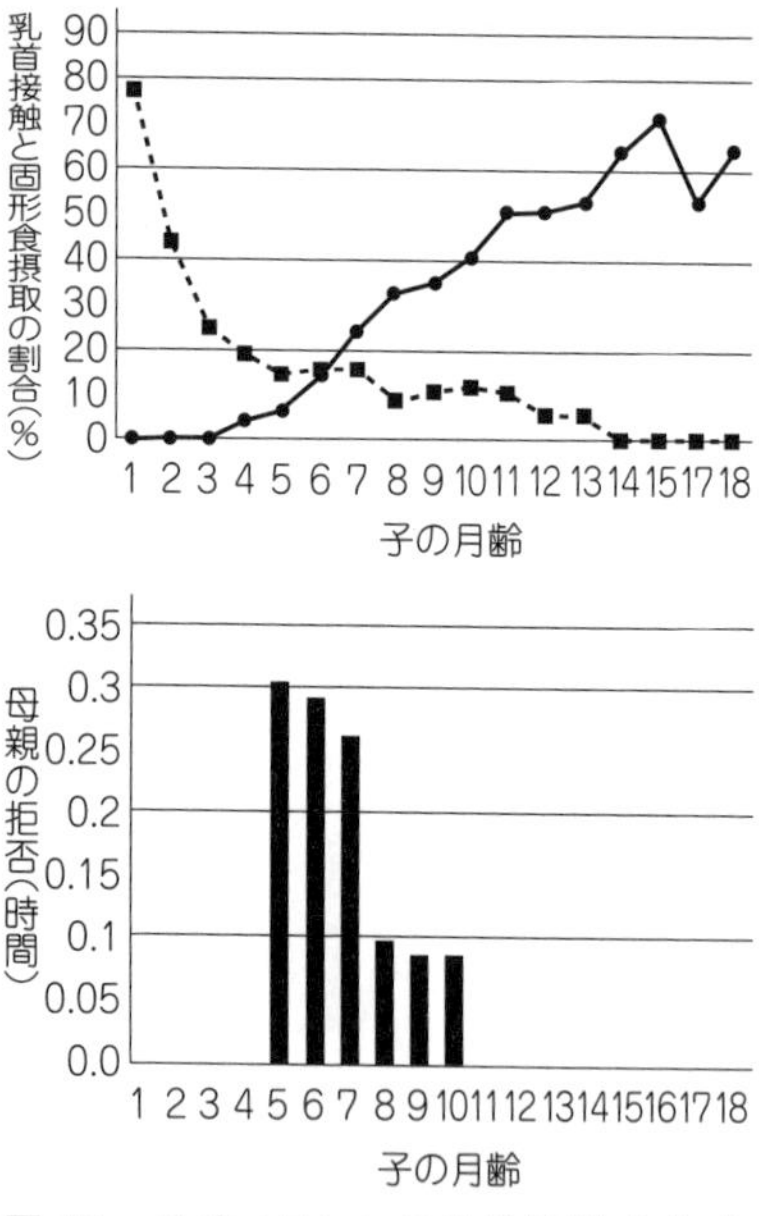

図15　ドグエラヒヒの乳首接触（■）と固形食摂取（●），子どもの乳首接触に対する母親の拒否（棒）(Barrett & Henzi, 2000) [20]

れは母親の攻撃の原因が子どもへの苛立ちであったという観察結果[18]やアルトマンによる時間配分の天井効果という観察結果[19]とも符合していた。

またドグエラヒヒの集団における母子では、図15のとおり乳首への接触が生後3か月の間に急激に減少し、固形物の摂食が半年以降漸増していて、その二つの変化の移行期に母親による子どもの乳首接触への拒否が頻発している。ドグエラヒヒの場合は母親の拒否よりも子どもの吸啜の減少が先行しており、子ども主導であることが読み取れる。[20] このことは図8（23ページ）において、ドグエラヒヒが早期自発的母子分離傾向を示していたこととつじつまが合う。

4　母子は協力して関係を展開する——ベイトソンの視点

育児は母親にとって報酬的であるとともに負荷でもある。また子どもは弱いようでいてたくましく主張的で要求的でもある。子育ては子どもの資源要求と母親の資源留保のせめぎ合いである。子どもが小さいときは資源を提供することに大きな負担はないが、子どもが大きくなるにつれて負担が増大する。母親は大きくなった子どもを拒否しようとし、子どもはそれに抵抗して母親の資源をもらい続けようとするため、母子間にコンフリクトが生ずるというのがトリヴァースやアルトマンの考え方であった。その根底には、母親が子育ての負担を引き受けることについての利得と損失に関する親子の利害の不一致という枠組みが横たわっていた。[21]

一方ベイトソン（Bateson, P.）は、親からの遠心性は一見対立と拒否のようにみえても実はそうでなく、母子は協力して関係を形成すると主張した。母親と子どもはともに時々刻々変化するそれぞれの身体の状態を抱え、母親はそれに応じて自分の資源を子どもに与えたり控えたりするし、また子どもも母親に資源の提供をねだったり我慢したりする。母親から子どもに向けられるネガティブな行動は、子どもの拒否を真の目的とするのではなく、それに対する子どもの反応を通じて子どもの現在の状態をチェックしているのだとする。子どもの状態が切実に資源を求めている場合はその拒否によっても子どもの要求は低減しないが、それほど切実でない場合子どもは要求を取り下げる。つまり遠心性は子どもの状態をモニターするための手段として機能しているのだという。

デヴィニーら[22]は1歳児をもつアカゲザルの母親を、次子出生の前後各3か月間にわたって観察した。次子の出産を機に母親による年長子への攻撃が増加し離乳が進行することを確認したが、攻撃にもかかわらずそれに対する年長子の悲嘆反応は逆に減少し、母親への接触も減少した。彼らはその説明として、母親が必ずしもへだたりの主導者ではなかったことなどから親子コンフリクト理論を、また幼体が強い悲嘆や退行行動を示さなかったことなどからアタッチメント理論をそれぞれ退け、「ダイナミック・アセスメント」アプローチによる説明を試みた。それによれば、離乳とは子どもの自立に向けたダイナミックな母子の相互モニター的過程であり、レディネスを備えた子どもは、母親による抑制のきいた攻撃に対し強い悲嘆を示さず、協力的にそのケアの減少を受け入れ自立の促進を示す。母親は、遠心性を示してそれに対する子どもの反応をみる。それが抵抗の強いものならば養育を続け、弱ければ養育を縮小する。この考え方の重要な点は、子ども自身が自立志向的な存在であるという観点に立ち、母親と幼体が次子出生という事態に協力的に対処して調和的に幼体の分離・個体化が進展するということを想定しているところにある。

対立の図式として親と子どもの投資をめぐる包括適応度上の利得と損失という究極要因による説明をもちだすトリヴァースの立場に対し、ダイナミック・アセスメントはより至近要因的に、親子が相互に主体的に相手との関係を調整しつつ、システムとして協働的な発達を達成するという「協力的親子観」に立つ。この場合反発性は親子の疎隔化そのものをもたらすのではなく、むしろその調整過程によって関係の「再組織化」を達成するための引き金として機能する。

離乳は、狭義には栄養資源の移行形態の変化であるが、同時にそれをこえて母子が個としての「相互的自立」をとげるという母子関係の変化でもある。「個」性をもつということは、単に栄養に限らず、時間や空間などの資源を含めて、自分でその裁量権をもつことである。子主導性の尊重は子どもにその裁量権を認めてやろうとする立場といえ、子どもの自発的離乳を尊重するラ・レーチェ・リーグの方式（後述）もその例であろう。

今述べたように、子育ては母親と子ども、それに有限な時間資源と空間資源の要因を組み込んで考えるべきものである。有限な時間資源を有効活用するためには、母子間に空間的なへだたりが求められる。時間と空間を要因に加えて母子関係を考えること、それがすなわち遠心性の実態である。へだたりは家族や地域の大人、そして周囲のモノやシクミという空間資源も巻き込むことによってもたらされる。あるいは逆に空間資源が活用できないとき、または積極的に介在空間を排除して身体接触を保ちたいときには、他のやりたいことを我慢して母子の親密な交流を維持することもある。

第2節　遠心性を支えるもの

1　子どもは主体的存在である

トリヴァースやアルトマンの主張は、子どもを守り育てることとは相容れない性質が母性のなかに備わっていると指摘した点でユニークであり、きわめて重要である。また母親による子どもの保護と対立という矛盾する行動を、母親の身体資源という共通の変数で説明しようとしたことも画期的であった。しかしながら、これを母親主導による調整とばかりみるのは間違いである。なぜなら、それに先行する子どもの要求の強さが母親の拒否を誘発しているからである。トリヴァースは母子対立を指摘した点で反アタッチメントの立場といえるが、子どもを親に対し従属的な存在として描いている点においては、実はどちらも違いがない。子どもの強さを認める点では、子どもと母親を相互に相手の状態をモニターし合う対等な関係と位置づけたベイトソンに軍配があがる。

先にアタッチメントにおける母親偏重が家父長的イデオロギーであるとする考え方について述べたが、「子どもの幼弱さ」という見方もそれのもう一つの表現型であるというべきである。その視線は、土居の甘え理論[23]などとも一脈つながっていよう。そして「求心性バイアス」とは、子育てにおける母親の偏重と幼弱的子ども観の結合した姿であったといえる。

しかしここでみてきたように、子どもとはたくましさやしたたかさをたたえた主体的な存在であり、母子関係はそのような主体的存在である子どもが、もう一人の主体的存在である母親とがっぷり四つになって渡り合う関係である。もし、母親偏重への懐疑が女性の主体性を尊重するフェミニズムの視点に立つものというならば、それとの対比で、弱い子ども像への懐疑は子どもの主体性を認め訴える「子ども中心主義」の立場である。それは子どもの育ち方の責任をすべて母親に帰そうとする偏った考え方に修正を迫るものである。

2 「離れつつ守る」ヒトの子育て

生物界には親が子どもの保護を積極的に行う少産保護型と行わない多産多死型が存在する。ただし、ひとくちに少産保護とはいっても、その中身は多様である。哺乳類にも、ウシのように一度に1個体しか妊娠・出産しないものもあれば、ネズミのように10個体前後生まれるものもある。一度に生まれる子どもの数が多ければ、個体あたりの保護は相対的に縮小し個々の親子関係は遠心的となる。また、母乳の組成についても種差が大きく、母乳の総固形分が少ないものは相対的に母子の接触が高頻度で求心的となる。そのような点からみると、霊長類は求心性がより強く少産保護型の種であるが、とくに大型類人猿はそうである。まず、原猿に比べると類人猿は発達した子宮をもつ[24]。また大型類人猿の母乳は低タンパクで薄いので成長が遅く、母子の分離が後傾する。当然母子関係が長期化して重要なものとなる。ヒトはその最たるものとされる。

表1　母子関係の進化（Matsuzawa, 2006）[25]

段階	開始時期	特　徴	種の数
哺乳類	6500万年前	母乳を与える	4500
霊長類	5000万年前	子どもが母親にしがみつく	200
真猿類	4000万年前	母親が子どもを抱く	80
ホミノイド	500万年前	互いに見つめ合いスマイルする	2
ヒト	200万年前	音声を交換し手指でジェスチャーする	1

ハーロウやハインドをはじめとする霊長類の母子関係の研究がヒトの理解に与えた影響は大きいが、その背景には霊長類のこういう生物学的な特徴がある。松沢[25]は霊長類の母子関係の進化を表1のように考えた。そこでは哺乳類が哺乳を、霊長類が子どもによるしがみつきを、真猿類が母親の抱きを、ホミノイドが見つめ合いとスマイルを、そしてヒトが音声交換と手指のジェスチャーをそれぞれ特徴とするとされ、進化とともに母親の能動的関与が増大し、さらに身体行動からより心理化する方向が指摘されている。その後松沢はヒトの特徴を、音声交換や道具使用に先立つものとして「親子が離れ、子が仰向けで安定しておられる」という点に変更している。[26]遠心性がヒトを特徴づけるということで、これまでも筆者が重視し主張してきた「離れつつ守る」[27]により近づいた指摘といえる。

分離と、それにもかかわらず保護をしっかり行うという「保護と分離の共存」がヒトのコソダテの最大の特徴であると筆者は考えている。分離と保護が共存するためには、へだたった場所であっても、母親が子どもの困窮事態に対して高い反応性を有していることが必要である。それは子どもの悲嘆に対するヒトの母親の高い共感性によって保障される。[28]身体的に離れることはすなわち遠心性に他ならないが、ヒトにおいてそれは母子の心理的求心性をともなっているので、これを単に求心性の少なさとしてとらえるべきではない。安心感の輪で議論したように、遠心性と求心性の両志向性が交錯した状態ととらえなくてはならない。

生まれたばかりのヒトの子どもは未熟で親にしがみついたりできないし、ましてや親のあとをつきしたがうということは不可能である。母親はその未熟な子どもを自分の努力でなるべく身につけて運搬し保護するかというと、そういうことでもない。母子のへだたりを許すのである。その遠心性は、ヒトが直立二足歩行を行うサルとして進化したことの影響の一つとして難産となり[29]、その結果二次的就巣性をもつに至ったことと深くつながる[30]。母親は行動的に未熟な子どもをずっと抱き続けるのではなく、手元から離して守るスタイルを選択したのである。へだたりにもかかわらず自分以外のヒト・モノによる育児支援を活用して、子どもをしっかり保護するのである。このことは、ヒトの離乳が他の大型類人猿に比べてより早期に完了することとも無関係ではなく[31]、これこそがヒトにおける母子遠心性の基盤にほかならない。そういうヒトの性質は、他者から自分に向けられた視線を検知する能力が高いというヒト乳児の特徴[32]とも大いに関連している。

第3節　他者性の発達――生物学と心理学の視点から

ここでみてきた一連の研究は、母子が本質的に矛盾と対立を内包する関係であり、その矛盾は子どもの成長発達とともに顕在化する過程であること、そしてその対立をくぐり抜けて相互的自立が達成されること、その過程は保護と拒否の相克の過程であり、またせめぎ合いを通じた折り合いと妥協の過程でもあることを教えてくれている。離乳は母子間の栄養資源の攻防であるが、母子の身体間にはそればかりではなく、妊娠と出産についても親の身体資源をめぐっての対立がある。子宮は子どもにとって栄養補給と身の安全保障の空間であるが、そこに子どもが留まることによって母親には栄養供給と運搬という負荷がかかる。

発達心理学では通常、子どもが母子未分化から分化へと発達する過程を重視する。青年期はアイデンティティを確立する時期であるといわれる。しかし生物としてみれば、母子はその出発点である受精からすでに他者同士なのであって、発達とはその他者性の異なる層が累積していく過程である。そのことを「他者性の発達」と呼ぼう（図16）。それは生物学と心理学の両分野がオーバーラップした領域であり、発達行動学の視点である。発達行動学的に子別れを考えることは、本質的に、母子を「他者」とみる視点である。

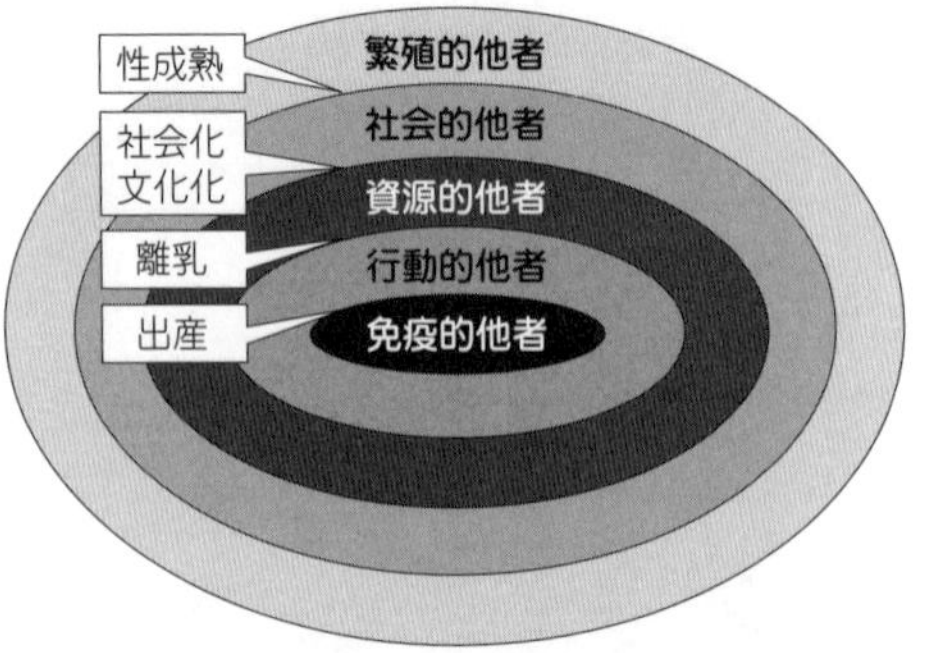

図16　他者性の累積的発達過程

1　免疫的他者性——母と胎児は一心同体か？

受精卵は母体にとって異物つまり他者であり、免疫学的には自己と区別され体外に排除されるべき存在である。子どもは母体にとって、着床過程は胚胞という異物による母親の子宮内膜上皮との対位・接着に始まり（図17）、間質に侵入して胚全体が内膜に被包されるまでをいう。子どもはけっして母親に一方的に保護される存在ではなく、この関係の出発段階からすでに、潜在的に自分を拒否しようとする母体に対し化学的コミュニケーションによって積極的に働きかけ、接触して生き延びようとしている。それは受精卵と子宮内膜双方の多様な因子がクロストークする複雑な過程とされ[33]、受精卵による能動的な働きかけを母体も拒否しない。

母子関係の出発点としての着床は求心的現象である。受精卵はさらに、絨毛組織を子宮内膜に延ばしていって、その先がやがて胎盤となる。すなわち母体から栄養を受け取る胎盤は、母親でなく子ども側の組織である。このように母子関係は子どもの側からの積極的働きかけによって支えられる側面が大きい。胎児はその後もＨＣＧというホルモンを分泌して月経を抑制し、母体に妊娠を継続させる。

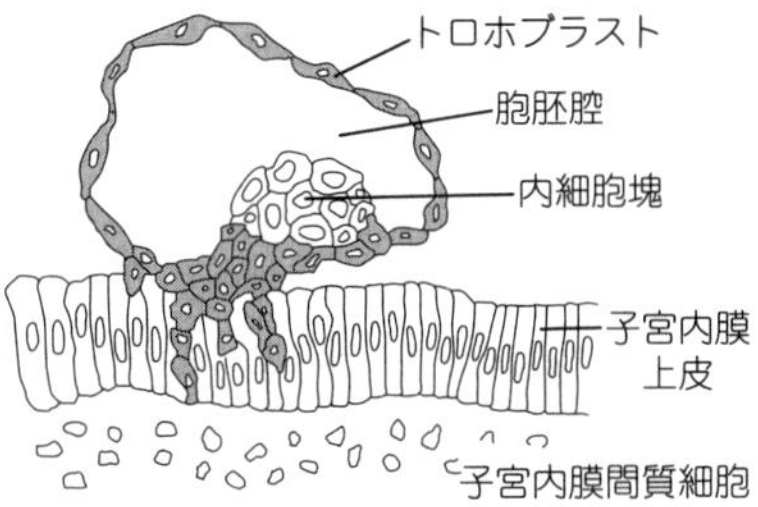

図17　受精卵の子宮壁への着床
（末岡，2000）[33]

妊娠中子どもの身体は、羊膜を挟んで四六時中子宮壁と触れ合っている。母親が歩けば子どももはその振動を受け取るし、母親の姿勢の変化も子どもに直ちに伝わる。その意味では母親と子どもは一心同体で、この時期こそ濃厚なスキンシップの時期といえる。しかし胎内はけっして平穏に母子が調和的関係を持ち続ける場ではない。卵巣から排出された成熟卵は母体の細胞であるが、父親由来の精子と合体した受精卵はその瞬間からすでに母体にとって異物である。その発達した姿である胎芽や、さらに発達した胎児もいうまでもなく母体にとって異物であり、本来非自己を排除する免疫機能による拒絶反応という遠心性の対象である[34]。我が子の半自半他性そのものが、母親にとって遠心性と求心性の半ばする両価的性質なのである。哺乳類はその拒絶の免疫学的メカニズムを「免疫寛容」という仕組みによって抑制し、子どもが母親の体内に留まり続けることを可能にした。哺乳類はこのメカニズムによって、我が子への遠心性を母親が抑え、体内で保護し育てることを進化させた動物群である。母子関係の出発点におけるこの他者性は、それ以降生涯にわたって存在し続けるが、これを「免疫的他者性」と呼ぶ。出発時点から母子関係は求心性と遠心性が併存し、むしろ求心性が遠心性を引き起こすという矛盾をはらんでいる。

ヘイグ（Haig, D.）[35]によれば、妊娠中といえども妊婦と胎児の間に血圧の上昇をめぐってのせめぎ合いがあるという。子どもは自分に回ってくる血流量を増やすべく、母体の血圧を上げるように母親の内分泌状態を操作する。それは母体に高血圧を引き起こし子癇など母親の健康状態を脅かす。胎児の能動性は母親にとって大きなリスク要因なのである。

2 行動的他者性──「離れつつ守る」ヒトの子育てスタイル

やがて胎児は体外に産み出され、新生児となる。子どもからすると、保護と呼吸や栄養・保温の保障された特権的な場所からの放出である。出産にともない、直ちに肺呼吸の必要性に見舞われ、胎内環境から解放されて手に入れた行動能力をそのために使う。その他、経口栄養摂取も必要となる。他方、体温保持と危険からの防衛も求められるが、それらについては依然として母親のケアに負うところが大きい。また栄養源である母乳も母親自身の摂食に依存している。

ヒトの場合は子どもが未熟で生まれるという特徴がある。本来は他の霊長類と同じく生まれてすぐに動き回る離巣性の動物のはずなのに、直立二足歩行という進化的な事情から難産化し、早めに出産（生理的早産）するために二次的に就巣性をもつ[36]。出産による遠心性を埋め合わせるために、二次的就巣性のヒトの乳児は、泣くという行動やしがみつく、吸うといった求心的なアタッチメント行動を発現させる。これは「行動的他者性」と呼ばれ、免疫的他者性に上乗せされる他者性である。

子どもは保護を必要とするし、その求心性を与えてやるのは母親の大切な役割である。しかしそれは母親の行動を制約し、母親に負荷をかけるのでそれ自体遠心性の契機ともなる。子育てはそういった矛盾を抱えた営みなのであり、母親はその矛盾する求心性と遠心性の衝突に折り合いをつけ、両方部分的に満足させせつつ子育てを行う。ウィニコット（Winnicott, D. W.）のいう「ほどよい母親（good enough mother）[37]」の姿といえよう。

出産による身体的分離の結果、母子間に第三者が介入しうることとなる。母親以外の第三者を子どもの求心性のターゲットとすれば、その間母親は子どもから離れることが可能となる。この第三者はヒトでもモノでもありうる。「離れつつ守る」というスタイルに他ならない。これを担うものは父親などの家族や専門家である。この問題はアロマザリングと呼ばれ、本書の後半における重要な論点である。

3　資源的他者性――動物としての自立へ

妊娠中にせよ出産後の哺乳にせよ、子どもが求める栄養や安全を母親の身体が保障してやることに変わりはない。その関係がさらに一歩進めば、子どもが母親の身体機能に頼らず自分で栄養や安全を確保する段階にいたる。栄養については母乳を終了して固形物を自分の口で食べ始めるし、安全についても危険からの回避を、母親の抱きと運搬に依らないで自らの移動行動でできるようになる（現実には、外界への積極性が子どもを新たに事故の危険にさらすという側面もある）。そのようにして正負の環境資源の獲得と拒否を、母親の身体機能に依存せずに自分自身で行うように変化する。これは子どもの動物としての自立の重要な姿であり、これを広い意味での離乳という。それは子どもの身体が母親の身体への依存から大きく離れるという意味で遠心性の高進であり、この段階の他者性を「資源的他者性」と呼ぶ。トリヴァースは離乳期における親の資源をめぐる確執が母子コンフリクトを引き起こすとして、それを母子の遠心性を考えるうえで重要な時期と考えた。

子どもの発達に応じて膨らんだ母子間の資源授受の内部矛盾は反発性（斥力）によって解消され、その母子関係の構造自体が変化する。子どもの発達に応じて生じる求心性と遠心性のアンバランスが、母子間のコンフリクトを通じて再調整される。求心性を削減させることを通じて、関係をそれまでとは異なった次元に進める。求心性と遠心性の矛盾・対立を、親子の衝突を経て解消し、それによる関係の再構造化へと移行するわけである。そのことによって、それまでの求心性と遠心性がもはや対立構造ではなくなる。いいかえると身体的遠心性が心理的求心性と共存しつつ実現される。それが効果をもつためには、子どもに遠心性を受け入れるレディネスが必要である。それを媒介する環境事物として重要なものが移行対象と呼ばれるモノである[38]。

4 社会的他者性・繁殖的他者性——仲間、伴侶を得るまで

子どもはその後、仲間を求めて母親や家族のもとから離れるようになる。友だちの出現である。それまでの遺伝子を共有する個体との関係は、子どもを保護することによって同じ血縁の遺伝子を守り増やすという血縁淘汰にかなったことであった。この段階になるとそれを脱して、血縁のある個体同士のケアの関係ではなく、血縁のない個体との遊びの関係に入っていく。ヒトでいえば家庭を出て保育所や幼稚園に入園するような状況であろう。そこでは親しい関係ばかりではなく、対立する関係にも出会う。子どもはそれらを通じて自前の価値観を育んでいく。それは子どもが親や家族の血縁集団から離れてさらに外の大きな広い世界へと進出する姿であり、遠心性のいっそうの進展である。やがて子どもは大人から離れて子ども同士で「徒党」という自律的な集団を形成し、仲間関係を通じて社会性を発達させる。この段階の他者性を「社会的他者性」と呼ぶ。

さらに成長すると、異性を求めて親元を離れ自立していくという遠心性が訪れる。生まれ育った家族から離れて自分の繁殖集団を形成するのである。ヒトの場合一般には結婚である。この段階にさしかかると、異性の親と子どもの間にはインセストの問題が立ち上がり、親子間に性的反発性など新たなコン

フリクトが生じうる。同じ血縁であるからこそよけい積極的に回避の対象とされるのであり、それは住居という生活空間を共有することでさらに増幅される。親子の遠心性にとっての大きな節目であり、この反発性の存在が家族集団を出る推進力にもなる。この段階の他者性を「繁殖的他者性」と呼ぶ。

このように、他者性はいくつもの段階を経て、異なる層が順次累積されていく。母子関係の発達は、他者性の累積化の過程であるといいかえてもよい。しかしそれは、単に母親・子どもの他者化つまり求心性の減衰を意味するのではない。それと裏腹に子どもがまわりの世界に進出し、豊かな社会的発達をとげることでもある。それは遠心性の多層的な集積の過程であり社会化でもある。それと同時に求心性も、消えないで尊敬・共鳴などより心理的なものに形を変えて存続する。そしてさらには、子どもの中年化や親の老い、それにともなう孫の養育や親の介護の必要性などとともに、再び生物学的他者性という遠心性を超えた求心性が到来することもある。

第3章　ヒトの「子別れ問題」
——食と睡眠をめぐる葛藤

母子の求心性と遠心性を考えるうえで、日常の生活場面、とくに家とその周辺は発見の機会に満ちた貴重な、いうまでもなくリアルな舞台である。「寝食」と一括されるように、ヒトとしてもっとも基本的な行動は食べることと寝ることであろう。その点は子どもでも同じことである。ただし子どものそれらはいずれも、初期には母親によってサポートされる。日常の生活文脈のなかで展開される子どもの食と睡眠は、母子の求心性と遠心性の重要な舞台である。

母親にとって哺乳は、資源の提供であると同時に負担でもあるという行動の典型である。離乳はその停止であり母子間のコンフリクトが生じうる契機となる。母乳を与えていると排卵が止まって次の妊娠出産が後傾するという関係があるように、哺乳・離乳は次の繁殖とも関わる。また夜間の就寝を分離して行うか近接して行うかも親子双方にとって重大な問題で、それは母乳哺育とも相関する。子どもの生にとって基本的に重要だからこそ、哺乳と就寝はセットで子別れ問題となるのだ。ここではその二つを順次具体的に検討していこう。

第1節　食と子別れ

1　離乳をめぐるせめぎ合い

動物研究は、哺乳・離乳を含めた食発達が、母子関係の発達的変化を説明する重要な切り口であることを教えてくれている。口に入ったものはまず口腔内で噛み砕かれ、唾液と混ぜ合わされて胃に送り込まれる。胃ではさらに消化液で溶かされ、腸に送られて栄養が腸壁で吸収され、そこで初めて本当の意味で環境資源が身体資源化する。食べ物としてふさわしくなければ拒否され、嘔吐や下痢によって体外に戻される。腸で行われている吸収はアメーバが偽足で栄養物を細胞内に取り込む過程と類似の機能で、その前処理として胃で消化液をかけ物理的に溶かし、そのさらなる前処理を歯で行う。手や道具、火による体外過程はそのさらなる前処理といえる。

子どもが幼いときはその身体過程を母親の身体が代行する。妊娠中の胎盤栄養はその過程が全面的に母親によって担われていることを意味し、母乳哺育、離乳と発達にともない徐々に子どもに禅譲されていく（図18）[1]。哺乳類の母子関係はまさに、出発点で子宮と胎盤、さらに出産後は乳腺を通じ、母親の身体によって子どもが保護される姿であり、その発達的変化は栄養の依存からの脱却として描き出される。

母体は、母親の摂取した栄養を乳汁という受け取りやすい形に加工して子どもに渡すための変換装置であるともいえる。離乳とは子どもが母親のとる栄養資源への依存をやめることであり、その変化は母親の身体負荷の低減に直結する。母子関係の発達的変化のもっとも基本的な枠組みなのである。

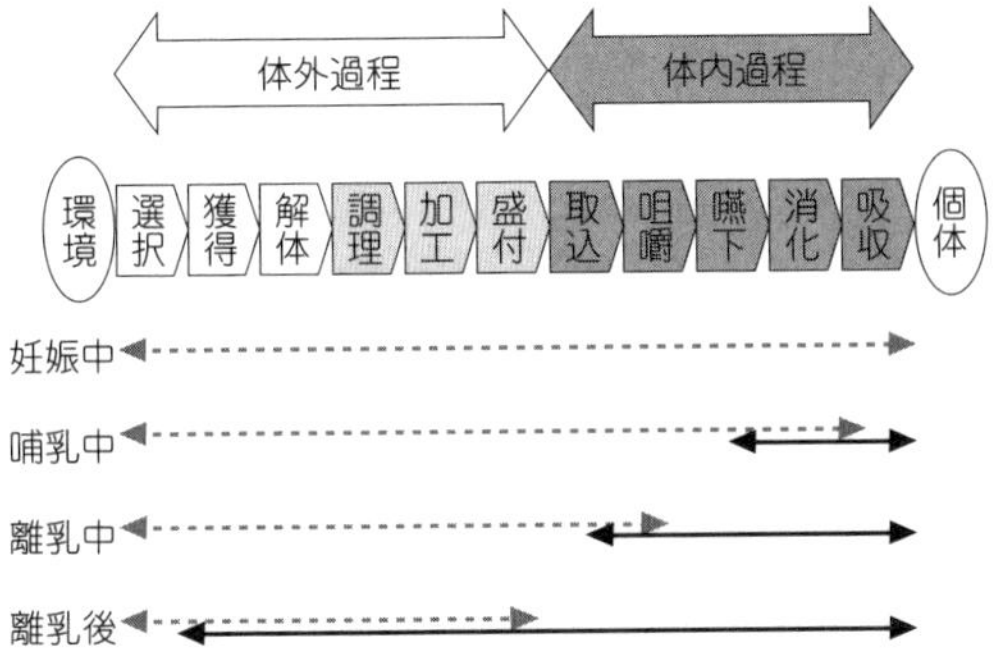

図18　子どもの食の過程（実線）と母親による代行（破線）の縮小（根ヶ山，1996[1]を改変）

「断乳」という試練

ニホンザルの離乳と同様に、ヒトにおいて母子のコンフリクトが顕在化する「断乳」という母親主導の離乳のしかたがある。そのうちの一つである桶谷式断乳は、助産師の桶谷そとみが確立した乳房管理法の一環として、ある日を定めて離乳を断行するものである。子どもには、その日でおっぱいが終わりであるとあらかじめ告げられる。いつを実施日とするかは、満一歳を過ぎてすでに歩いており、固形物も食べ始めていること、季節や体調がよいこと、などを基準に、子どものレディネスも考慮して定められる。最後の授乳をしたあとでこっそりと乳房に顔の絵を描いておき、次回子どもが母乳を求めたときにそれを見せそれ以降乳首を吸わせない。ただし絵は描かなくてもよいとされる。

それまで自由に母乳をもらっていた子どもが断乳場面で母乳を拒否され、多くは激しく泣いて抵抗する。これは母親にとっても

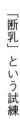

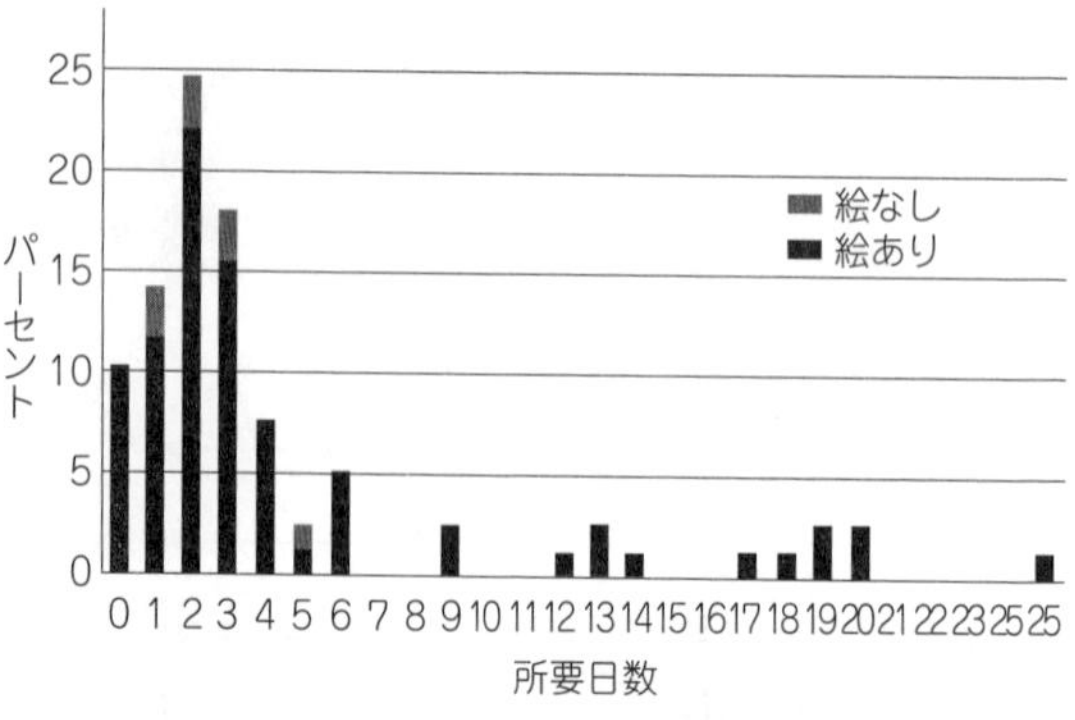

図19　桶谷式断乳における離乳完了日数
（根ヶ山・相川，2017）[2]

つらいことでありまさに葛藤事態となるが、しかし母親が毅然と対応すれば子どもは意外とあっさり泣き止む。ただし哺乳は就寝と親和性が高いため、夜間入眠時は子どもの要求がまた強まる。母親が泣きに屈してまた母乳をあげてしまうということもしばしば起こる。こうなると子どもの主張が通ったことになり離乳の試みは失敗となる。子どもと母親の覇権争いの感がある。唐突な断乳ではなく段階的な進行を取り入れることによって、ショックを緩和するという離乳法もありうる。

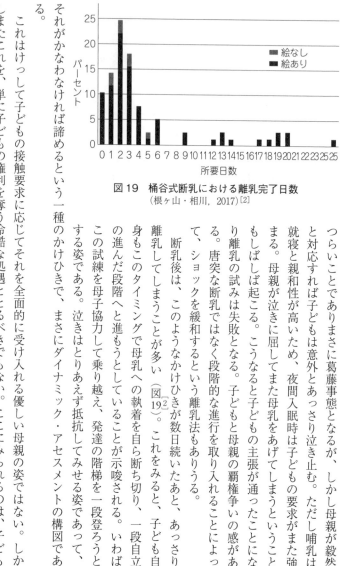

断乳後は、このようなかけひきが数日続いたあと、あっさり離乳してしまうことが多い（図19[2]）。これをみると、子ども自身もこのタイミングで母乳への執着を自ら断ち切り、一段自立の進んだ段階へと進もうとしていることが示唆される。いわばこの試練を母子協力して乗り越え、発達の階梯を一段登ろうとする姿である。泣きはとりあえず抵抗してみせる姿であって、それがかなわなければ諦めるという一種のかけひきで、まさにダイナミック・アセスメントの構図である。

これはけっして子どもの接触要求に応じてそれを全面的に受け入れる優しい母親の姿ではない。しかしまたこれを、単に子どもの権利を奪う冷酷な処遇ととるべきでもない。ここにみられるのは、子どもの自立を望む母親と、それを自らの目標と受けとめて頑張ろうとする子どもの協力的関係の姿である。子どもは母親に保護される特権的立場を離れ、自らを自己規制して母親の期待に応えようとするのである。子ども自身がそれを受容し、それによって発達を達成することを親とともに喜び合い、誇らしく思う。そういう意味では「断乳」というよりは「克乳」と呼ぶ方がふさわしい。このような母親のPushと子どもの受容は、子どもの自立の発達における母子の関係変化を理解するうえでの重要な視点である。

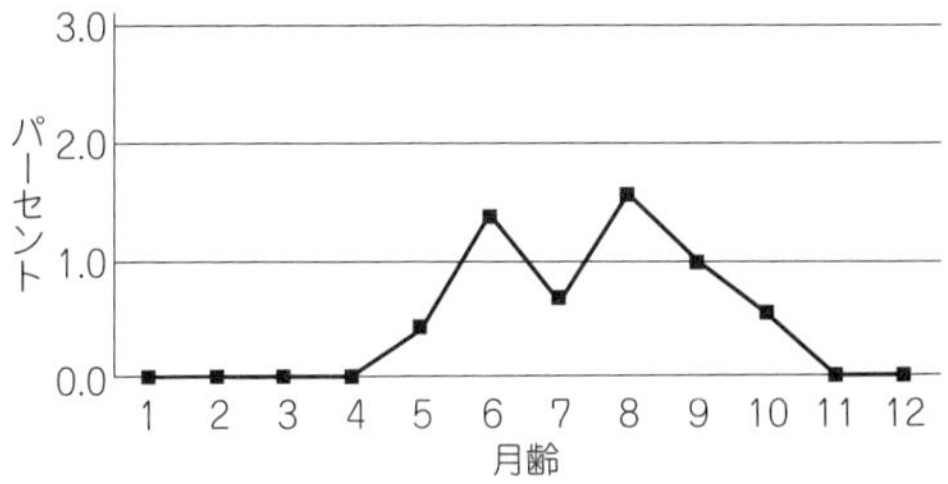

図20　家庭で摂乳中の子どもに観察された乳首噛み
観察時間中の乳首噛み行動の生起率

実はこの時期には、子どもも摂乳中に母親の乳首を噛んで、母親から授乳を中断させられることがある。図20は7組の母子の家庭における哺乳場面を追跡観察したなかでみられた乳首噛み行動である。子どもが乳首を噛む行動は歯牙の萌出と関連した行動とされるが、しかし面白いことにこの行動は、発達の過程でほとんどが生後半年から1年半の間に一過的に発現したあと消失してしまう。その行動発現時子どもには笑顔がしばしばともなわれていたことから、この行動によって母親が痛がって遠心性を発現させることを予期し、それを確認して楽しんでいる感すらあった。

歯は固形物を摂取するためのものであるので、それが摂乳と矛盾することは当然かもしれない。子どもが離乳の準備状態に入っており、単に母親が拒否して子どもがそれに抵抗するのではなく、子どももその過程に積極的に関与している証拠でもある。母子は相互に相手をモニターしているし、子どもも自立に向けて努力し、またそれができることを誇らしく思う。そのために親の意図を読みとろうともしている。親も子どものレディネスをふまえているので、子どもの母乳依存の母親による一方的な遮断とするようなとらえ方はできず、親と子どもの共同作業であるという方が正しい。子どもが必ずしも親の資源を要求するだけの求心的存在ではなく、自らも遠心性を求める存在であるということは、離乳に限らず子どもの自立の発達における母子の関係変化を理解するうえでの重要な鍵である。

子どもが主導する「卒乳」

他方ヒトの離乳には、それを親から強いず子どもに委ねるという子ども主導の「卒乳」というやり方もある。子どもの自発性を尊重する方法である。筆者はかつて、そのような離乳法を実践するラ・レーチェ・リーグ（La Leche League）所属の母子にアプローチして離乳の経過を観察した。[3] 出生直後から毎月1〜2回家庭訪問して授乳場面を離乳完了まで継続してビデオ録画したのである。そのなかで、1回の哺乳中に子どもがどれくらい乳首から口を離したか、さらにどれくらい目を閉じたかを図21に表した。乳首から口を離す行動は、表情や発声などによる活発な母子交流の指標である。その中断行動は半年から1歳半頃までよくみられたが、その後はそういう交流を志向した求心的・覚醒的なものから、閉目という鎮静的なものへと推移していた。乳首を噛むという行動は、この変化の前半に一過的に生じていた求心性と遠心性の混合現象であった。

乳首の吸啜は、乳汁摂取以外に母体の排卵抑制という機能をもつとされる。[4] これは後でも述べるとおり、乳房が一つには子どもの成長（今の子育て）と、もう一つには母親の排卵・妊娠（次の子育て）とそれぞれ関わっていることにより、母子の繁殖サイクルのコントロールに関与することを示している。母子の積極的交渉が鎮静化したあとも口唇による乳首接触が続いたという事実は、それが母子の共同行為として意味のあるものだということを示唆している。乳首への接触という求心性が子どもに心理的安定をもたらし[5]、離乳期の子どもの外界探索をサポートするという意味でも、求心性と遠心性のオーバーラップが示されている。子どもの移動能力の発達にともなう外界志向の節目の時期に乳首を噛むという反

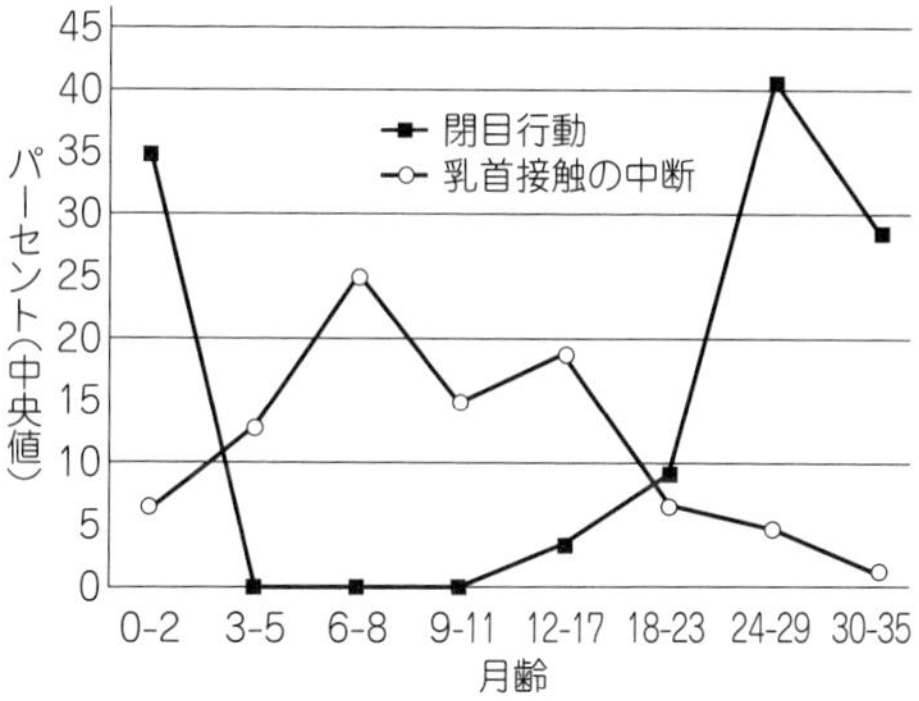

図21　母乳哺育中の口による乳首接触の中断と閉目（根ヶ山，1997）[3]

発的遊びが発現したのであろう。断乳と卒乳は正反対の離乳法のようにみえるが、離乳に向けた子どもの能動的な協力という意味では、その間には実はさほど大きな違いはないのかもしれない。

　本研究で得られた重要な知見のひとつは、母親からの強制がない卒乳のケースにおいても、生後1年たった時点前後以降に哺乳行動が質的変化を迎えるということである。その節目はまた、母子にモノが加わった三項関係を特徴とする第二次間主観性[6]の発現時期ともおおむね対応している。このことは後述する摂食行動の発達における子どもの拒否の発現とも同期している。

　1歳を過ぎて母親との関係がより対等化し、行動的自立が顕著になってくるのであり、そのことはまた母子の遊びにも子ども

の積極的参加による対等性の増加として現れる。[7]

2 離乳の全国調査

母親の子どもに対する拒否は、それにふさわしい時期にふさわしい示し方でなされれば子どもの離乳・自立を促進するという意味で、大事な母親行動であることを確認してきた。しかし、母乳栄養をめぐる母子の対立というトリヴァースの単純な離乳モデルは、そのままでヒトに適用するわけにはいかない。ヒトの場合、母乳哺育にはそれを支援したり制限したりするさまざまな身体的・社会的・イデオロギー的な要因が複雑に関係する。[8] たとえば人工栄養を使えば授乳中にもかかわらず母親の身体負荷は小さいが、一方で離乳後も食材の獲得や調理・供給行動など母親の負荷はなくならない。しかもベビーフードという市販の食品もあり、その場合固形食でありながら親の調理の負担は大幅に軽減されている。親の身体負担を軽減させてくれる人工栄養とベビーフードは、それを購入するための経済的負担が親を新たに圧迫する。しかしその経済的負担をカバーする労働は同時に、女性にとって自己実現や社会参加の機会ともなるものであり、その意味で子育てとの間に別の意味のコンフリクトを生んだ。育児しながら働くためには子どもを誰かの手に預けなくてはならず、また粉ミルクやベビーフード、あるいはオーブンや電子レンジのような調理器具などさまざまな市販品がその時間資源の確保に役立っている。これらのことは、ヒトの離乳が母親の身体資源をめぐる確執という枠組みのみでは説明が困難なことを示している。離乳が母子関係の発達の基本枠組みであることは揺るがないが、このようにさまざまな負担軽減の要素と負担の維持・増加の要素とが入り交じって、ヒトの離乳像はとても複雑なものとなっている。

ＷＨＯが世界各国の都市部と農村部を対象にして大規模な調査を行ったところ、ヒトの母乳哺育と離乳の実践には大きな地域差が存在していた[9]。この多様性の大きさは一つの哺乳類種としてはありえないことで、今も昔もこの大きな変異を可能としているのが人工栄養の存在である。ヒトは哺乳類で唯一自分たちの分泌する乳以外に他種の動物の母乳を恒常的に哺乳する動物である。それとともに、子どもへの授乳を自分以外の者に託すというシクミを発達させた。そのようなシステムの確立には、母親が一人の女性として自分の時間資源をどう使っていかに生きるかについての多様な価値観と、雇用の有無など地域の経済状態や健康に直結する医療状態、母親の育児をサポートするネットワークの存在など母子をとりまく諸変数が大きく関わっている。

なぜ離乳の時期が遅くなってきたのか

そのような認識に立てば、ヒトの哺乳と離乳にみられる母子の求心性と遠心性は、子育てをめぐる女性の価値観や社会の支援の様相を理解する有力な切り口でもあることがわかる。そのような問題意識から筆者は、１９９７年から２０１７年まで20年間にわたって、５年ごとに日本全国の母乳哺育と離乳の変化を追いかける研究を合計5回反復した（未発表資料）。北海道から沖縄までの47都道府県すべての市部・郡部において、人口規模がそれぞれの地域の中央値付近の複数の保健センターを抽出し、そこで行われる3歳児健診の場をお借りして母親への質問紙配付をお願いした。５回の調査で計４１５９件の有効回答が得られた。調査の内容は、母乳・人工栄養の開始終了時期の理想と現実、与え方、母乳を停止したときの理由とその際の感想、母乳・人工栄養に対する意識とその結果、離乳の情報源、などであった。

調査結果の分析を通じてわかったことは、母乳終了時期の平均が１９９７年、２００２年、２００７年、２０１２年、２０１７年でそれぞれ、９・９か月、９・０か月、12・７か月、13・２か月、14・１か月と推移し、この20年間に離乳の時期がどんどん後傾しているという傾向であった。ただし、２００２年から２００７年の間に大きく後傾したあと、変化のスピードは鈍化していた。母乳の終了は遅い方がよいとする母親の割合も増える傾向にあった。母親は母乳に対して「子どもの利点」と「親の利点」という二因子からなる好イメージをもっていた。しかし母乳の長期化傾向とは裏腹に、母乳の両利点に対する因子得点はいずれも低下傾向をみせていた。

母乳完了の時期は早いほうがよいとする母親は、それを母親自身のためと考える傾向が一貫して強かった。離乳完了の情報源として、２００７年までは「子どもの様子」を第一にあげる母親が多かったのに対し、２０１２年以降は逆に「自分自身の考え」が第一理由となり、保健センターなどの指導を受けない母親も増えていた。また母乳終了の理由に妊娠と仕事という自分の事情をあげる母親の割合が２０１２年以降増加した。

実際に母乳をやめる理由で最大のものは、１９９７年では「子どもの月齢」が多く、２０１２年、２０１７年では「次の子どもの妊娠」や「仕事復帰のため」という理由が多くなっていて、自らの事情を優先する母親の増加が認められた。また母乳をやめたときの気持ちは、１９９７年には「ホッとした」「やったという達成感」「もう少し長くあげたかった」という感想がそれ以降の時期よりも多く、

表2　厚生労働省による離乳指針の改定経過（太字は筆者）

年度	離乳の完了	母親の調査年次
1980（離乳の基本）	離乳の完了は、栄養源の大部分が乳汁以外の食物から摂取されるようになるときで、通常**満1歳ごろまで**。	1997
1995（改定離乳の基本）	離乳の完了とは、形のある食物をかみつぶすことができるようになり、栄養素の大部分が母乳または育児用ミルク以外の食物からとれるようになった状態をいう。その時期は通常**生後13か月を中心とした12〜15か月ころ**である。遅くとも18か月ころまでには完了する。	2002 2007
2007（授乳・離乳の支援ガイド）	離乳の完了とは、形のある食物をかみつぶすことができるようになり、エネルギーや栄養素の大部分が母乳または育児用ミルク以外の食物からとれるようになった状態をいう。その時期は**生後12か月から18か月頃**である。	2012 2017
2019（授乳・離乳の支援ガイド）	離乳の完了とは、形のある食物をかみつぶすことができるようになり、エネルギーや栄養素の大部分が母乳又は育児用ミルク以外の食物から摂取できるようになった状態をいう。その時期は**生後12か月から18か月頃**である。	

1997年の早い離乳が母親にとっての重責感やプレッシャーになっていたことを物語っていた。

社会的な枠組みの影響

この変化を説明するのに無視できない重要な事実は、厚生労働省が離乳の指針を全国に通達し、各市町村での健診がそれをもとに行われたということである（表2）。その内容が、1995年までは「1歳までにやめる」こととされ[10]、それが1995年に「12か月から15か月までの間に」と改定された[11]。つまりそれまでは1歳未満の離乳完了が推奨されていたのが、それを境に1歳を過ぎてからの離乳が推奨されるようになったのである。1997年に3歳児健診を受けた母親は単純計算で1994年に出産していることになり、保健センターでの乳児健診の場などで1歳までの離乳を推奨され、またそう指導された人たちである。1997年の母親は、いわば「外圧」によって心ならずも1歳未満という早期の離乳を強いられた人たちであり、このように定まった早期の離乳を勧められた母親にとって断乳は心強い手法であったろう。2002年から2007年に向けての離乳期の大幅な後傾は、1995年改定により指導内容が緩和され、医師等の「圧力」から母親と子どもという当事者同士における相互調整の余地が増えたことによると思われる。母乳終了の後傾化は母親の選択の自由度拡大を可能にし、それが結果として母子に内在する離乳の対立構造を顕在化させることにつながっていた点は興味深い。

このことは、離乳が母子の事情だけでは決まらないことを示唆している。全国津々浦々に行き渡った健診（1歳未満が勧奨、1歳半・3歳が義務）[12]の場での医師や保健師の指導が日本の乳児死亡率の引き下げに貢献したとされるが、同時にそのような中央集権的な指導のもとに、日本の母親の子育ては他律化されやすくなっている。この1997年における早い離乳と母親の母乳終了にともなう安堵感や不全感は、ニホンザルでみた母親の子どもに対する拒否的な子別れ式の離乳に似たものだろう。ただしそれは専門家の指導によって外圧的に導かれていた点がヒトの独自なところである。それを方向づけているのは厚生労働省の示す指針であり、それをもとに全国の保健センターにおいて実施される健診の場で、ナイーブな母親が医師から指導されるのである。また経済的な要因や女性の就労・社会参加など、社会的な要因によって強く規定されていることもヒトの離乳の大きな特徴である。前述のとおり、それは人工栄養やベビーフードといった市販の育児グッズによっても支えられている。この事例は、本来母子の身体間で展開される離乳という遠心性が、ヒトの場合何重もの社会的な枠組みで多層的に規定されることを如実に示している。

3　人工栄養という選択肢――日仏米の国際比較から

人工栄養、すなわち粉ミルクは、母乳（人乳）を模して牛乳から作られたものである。粉ミルクは母親の身体資源ではないので、その意味では動物行動学的な母子のコンフリクト源ではなく、子別れの原因にはなりにくい。それどころか、逆に母親を授乳の負荷から解放し、母子コンフリクトを緩和するものといえる。実際に母乳が出なくなったり哺乳中に薬を服用しなくてはならなくなったりした母子を救済してもくれる。母乳が出ないときには他人から「母」乳を貰い乳したり、搾乳し冷凍保存した母乳を母親以外の人間が与えたりすることで母親の負担は軽減されるが、それとても簡便性や利便性において粉ミルクにははるかにかなわない。父親や保育士などが授乳することもできるし子どもが自分一人で摂乳することもできる。ヒトの母親は、母乳と人工栄養という選択肢を手にしたことによって遠心性が操作でき、多様な生き方が可能になったともいえる。母体だけでなく社会のバックアップで成り立っているのがヒトのコソダテなのである。

筆者らは日仏米の3か国間で、さまざまな月齢の幼い子どもをもつ母親に母乳哺育と離乳の国際比較調査を行ったことがあるが、そこでは日米に比べてフランスで母乳終了時期が早いなど、離乳のスタイルに大きな文化差が見出された[13]。日本の母親は仏米の母親に比べ、母乳をやめる理由として圧倒的に「母乳の不足」を挙げがちであったのに対し、フランスでは「仕事復帰」が突出して大きな理由であった（図22）。また米仏では母親の疲労や子どもの年齢・体重が理由としてある程度選ばれていたが、日

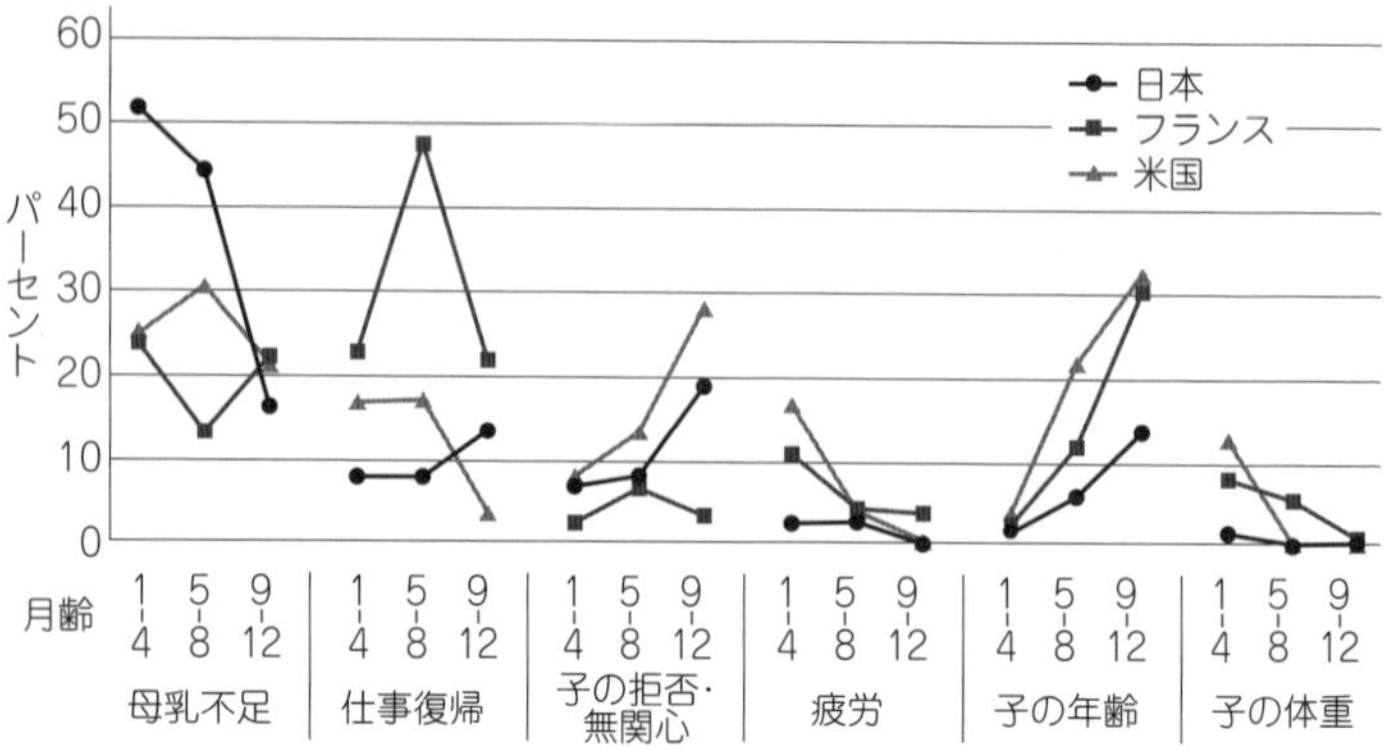

図 22　日仏米における最大の母乳終了理由（Negayama et al., 2012）[13]

本にはその理由はほとんどなかった。フランスの母親の遠心性の強さと日本の母親の求心性の強さがそれぞれうかがえる結果であった。また日本の場合、母乳不足を主な理由とした母親は人工栄養の利用に対する抵抗感がより低かった。

母乳は人工栄養に比べて子どもの主導性が開始終了のベースとなりやすく[14]、母体の免疫成分が含まれ、母親の食べた物の味が反映される[15]。また経済的・衛生的・簡便であるなど、好イメージがもたれている[16]。しかしながら、母親は子育て以外の時間予算も必要とする存在である。哺乳は栄養や免疫という子ども側の要因だけではなく、母親の就労や社会活動、趣味、生活スタイルなどの選択とも関連する。人工栄養は母子の身体に介在するモノとして母子の遠心性を演出する道具となり、それによって母親は子育てを行いつつ多様な生活を享受できるようになった。そのことが実際に、母親の生活スタイルに多様な文化的差異をもたらし、また時代的変遷を生んだ。母親はその恩恵に浴しつつも、選択の多様性を前にして迷い、その決定の責任の重さにさいなまれたり、また社会の圧力に悩んだりもすることになったのである。

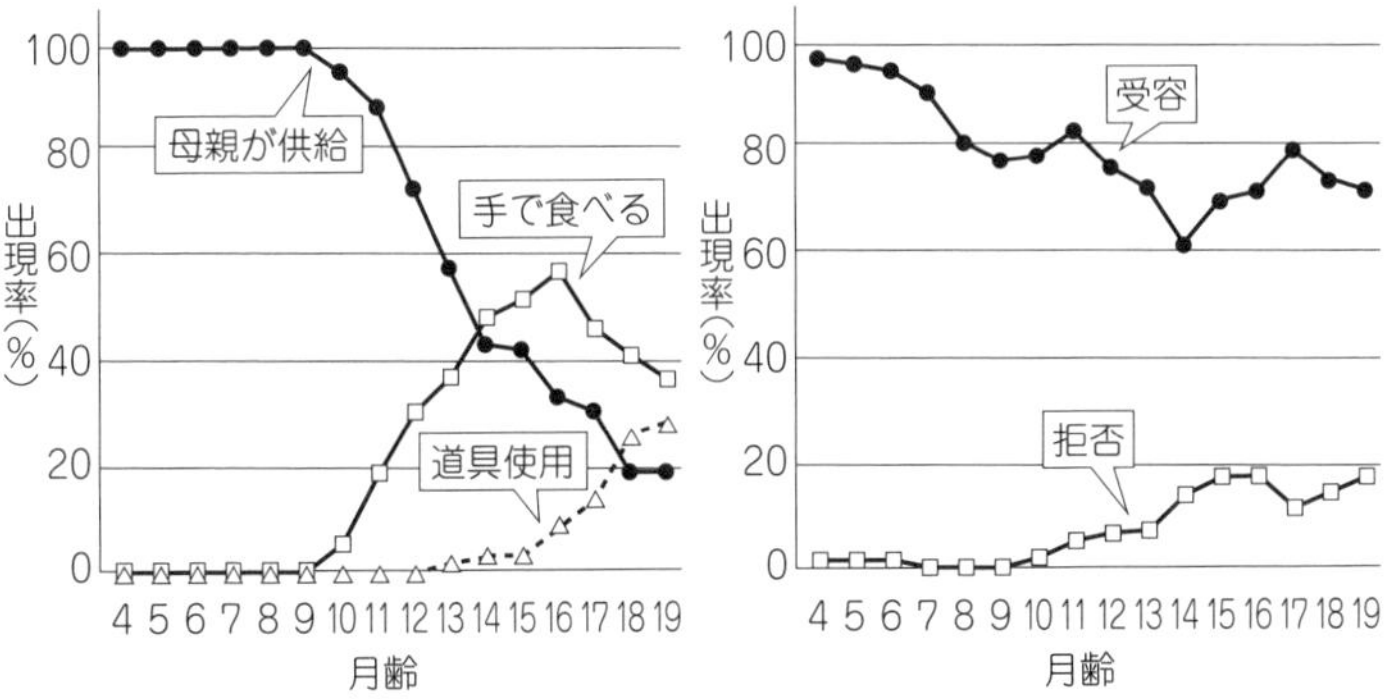

図23　摂食行動と食の受容拒否の発達（Negayama, 1993）[17]

4　固形食の摂取と共感反応

食は単に食べ物を子どもが口に入れて飲み込むという場面だけではなく、もっと広い裾野をもった親子関係に関わる行動群である。子どもの生命維持と自立に直結し、親子関係の主導性や遠心性に深く関わっている。母親による供給から子ども自身が自分で食べるようになる自律化はどのように展開されるのか、そこで親子間のどのようなコンフリクトが生じるのかをみようとして、家庭での昼食風景をビデオで追跡観察し、食が母親により提供される状態から子ども自身による自律的摂食へと推移する様子を記録した[17]（図23）。母乳の停止以外に、固形食をめぐるやり取りそれ自体が母子の遠心性を浮き彫りにするのではないかと考えたのである。

図は子どもが食物をどのように摂取するかの発達的推移を示している。最初は母親が一方的に食べさせてやることで食が成り立っていたが、やがて1歳前になると子どもが自分でおもに手を使って食べ始める。そしてさらに1歳半頃には道具を使うようにな

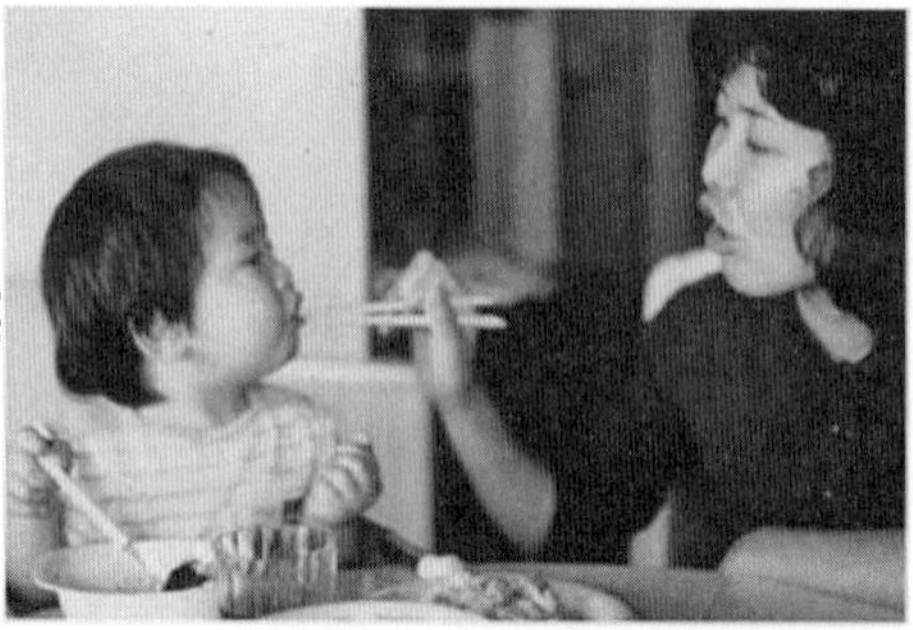

図 24　食の共感反応

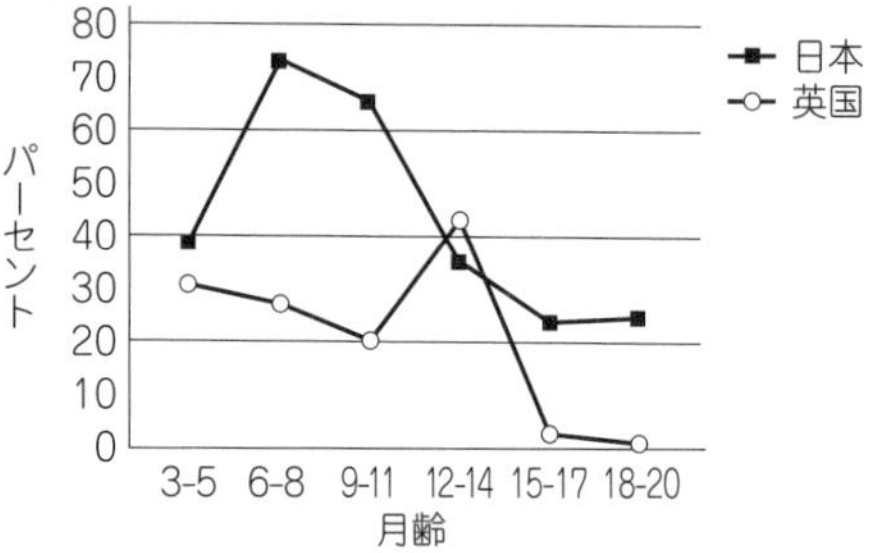

図 25　食の共感反応の日英比較
(Negayama, 2000)[19]

る。

生後半年あたりから1年直前頃までの食事場面では、母親に「共感反応」という興味深い行動がみられる（図24）。この反応は、母親が食事を差し出して子どもが口でそれを取り込むときに、それと同期して母親の口が開いたり閉じたり、思わず子どもの口と同じ動きをするものである。まさに親が子どもの食べようとする意図を共有してそれが乗り移るような行動である。鯨岡はこれを「成り込み」と呼んだ[18]。この行動は英国に比べて日本の母親に多いことが観察からわかっている（図25）[19]。

この行動は日本では、子どもの食が本格化する生後半年以降に一過的に高進する。それは母親側からの食の共感の存在を強く示唆している。両者が食物という注意の対象を共有し、協力して食を成立させようとする。母親はタイミングを見計らって食べ物を子どもの口に運ぶし、子どもはタイミングを見計らって口を開ける。親と子どもが注意を向けて、相手の意図を読みとりつつ共同行為を行う。食事の場面で母親が共感的に子どもの意図の読みとりができるか否かは、誤嚥や窒息を回避させ、子どもの生死を左右するきわめて重要な母親の能力であるし、また子どもも母親の意図を読んで適時に開口することが必要となる。命に関わる同期性なのである。この「口」同士が照らし合うかのような行動は、そこを結節点として母子に体験の重なりが成立していることを意味している。母親の共感的開口は、他者（父親）が子どもに行う食供給を傍観するときよりも、自分自身が供給の当事者になるとき、いいかえると能動的行為者になるときに有意に多発する。[20] それは単なる受動的な間主観性というよりは、自分の身体的関わりとそれに対する子どもの身体的反応という二つの身体的能動性の間の共鳴として「間身体性」というべきものである。

離乳食の場合、子どもは何でも貪欲に口で取り込む傾向があるため、[21] 子どもが食べる物やその量は親が選択・加減してやらねばならない。親は食べ物の味や温度、堅さなどをあらかじめ知りつつそれを子どもに与え、子どもの摂取行動を見守る。そこには子どもに発生する感覚と母親がイメージする身体感覚のオーバーラップが生じる。その意味ではいわば親子の身体が口唇部で重なり合ったような場面である。また筆者が交差食と呼ぶところの、母子間における食の交差（母親の食べ物を子どもに与える、もしくはその逆）も日本に多く英国ではほとんどみられない。[22] 食物の所属性が曖昧であるということは、親子の身体の垣根が低いことを意味し、子別れの過程における身体の分離の弱さともつながっていると思われる。

5　食の好き嫌い

食物は母子共感の媒介物であるばかりではなく、子どもの発達につれて母子対立の媒介物ともなる。母親による供給から子ども自身の自律摂食への切り替わり目に、いったん口に入れた物を吐き出す、口を開けない、そっぽを向いたり反り返ったりするなど、親の供給に対する子どもの拒否（図26）がみられるようになる。ニホンザルの離乳では母親の拒否が子どもの自立を促進していたが、ここでの他律から自律への固形食の推移は、子どもが親の過剰な介入を拒否することによって達成されていた。これは日本の特徴で、英国では子どもが自分で食べ始めるやいなや母親は供給役を退き、拒否の契機自体がなくなることが観察された。

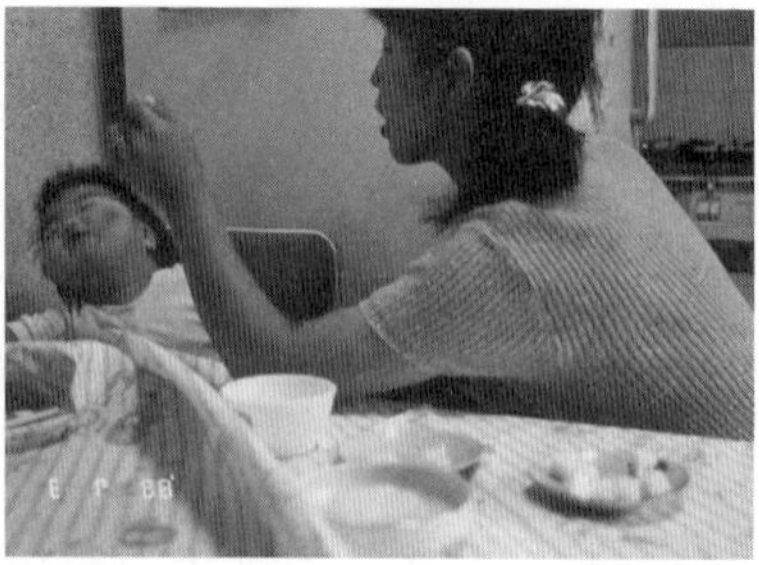

図26　食の拒否の一コマ

日本の場合、親の求心性の強さを子どもの遠心性が調節するのである。ここにも日本の母子における子主導性が指摘できる。離乳が子別れの重要な枠組みであるということをトリヴァースのモデルは教えてくれたが、ヒトの離乳過程は母親の身体資源をめぐるコンフリクトとは明らかに異なるものであり、むしろ母子の主導権争いという様相が色濃い。それを媒介するのが食べ物という第三項に対する親子の意図の交錯であった。ちなみに食事場面における子どもの拒否行動は親子間にとどまらず、保育所で保育士に対してもしばしばみられるものである[23]。

好き嫌いはなおせるのか

1歳児から6歳児までの保育所児の保護者が子どもの食において気になることを歯科健診で尋ねたところ、乳歯列完成期には子どもの咀嚼などが多いが、やがて遊び食べや好き嫌いなど食べ方の問題へとシフトしていた[24]。ジャンセンらは、子どもの食への好き嫌い（fussy eating）が3歳頃にピークを迎えることをふまえ、縦断的に1歳半、3歳、6歳の3時点で子どもの食行動（しっかり食べる・拒否する）を、また4歳時点で親の食供給の圧迫方略（出された料理はすべて平らげさせるなど）と子どもの食行動（新しい食を拒否する、子どもが楽しく食べないなど）をともに質問紙で調べ、それらの相互関連性をパス解析した。それによれば、4歳時点の食に対する親の圧迫は1歳半時点での好き嫌いによって増加し、またその圧迫は6歳時の子どもの好き嫌いの増加をもたらしていた[25]。このように、子どもの好き嫌いは親の圧迫行動に先行してそれに影響するし、また親の高圧的な対応は、当座の改善をもたらすことはあっても結果的に子どもの好き嫌いを抑えるよりはむしろ逆効果となっていた。食において親によるコントロールよりも子どもの主導性の大きさを示す事実であろう。

しかし食に関して親のすることは強要だけではない。子どもが食べるものを選択的に用意したり、食事をする場の環境を整えたりするのも親の役割である。コールらは、2～5歳の就学前の子どもをもつ親に、家庭の食事環境と子どもの好き嫌い（偏食と摂食拒否）についての親の評価を問う質問紙調査を、1年の間隔を空けて2度行った。食事中にテレビをつけたり子ども自身の食選択を許したりすることは1年後の好き嫌いを助長していたという結果が得られ、それをもとにコールらはいつ何を食べるかとい

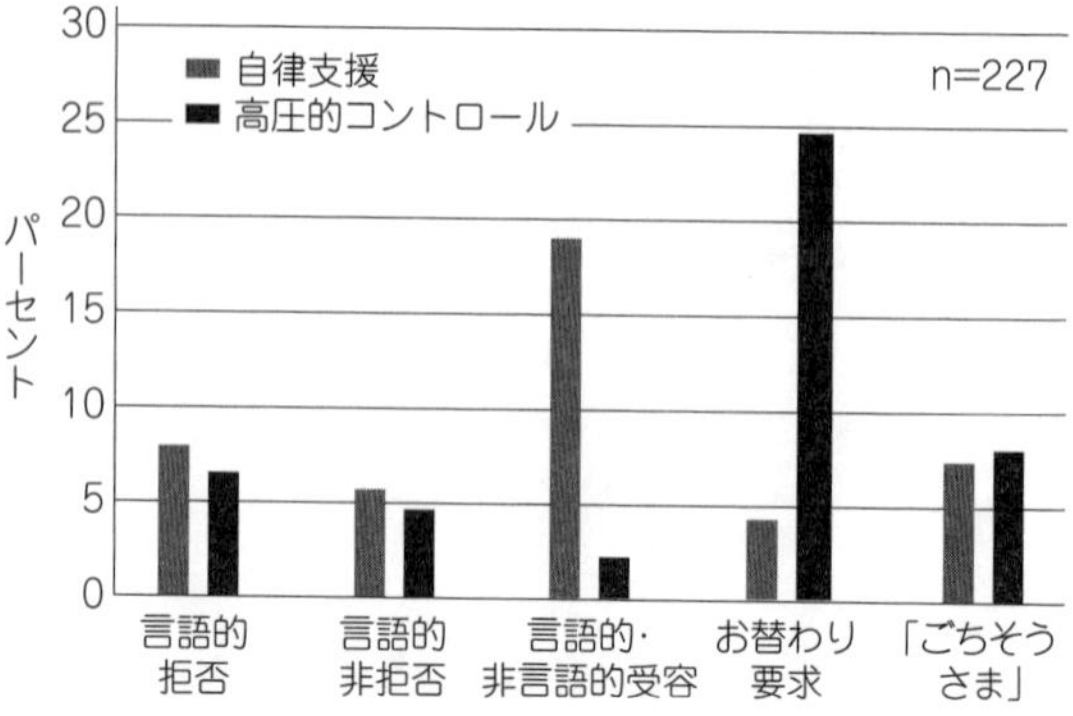

図27　子どもの自発的行動と養育者の反応
(Tovar et al., 2016)[27]

う食事の枠作りについては親が責任をもつべきだと主張している[26]。

養育者と子ども間の食の確執に関する研究例をもう一つ紹介しよう。トヴァーら[27]はファミリーチャイルドケアホームという家庭型の保育において、主にアフリカ系米国人の（親ではない）養育者と子ども（18か月～4歳、平均3・3歳）の朝食・昼食・おやつの食事場面の観察を行った。子どもにより開始された相互作用に焦点化し、それに対する養育者の反応との対応関係を調べた。結果からは、食を受容する従順な子どもには支援で、お替わりを要求する主張的な子どもには強制での高圧的対応が明白であった（図27）。この家庭での親子に準じる場面でも、やはり子どもの食をめぐって大人と子どもの間に主導性の確執がみられていた。

子どもの「反抗」の背後にあるもの

これらの例はいずれも、子どもが食事をとる場面が親もしくは養育者と子どもとの主導性をめぐっての大きな葛藤の場となりがちであること、したがって親への依存から自律へという子別れの重要な舞台となることを示している。

食は子どもの食べ物に対する個体行動ではなく、与える親と受け取る子ども間のまぎれもない社会行動である。親がメニューを決めて調理し供給するし、その食材も親が調達する。食卓のセッティングも親によってなされる。つまり親が文脈を設定し、子どもはその枠内で自分の好みや状態に応じて取捨選択する。自分で食べたい物を好きに食べたいという子どもの思いと、食べるべき物を正しく食べさせたいと思う親の気持ちとの間に不一致を生じることが、食をめぐる親子の対立のもととなる。食べてほしい、食べたいという命に直結する強い動機づけが親子にあるからこそ、その食べ方と内容に存在する不一致は確執を深刻化させるものとなる。食の供給・摂取は子どもの養育者に対する自己主張の恰好の発現場面なのである。

子どもは親の期待する以外の食べ方をする。親子の思いがすれ違いがちで、それが親にとって大きな悩みになりうる。食をめぐって親側の期待と子ども側の要求とが一致しないときに、親と子どもは互いの意図を読んで相手を操作しようとする。親の供給から子どもの自律摂食への切り替わり時期に子どもからの拒否行動が発現し始めるという図23の変化はその点でとても意味のあることである。それが生じるのが母親の意図を子どもが読みとる三項関係の開始期とされる9か月を過ぎた頃であるのは偶然ではない。食をめぐって親子は衝突し、主導権争いをする。食べたいように食べようとすることが親を苛立たせる。親は正しく食べさせたいが、子どもはその親の意図を読んでさらにその裏を掻こうとする。子どもはそういう主張をすることで親からの遠心性を確立していき自立を進めるのであろう。川田はその現象を心理的リアクタンスで説明した[28]。親はその「反抗」の背後にそのような子どもの自立への切実な希求があることを忘れるべきではない。

第2節 「身体産生物」からみた親子の心理的距離

食べたものは消化吸収されて身体資源化するが、消化吸収されないものはカスとして環境側に戻される。子どもの身体は生きている限りさまざまなものを排出する。食べれば便や尿という排泄物が出てくるし、呼吸すれば息を吐く。暑ければ汗をかくし、風邪を引けば鼻水も出る。切れば出血し、それが治るときにはかさぶたができる。それればかりかふけや垢も身体からはがれ落ちる。あるいは涙、唾液などという分泌物も生み出され、爪や髪の毛は伸びて切り落とされる。

このように子どもの身体は、さまざまなモノを生み出す場である。それらは体外に出てくると、程度の差こそあれ通常は汚いものとして親子間の遠心性を刺激する。筆者はこれまで、それらを「身体産生物」と総称し、それを介した親子の心理的距離に注目してきた。身体産生物の多くは老廃物であり、子どもの体内の要らなくなったものを体外に排出するという身体機能の産物である。親が子どもを育てるということは、それらの汚いモノともあえて関わらねばならないということである。というか、それらを除去してやることが親の大事な役割の一つである。それらはおおむね不快感をもたらすものであるため、親にとって触れたくないけれども触れなくてはならないアンビバレントな対象となる。まさに親子の遠心性と求心性に直結する問題なのである。子どもが顔や仕草にたたえる愛らしさは、そのハンディを覆い隠させるためのものであるといってもいいかもしれない。逆にいえば、愛らしさを減じるにつれて不快が露呈し、親子の心理的距離が広がっていく。

1　「子どもの身体が生み出すモノ」への不快感調査

子どもの身体から生まれるものはそれらの物質ばかりではない。身体からは、口臭や体臭などさまざまなにおいが立ち上る。もちろん身体そのものが音や温度、あるいは肌触りなどの発信源である。それらの身体産生物や刺激に対する親の感情は、子どもの成長につれて変化していくにちがいない。いいかえると、それらの感情の変化を通じて、親子関係の遠心性の発達が描けるであろう。筆者はそのような見通しのもとに、子どもの身体から発せられるものに対する親の不快感に関する一連の研究を行った。

いうまでもないことであるが、それらの身体産生物は子どもの身体からのみ生まれるものではない。親の身体からも周囲の誰からも、あるいはペットからも、つまり生きとし生けるものすべてから生み出される。ちなみに親が自身の身体産生物に触れるときには、他人の身体産生物への接触ほど不快感はない。自分の身体が生み出す自分っぽいモノの一部だからである。食の発達と同じく、まだ自力でそれらを処理できない幼い子どもに対しては、親がその処理を代行してやることになる。トイレットトレーニングは、そのような代行機能の縮小過程に他ならない。子どもの身体産生物への接触に対する親の不快もしくは嫌悪の感情は、親子の「身別れ」の問題として考察できるわけである。

筆者がまず行ったのは、質問紙を用いて乳児と幼児、大学生の親に、大便から切った爪まで12種類の身体産生物のそれぞれについて、子どものもの・自分のもの・他人のものが自分の手の甲に触れた場面

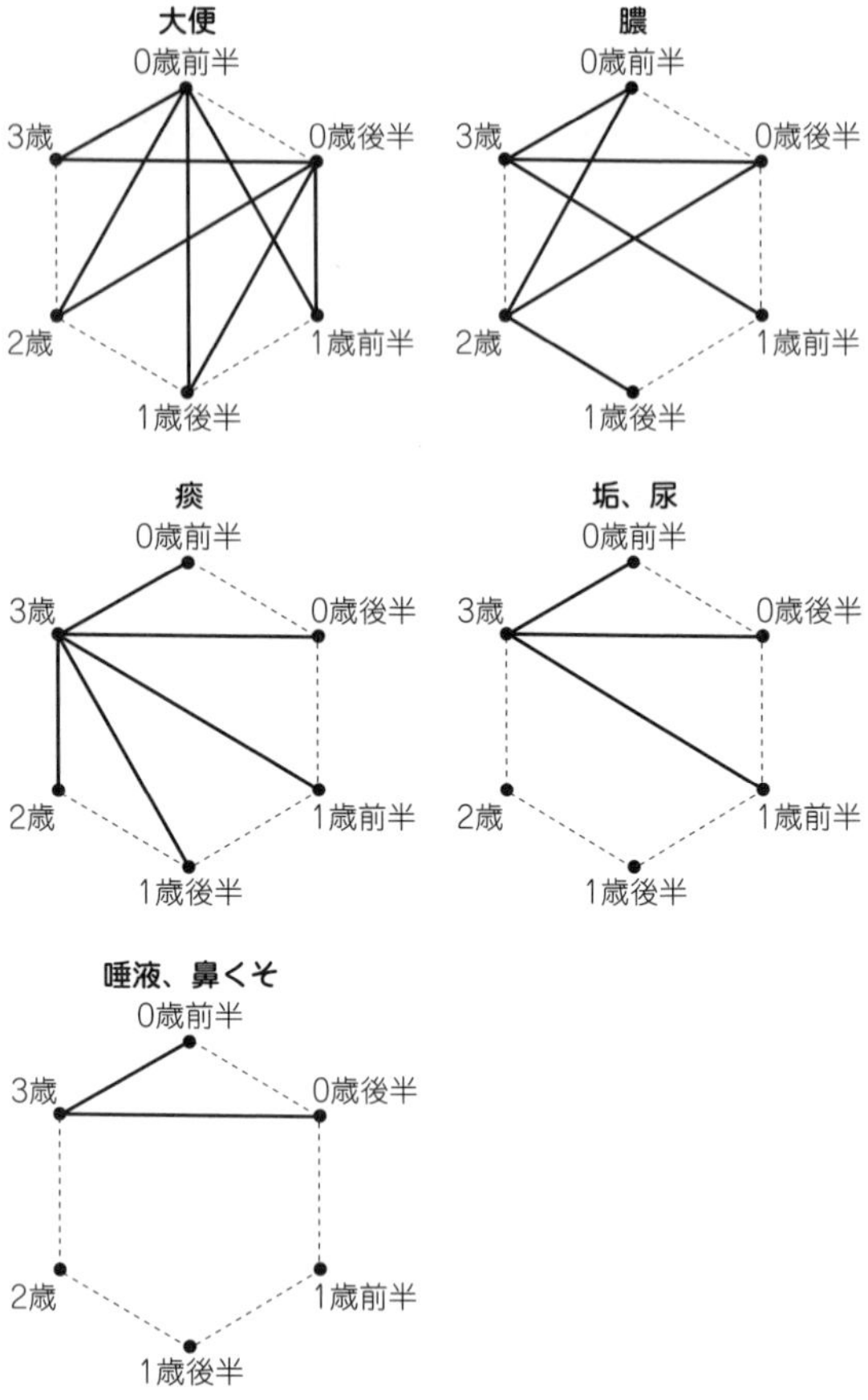

図 28　乳幼児の身体産生物への親の不快度
実線で結んだ時期間に有意差がある。(根ヶ山, 2001)[31]

を想像してもらい、その快・不快感を尋ねるという研究であった。[29]その結果はとても興味深いもので、身体産生物の種類によって不快の度合いは異なるが、乳児の身体産生物への接触は自分の身体産生物への接触よりも相対的に快で、幼児においてその不快度は釣り合い、大学生になると子どものものが自分のものより不快となった。明らかに子どもの発達に応じてその不快度は上昇し、子どもの身体が親から敬遠されるようになったのである。ケースら[30]も同様の発想による調査を行い、我が子よりも他児の汚れたおむつのほうが嫌悪的なことを示した。

筆者はひき続き、幼少期に焦点化してさまざまな月齢の乳幼児をもつ親に対し、同様の質問紙調査を行って早期の発達過程を調べた[31]。その結果、親の不快度の立ち上がりがもっとも早かったのは子どもの大便であり、それは0歳後半と1歳前半間で有意な増加がみられた（図28）。食べ物の変化にともなう不快度の増大と考えられ、離乳プロセスとの関わりが示唆されている。さらにもう一つの節目が3歳とそれ以前の間に認められた。このように間身体的自立は段階状に進むものらしい。

子どもの「かわいらしさ」戦略

これとよく似た子どもの身体変化と親の子どもへの快不快感情の問題として、幼い子どもの顔つきに特有の「かわいらしさ」における印象の変化がある[32]。これに関しては、もっとも幼い生後すぐの子どもがかわいらしさにおいて最低ランクに評定され、生後1年ほど経ったあたりにかわいらしさのピークが訪れる。それは未熟で動き回れない新生児期よりも、離乳が進み位置移動も可能になる時期に子どもの危険性が大きく、親が子どもに対して目を注ぐ必要があることと関係すると筆者は考えている。これも子どもが周囲の人に自分を「子育てさせる」というある種のたくまざるしたたかさであろう。

筆者はまた、予防接種の場面を行動観察し、注射針が刺さるときの0～6歳の子どもの行動とそれへの親の反応を分析したことがある[33]。当然ながら痛みによって子どもは激しく泣くのだが、1歳を過ぎると入針前に予期的に、かつ激しく泣くようになる。興味深いことにそれに対して親は、眉をひそめたり口をすぼめたりといった痛みの共感反応をみせる。ところが3歳頃から、子どもの激しい泣きにもかかわらず、母親の共感反応が減退し、子どもの泣きに苦笑し、叱ったりするような反応が出てくる。そし

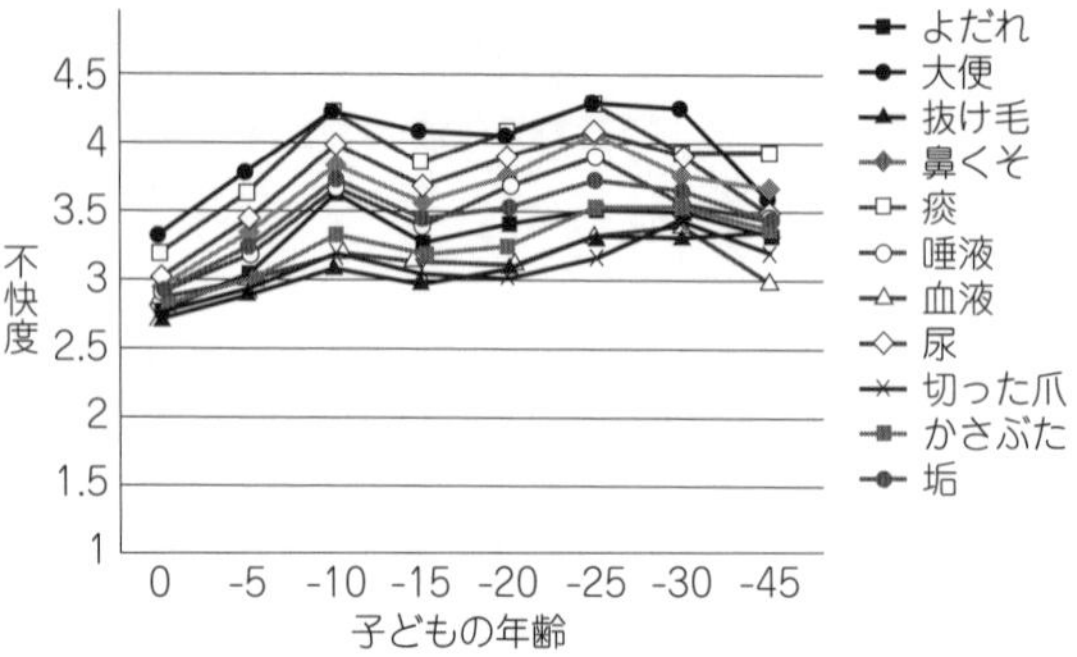

図29　子どもの身体産生物への親の不快の生涯発達

て5歳あたりから、子どもも泣かずに我慢するようになる。こういう親行動の変化も、身体産生物への不快反応の発達と同類のものであろう。

さらに筆者は、1歳から43歳までの子をもつ親（28歳から72歳まで）に対して、我が子のさまざまな身体産生物への不快感を、同様の質問紙で尋ねたことがある。親にとって子どもの身体産生物は乳児期から青年期に至るまで徐々に不快の度を増すが、中年期の子どもにまで年齢を広げた場合どうかを調べたのである。その結果、子どもの身体産生物は20歳代でピークに達した後、その不快度を減じていった（図29）。

2　思春期の子どもと親の体臭

親子間の身体への不快感には親から子どもの産生物へという方向だけではなく、子どもから親へという方向もある。動物にとって「体臭」は、個体を引き寄せたり遠ざけたりするうえで大事な手がかりとなる。この体臭という身体刺激に注目し、性成熟前後の男女が父親・母親の体臭に対してどのような不快反応を示すかを手がかりにこの問題を検討した。9歳から21歳までの男女合計957名を対象に、父親・母親と自分について「からだがにおうか（2件法）、またそ

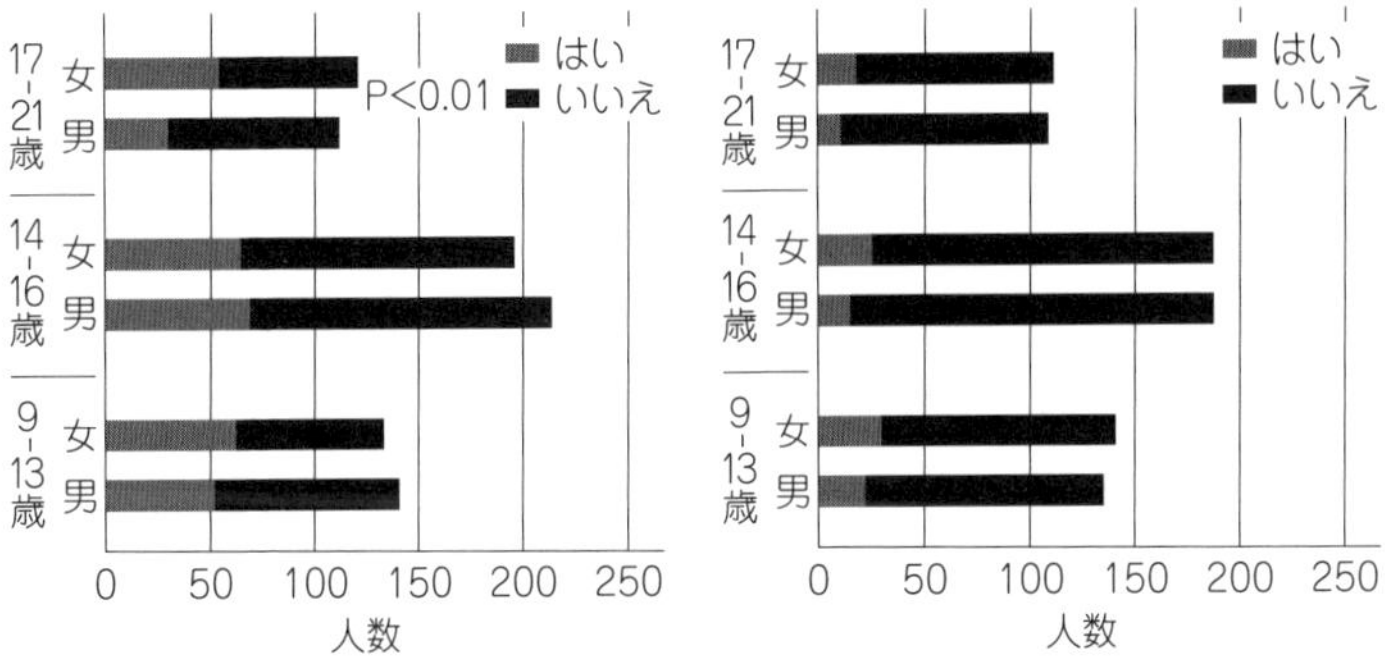

図30　思春期の子どもによる父親（左）と母親（右）の体臭への不快

れはどの部位か（快・不快別に16部位から複数選択を許容）」「からだのにおいが気になるか（2件法）、またそれはどの部位か」「親との関係は良好か（5件法）」などを質問紙により尋ねた。ここでは子どもを、その年齢をもとに3群（9〜13歳：296名、14〜16歳：428名、17〜21歳：239名）に分け、親・子どもの性別による親への感情の発達的変化を分析した。

親のからだがにおうと報告したのは、父親については子ども全体の36・5％であったのに対し、母親については14・0％であり、父親のほうがよりにおうと感じられていた。そのにおいは快ではなくほとんどが不快なものであった。ついで、においを感じるか否かが親と子どもの性の組み合わせによって異なるかについて上記3年齢群ごとに検討したところ、母親についてはどの年齢段階においても男女差が5％水準で有意ではなかったのに対し、父親の場合は17〜21歳において有意に多くの娘から「におう」との回答を得ていた（図30）。さらに、においが気になるかという問いについても、やはり17〜21歳の娘にのみ有意に多く同意がみられた。

父親・母親のからだがにおうか否かが親との関係の良好性の程度とどのように関連するかについて、各年齢段階・性ごとに分散分析を試みたところ、14～16歳の息子と父親においてのみ5％水準で有意な負の関連性がみられ、思春期の息子が父親の体臭を自覚する場合には、彼らは父親との関係を相対的によくないと受けとめていることがわかった。最後に、親のどの身体部位からのにおいがそのような不快を強くもたらすかについて、子どもの性・年齢段階ごとに検討した。その結果、不快と感じられる部位は一貫性が高く、どの性・年齢段階においても父親の口と足の裏がその不快感において1、2位を占めていた。

父の体臭はなぜ疎まれるのか

本研究の結果から、子どもは母親よりも父親に対してより嗅覚的に反応していることが明らかにされた。とくに青年期後期の娘に特異的ともいうべき父親の体臭への不快感情が指摘され、性成熟にともなう異性の親の身体に対する性的反発性が強く示唆された。父親には加齢臭が含まれている可能性もある。一方、母親に対して同じ年齢段階の息子が反発性をみせるということはなく、親子間の性的反発性における興味深い非対称性が指摘された。ところが思春期には、父親のにおいを感じとる息子は父親と円満な関係でない傾向がみられ、父親の体臭は同性の子どもからは思春期に疎まれる可能性があると考えられた。家族集団のなかで父親という存在の疎遠性が示唆される結果であったが、これは物理的な在宅時間の差といった社会的要因に起因する可能性も否定はできない。

これらのことは、親の身体に対して子どもが嫌悪するという点において、性成熟に達した子ども、とくに娘が父親から離れがちであることを示している。これは性的反発性といわれる現象で、インセストの回避と関連するものと思われる。これはまさに「繁殖的他者性」の問題である。他方身体産生物への不快感という側面から親子の遠心性の生涯発達を覗いてみた結果、結婚して自立し子育てする頃に親から子どもへの身体的反発性がもっとも高くなっていた（図29）。子育て期にある子どもの親は50～60歳代頃であり、子どもが中年期に入る頃に親は老年期にさしかかる。その頃に子どもへの身体的反発性が緩和するのは、加齢現象という可能性があるが、それ以外に祖父母による孫（つまり子どもの子ども）への身体ケア体験とも関連するかもしれない。

老いた親は心身に深刻な不調を来すことも少なくなく、そうなると誰かがサポートしなくてはならない。介護の問題である。幼い子どもならばその「かわいらしさ」という解発刺激性のおかげで、親は子どもの世話の負担を受け入れすすんでそれを行う。しかし親の老いにともなって求められる子どもからの世話は、その負担をカバーする生物学的な補償メカニズムがない。その点では脆弱ともいえるが、ヒトはそれを「報恩」とか「孝行」という倫理観で理性的にカバーしてきたように思われる。古い封建的な考えだとして否定し去ることのできない問題である。

第3節　就寝と子別れ

1　寝かしつけの文化差

子別れで重要なもう一つの指標は、子どもが寝るときに親がどこにいるのかである。日本では、母親は子どもが幼いうちは子どものそばにいてやり、自立が進むにつれて子どもを一人で寝かせるようになる。その分離を演出するのが子ども部屋である。子どもが寝ているときは、母親にとって子どものことを気にかけなくてもよいまとまった遠心的な時間となる。母親はその時間を確保しようとして、子どもが眠そうな気配をみせるとすかさず寝かしつけにかかる。これは愛情あふれる母親とは異なる姿である。子どもをなるべく早くその状態に導くのが「寝かしつけ」という行動であり、そのあり方は母子関係の遠心的な側面をあぶり出してくれる。

シューベルトやブラームスなどの子守唄には、親の愛に包まれて安らかに眠りにつくという甘美な母子のイメージがうたわれている。ところが実際の子守唄はそんな聖母的なものばかりではなく、むしろ「起きて泣く子の面が憎い」「起きて泣く子はまな板で切り刻む」など、寝ようとしない子どもへの憎しみの心情が読み取れる歌が国内外を問わず数多くみられる。寝かしつけの場面は、スヤスヤと寝る子どもを慈しむだけではなく、寝ない子どもを難じるという両価的なものである。

筆者は1990年代初頭に、0〜1か月、6〜7か月、12〜13か月の子どものいる日英の家庭で、3〜4時間連続してその子どもと母親の行動をビデオ観察したことがある。当時ビデオカメラは今と違ってずいぶん大きくかつ重く、それを手にして長時間の連続撮影を個々の家庭で行うのは骨の折れる研究であったが、その代わりいろいろと貴重な情報が入手できた。子どもの午睡の開始と終了という興味深い場面の収録もその一つであり、そこから寝かしつけ行動に大きな文化差が存在することを見出した。

子どもは眠くなると意識水準が低下するし、不機嫌にもなる。親は子どもがグズグズし出すと、そろそろ眠いのかもしれないと推測する。ここまでは日英に差がない。文化差はこの先にある。日本の母親

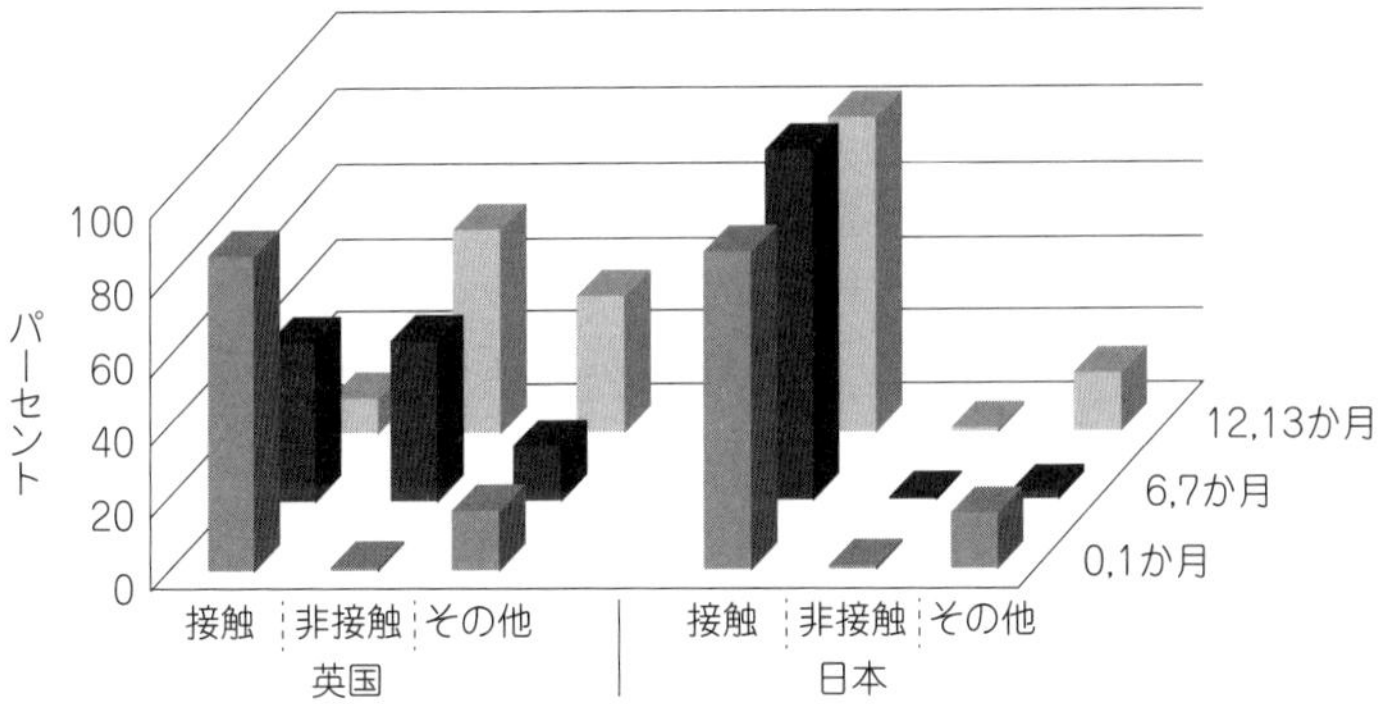

図 31　日英の寝かしつけ（根ヶ山，1997）[34]

は子どもを寝かしつけるときに、身体接触をともなって、つまり付き添って添い寝をしたり抱っこして揺すってやったりするのに対し、英国の母親は眠そうな子どもを子ども部屋に連れて行き、起きたままの子どもをベッドに入れて布団を掛け、電気を消しカーテンを閉めて部屋を出て行く。一人取り残された子どもはひとしきり泣くが、すぐにあきらめて眠りに落ちていく。日本の母親が分離で子どもを悲しませないようにとひたすら子ども本位の接し方をするのに対し、英国の母親はまず分離ありきで、その状態に子どもを慣らしていくという子育てスタイルであった（図31[34]）。この遠心性の違いには子育て観における質的な差が横たわっているが、その日英差は生後半年以降に顕著になっていた。

英国の母親に訊くと、そのようにすることで子どもの自立心を養うという返事が返ってきた。中根[35]の指摘するとおり、英国の家屋は部屋の独立性が高く、子ども部屋が母子分離の道具となっている。英国では出産後退院したその時点から、自宅に子ども部屋が用意されていることも珍しくない。しかしそのような英国でも0、1か月は日本と同じく、生まれたばかりの子どもは母親のそばに置かれることも多い。子ども部屋があっても、その時期には夫婦の寝室にコット（簡易ベッド）を持ち込んでそこで寝るというようなこともみられる。

2 共寝（co-sleeping）の功罪

昼寝は短時間であり、また子どもは寝ても母親は起きて家事や用事をこなす。それに比べて夜間は、親子ともまとまって睡眠をとる時間帯である。それは親にとっても安息の時間となる。そのときに子どもがどこで誰と寝るかは、親にとっていっそう大きな課題となる。休息の時間を確保したい親にとって、夜間の子どもの世話は心身の負荷が大きいからである。親が子どもから離れれば親にとっては楽であるが、しかし子どもにとって夜の闇は恐ろしく、親の遠ざかりは子どもの不安をかき立てる。また、後述するように就寝場面で子どもは突然死することがあり、安全を親が身近で確認できないと子どもの危険性はさらに高まる。就寝場面は子どもとの「スキンシップ」の場面であるが、他方赤ん坊を同じベッドで寝かせると親の睡眠がさまたげられ、また親が子どもを下敷きにしてしまいかねない。けっして単に親子の接触をよしとすることだけで事足りるのではない場面である。母子にとって夜間は昼間とは様相を異にし、互いの要求が正面からぶつかり合うアンビバレントな場面なのである。

「共寝（co-sleeping）」とは、親子が夜間同じ部屋で（同室就寝）、あるいは同じ布団で（同床就寝）寝ることである。共寝の頻度は民族によって大きく異なり、アジアやアフリカ、ヒスパニックの人たちでは共寝が多く、一方白人系には別寝すなわち分離就寝が多い（図32）[36]。ビリンガムとゼントールによれば、米国では親との同室就寝は生後1週間以内には3割いるが、1歳まで続ける者は1割未満であった[37]。アベルらはニュージーランドで、共寝派は親子のつながりを重視し、別寝派は独立と自律を望んでいたという[38]。就学前児の90%[39]、1～6歳児の92%[40]が母親と同室で就寝し、川の字ともたとえられる日本の共寝文化からは、こういった別寝傾向は想像しがたいものである。子どもが母親と寝るのか一人で寝るのかということは、母親が子どもと寝るのか夫婦もしくは一人で寝るのかということの裏返しであり、ここには文化的に大きな違いがみられる。

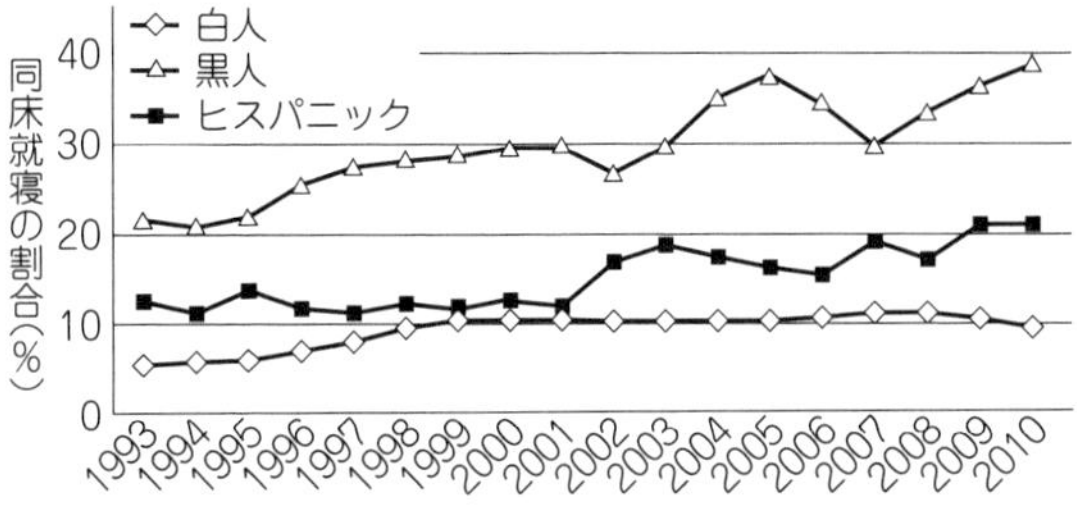

図32　白人，黒人，ヒスパニックの同床就寝率
(Colson et al., 2013)[36]

共寝の利点としては、①子どもの基本的な心理生理的要求にかなった自然な就寝形態である、②母乳哺育を促進する、③養育者との親密な接触を通じて子どもの社会情動的な発達が促される、④乳幼児突然死症候群から子どもを守る、の4点があげられ、その反面①子どもを圧死や事故に遭遇させやすくする、②子どもの独立と自律を妨げ睡眠パターンの固定化を導く、③子どもの夜間の目覚めや就寝時の葛藤などの親にとっての睡眠問題（sleep problem）と関連する、という欠点もあるといわれている[41]。共寝はまさに親と子どもの主体性が衝突する葛藤場面なのである。母親という立場と妻という立場、さらには個という立場がせめぎ合う場面ととらえられ、求心性と遠心性が混ざり合う舞台である。

3 睡眠の質を確保するには

反応的共寝

先に述べたとおり、欧米では子どもを寝かせるとき、生まれてすぐから一人にすることも多い。ところが子どもは、なかなか寝つこうとしなかったり、夜間に起きて泣き、親を困らせたりすることがある。親のなかには子どもに根負けして、親のもとに連れてきてそばで寝かせるようになることもある。これが常態化する場合、その親は「反応的な共寝者（reactive co-sleeper）」と呼ばれ、「自発的な共寝者（spontaneous co-sleeper）」と区別される。スイスでの調査によると、反応的な共寝が生じるピークは4歳時点であるという[42]。

反応的共寝ということは、親の意思と子どもの意思が矛盾することを意味する。親子の主導権争いの子どもの勝利といってもよかろう。別寝は親のほうからその衝突を断つ手段であり、また自発的共寝は親が子どもの共寝要求を積極的に受け入れる姿勢といえる。もちろん自発的共寝には母乳哺育や子どもの体調の悪さなどさまざまな理由がありうる。子どもが接触を求めて泣き、親は分離を求めて寝かしつけるというのは、構図として離乳のそれと類似していることに皆さんは気づかれるだろう。

ヴォルコヴィッチら[43]は、イスラエルの家庭で、妊娠中、生後3か月、生後6か月にわたってアクチグラフという腕時計型の器具で母子の夜間の睡眠覚醒を計測し、同時に質問紙と日誌で睡眠行動関連その他の情報を集めた。その結果、母乳哺育を採用している母親は共寝する傾向が高く、その場合母親も子どもも睡眠が断片的になりやすいこと、子どもにはアクチグラフの値に共寝と別寝で有意差がみられないが、他方母親についてはアクチグラフでも両群に差がみられ、共寝群で自らの睡眠が乱され睡眠の質が低下することが示された。このように共寝は母親にとって、安らかな睡眠を妨げるものと受けとられる。しかも目覚めた子どもに対しては、母乳哺育が高頻度に行われる。

母子の共寝は、母親の分離不安の高さや父親の子育て関与の低さとも関連していた[44]。母乳哺育を統制したうえで、アクチグラフと日誌で単独就寝と同室就寝の母子の睡眠を比較したところ、同室就寝の母親の睡眠時間が短く睡眠の質が悪かった。子どもの睡眠の差は、あったとはいえさほど顕著といえなかったが、それにもかかわらず同室就寝の母親は子どもが夜間に覚醒するとより多く訴えていた。さらに同室就寝群で母親の分離不安がより強く、父親による子どもの世話への関与がより少なかった。

同室就寝を含む共寝群で、子どもの睡眠に大きな差がないにもかかわらず母親の睡眠の質が低下するのは、睡眠の質の悪い母親が共寝を選びやすかったためかもしれないし、何か母親の背後の隠れた要因が共寝と睡眠の不調の両方の原因になっていたかもしれない。あるいは子どもの近くで寝ることが母親に子どもの行動による覚醒を増加させていたかもしれない。分離不安の強い母親は子どもが心配でその目覚めに対し過敏となっていた可能性があるし、子どものそばで寝ることによって分離不安が強化されたかもしれない。さらにまた、同室就寝だと子どもは目覚めて親を求める傾向を持続させてしまうかもしれない。他方、同室就寝群である母親の夫による世話の低さは、母親が夫からのサポート欠落の補償として共寝するという可能性を示している。このようにさまざまな可能性を述べたあとでヴォルコヴィッチら[45]は、共寝が母親の睡眠を妨害するという点について考慮すべきだと結びに述べている。母乳哺育の重要性などから夜間の共寝が推奨されるようになってきたにもかかわらず、共寝に対する抵抗感は欧米では依然として根強いのである。

乳幼児突然死症候群と共寝

夜間の共寝は、ＳＩＤＳ（乳幼児突然死症候群）との関係で大いに議論されるようになった問題である。米国の小児科学会は同床就寝がうつぶせ寝や喫煙・飲酒とともにＳＩＤＳの有意な原因であると忠告しているが、同室就寝は逆に推奨している[46]。バーグマン[47]も共寝がＳＩＤＳの原因となることについては懐疑的である。そこには共寝に対して両価的な視線がある。共寝と別寝は、まさに子どもの生死に直結する問題であり、発達行動学の研究対象にふさわしい話題である。

マッケンナら[48]は、霊長類学から人類学にわたる広い視野から母子の共寝（とくに同床就寝）に関する諸研究を進化生物学的・比較文化的にレビューし、ＳＩＤＳをひきおこすとして同床就寝を問題視する今日の医学界の姿勢を強く批判した。共寝では母子間のアタッチメントや覚醒の同期や、母乳哺育の増加、母親の子どもに対する注意の増加がみられ、母乳哺育はＳＩＤＳになりにくい姿勢を母子にもたらす。またむしろＳＩＤＳの頻発する２〜４か月は自律神経から随意な呼吸に切り替わるときでもあり、母親の呼気の二酸化炭素によって子どもの吸気環境が変化して随意呼吸の賦活に益し、ＳＩＤＳの防止につながっているという可能性を示した。バリー[49]も人類学・小児科学・心理学その他の諸研究の知見をレビューしつつ、共寝がヒトの進化に合致する理にかなった就寝法であることを考察している。

就寝形態と睡眠の質、共親行動の関連

テティら[50]は1、3、6、9、12か月の5回、ペンシルバニア州の家庭において縦断で、子どもと両親の睡眠を手足に装着する測定器具を使って測定するとともに、それをビデオでも確認した。それと同時に、睡眠行動を質問紙でも調べた。それぞれの時期での親との関係における子どもの就寝形態を「単独就寝」「同室就寝」「同床就寝」「混合就寝」に分け、また12か月にわたるその変化を元に「一貫別寝型（1年を通した単独就寝）」「前期単独化型（6か月未満での単独就寝への移行）」「後期単独化型（9か月もしくは12か月未満での単独就寝への移行）」「一貫共寝型（1年を通した同室もしくは同床就寝）」「不定型」に分類した。そして質問紙で夫婦の共親行動（coparenting、母親と父親の両者によって行われる子育て）の状況と信仰・信念・役割分担などから夫婦の関係性を、ビデオ観察で寝床での両親の情動の利用可能性（emotional availability）を、日誌で子どもの就寝を、それぞれ明らかにした。その結果、共寝は1か月では73％の家庭でみられたのに対し、3か月で45％、6か月で32％、9か月で27％、12か月で23％と減少していた。

生後半年間に子どもの断続的な睡眠が急速に減少し睡眠の安定化が進んだが、就寝形態による差はみられなかった。他方、母親の睡眠に関しては就寝形態との関連性が有意にみられ、一貫別寝型の母親は一貫共寝型、後期単独化型、不定型の母親よりも睡眠の断片化が有意に少なく、また前期単独化型の母親は一貫共寝型よりも断片化が有意に少なかった。同様の傾向は母親が夜間に目覚めていた総時間においてもみられ、生後6か月以上共寝していた家庭の母親には、器具によって計測された睡眠パターンと

母親の睡眠日記をもとにして睡眠の質の悪化が指摘されたが、子どもの側にはそのような傾向は認められなかった。その結果は、子どものそばに居続ける母親のほうが夜間の子どもの覚醒に気づきやすいからではないかという可能性が考えられたが、しかしそれは、女性による子どもの目覚めの報告が、一貫共寝群よりもむしろ子どもがそばにいない一貫別寝群のほうに、母親の睡眠の断片化傾向や母親の覚醒時間と有意に相関していたという結果から否定された。またそのような母親における就寝形態と睡眠の質に関する対応は、父親にはみられなかった。しかし英国での調査によると、父親には同床就寝することを通じて父性の高まりがみられた[51]。

このように、共寝と別寝の問題は文化的多様性が大きい。その多様性は家の空間構造だけではなく、親と子どもの主導性のせめぎ合いと両親の夫婦間葛藤が深く関わった、母子の求心性と遠心性の問題である。夜間就寝はさらに、次に述べる母乳哺育とも不可分な関係がある。

4　夜泣きと母乳哺育

子どもは眠くなるとぐずるし、起きるとよく泣く。寝ている状態は安らぎで、そこに向かう傾眠は覚醒レベルが下がり鎮静化に向かう状態であるといえる。考えてみれば、その気持ちがいいはずの傾眠期に子どもはなぜ不機嫌になり泣くのだろうか。

子どもの就寝と子別れには深い関係がある。ブラートン・ジョーンズとダ・コスタ[52]は、これほどあまねく存在する夜泣きを病理的行動とみるのではなく、夜泣きが母乳哺育を促し、それで子どもが保護され生存が保障されるという適応機能を仮定した。非栄養的な吸啜であったとしても、その乳首への刺激が排卵を抑制することはありうるし、またボウルビーのアタッチメント理論でいえば、親から離れて寝ることは子どもの危険を増すので、夜泣きして親を引き寄せるのは子どもの保護に結びつく。必ずしも夜泣きを母乳哺育と排他的に結びつける必要はないが、しかし結びつきやすいのも事実である。就寝時に子どもはよく夜泣きをするし、子どもが泣くと親は泣き止ませるためにあやしたりなだめたりする。別寝していても子どものそばに来たり、子どもを自分のそばに寄せたりする。その際によく用いられる泣き止ませ方法が、お乳を含ませるというやり方である。共寝傾向が強いほど母乳哺育傾向も強いという報告がある[53]。また単独就寝に比べて同室就寝のほうが有意に夜間母乳率が高い[54]。母乳哺育は乳首を刺激し排卵を抑制させる。つまり次の子どもの妊娠が後傾し、子どもは親の資源を独占し続けられる。逆に母親が別寝を選択するのは、その子育てへの関与を縮小することにつながる。子どもとの共寝は親に母乳哺育の機会を増やし、母乳哺育は排卵の抑制につながり、出産間隔の拡大をもたらす[55]。就寝場面を離乳場面と重ねて、泣きを子どもの繁殖戦略ととらえることもできるように思われる。それには親の対抗戦略もあり、親子の葛藤が生じるのである。

ところで、実はそもそも研究間で共寝の定義が不統一で、一晩の一部分、一週間の一日だけでも共寝があればよしとする研究もあるし、また親以外にも誰でもいいとするものもあり、こういう研究による定義の不統一が適正な比較を阻んでいるとともに、母乳と共寝の関係についての議論も難しくしている[56]。こういった議論を正しく行うためには、共寝の内容を精査する必要がある。それと、就寝を母子の葛藤ととらえるだけではなく、その場に父親（夫）が存在しうるという点にも留意が必要である。欧米の白人家庭では、夫婦が寝室を共にし、子どもはそこから離れて眠る。そうであるからこそ母子の別室就寝という遠心性が志向され、子どもにはそれへの抵抗が強く葛藤もいっそう深刻になる。親子を包括的に理解するには、昼間とともに夜間の親子・夫婦関係を理解しなくてはならない。夜の就寝をめぐる親子の葛藤は、その実像を垣間見る重要な窓なのである。

5　共寝は夫婦関係にどう影響するか

家庭は母子間の求心性・遠心性の舞台であると同時に、父子間、父母間の求心性・遠心性のみられる場でもある。しかもそれらの二者関係は、それぞれ独立に存在せず相互に複雑に関連し合う。シミズら[57]は、日本の社会変化にともなって子どもの就寝形態が共寝から別寝へといかに変化したかを調べた。同室で手の届く範囲内、同室で手の届く範囲外、別室の3カテゴリーに分類したところ、2008～2009年調査のサンプルではそれぞれ72%、20%、8%であった。この数値は1960年代の結果[58]と似ており、母親の意識の時代変化にもかかわらず、これが時を超えて変化しにくい性質であることがわかる。母親の意識を分析すると、子どもを遠くで寝かせる母親ほど個人主義的な（ゲゼルシャフト）考え方をする傾向があったが、手の届く距離に寝かせる母親のなかにも個人主義的な考え方をとる者がかなりの頻度で混ざっていた。したがって日本の根強い「川の字」型就寝志向は、最近の若い母親にとってアンビバレントなものとなっている可能性がある。

母乳哺育は乳腺の活動を刺激し、排卵を抑制させる。つまり次の子どもの妊娠が後傾する。ということは子どもが親の資源を独占し続けられる。泣かれると親は眠りを妨げられるし、また夫婦関係にも影響が及びかねない。親にとって悩ましい泣き・睡眠・哺乳における三つ巴[59]の問題は、「性」を変数に加えることによって、繁殖を含んだより発達行動学的なテーマとなる。

カナダの調査では、母親が子どもとベッドを共有する時間は全体としては結婚の満足感を予測しないが、共寝を自らの意図による自主的なものとそうでないものの二種類に分けて分析すると、前者では子どもと共寝する時間が結婚満足感と有意に対応しておらず、後者では有意に負の対応を示していた[60]。またどちらの群も結婚満足感は配偶者との間の性的満足感と有意に相関していた。母子の就寝形態は夫婦関係と連動するのである。

さらに、先に紹介したテティらの米国における研究[61]によれば、一貫共寝型の母親は一貫別寝型、前期単独化型、後期単独化型、不定型群のいずれよりも夫がネガティブな共同養育傾向を示し、夫との関係性スコアが低かったのである（図33）。これらの結果は、一貫共寝を選ぶ母親にとって睡眠の質の悪化がみられ、夜間の子どもの覚醒を訴え、夫婦の関係性が悪いことを示していた。他方一貫共寝を選んでも子どもの睡眠は影響されていない。そのことから、とくに別寝を基本とする文化圏では、持続的な共寝はごく早期から夫婦間のストレスが関係する現象なのではないかと考察している。夫婦関係の不全性を夜間子どもに接近することで解消し、それが子どもの行動に対する過剰な注意や過敏性につながっているのかもしれないというのである。

確かに、夫婦関係と母子共寝は拮抗するもののようだ。ただし共寝を病理とする見方よりも、性と授乳による繁殖戦略上の矛盾の表れとする見方のほうがより妥当なように思われる。夜間に乳房（母乳）

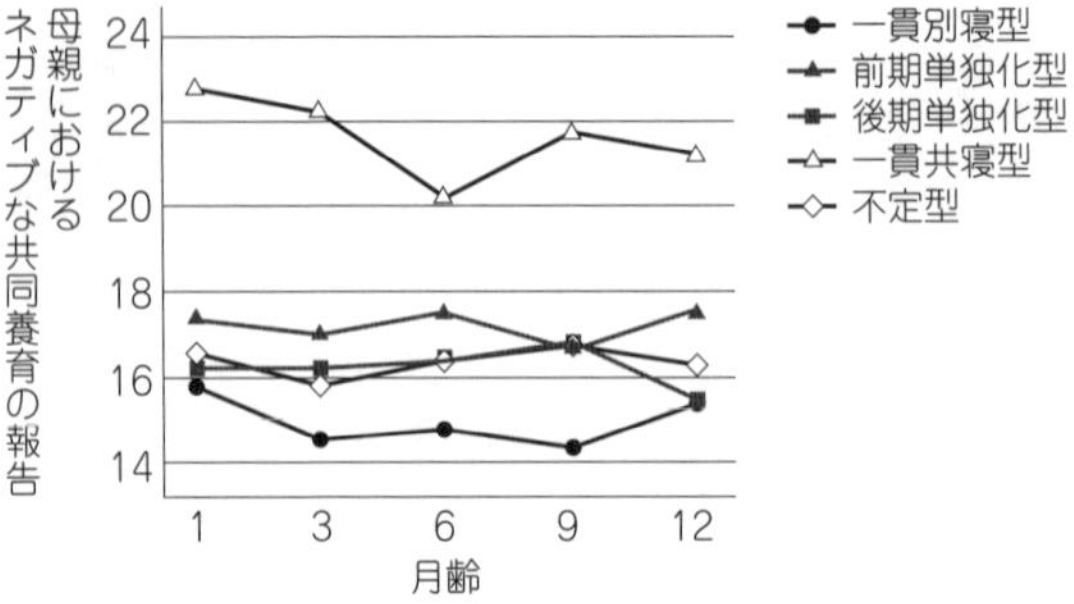

図 33　母親からみた夫とのネガティブな共同養育の報告と就寝形態との関連性（Teti et al., 2016）[61]

を求めて泣く子どもと母親の関係の姿はそのことを強く示唆する。それは現在の子どもの養育的役割と次の子作りに向けた乳房の性的役割の矛盾という形で具現している可能性があるからである。乳首が子どもに吸われることで排卵が遅延し、逆に離乳後吸われなくなると排卵が再来することに端的に示されるように、現在の子育て・摂乳と次の妊娠・子育てとの間には相反的関係がある。その二つの切り替えスイッチとなるのが母親（妻）の乳房である。別寝文化圏において夫婦関係の悪さと共寝が結びつくのは、次の子作りを志向しない母親のあり方とも考えられ、それは母親の生活スタイルの選択の問題としてとらえられるべきかもしれない。

夜間の家族関係研究の重要性

親子や夫婦、家族は昼夜の時間のなかで関係を成立させている。ところが研究は、ほとんど昼間の家族からしか家族像を描けていない。夜間にどのような家族関係があるのかを明らかにし、それと昼間の家族関係の実態とをつきあわせ、包括的に考察する必要がある。求心性と遠心性のダイナミズムが鮮明に展開される舞台が睡眠なのである。昼間の親子をみているだけでは、親子関係の半分を理解したにすぎない。ましてや求心性を家庭でなく実験室で調べるといったやり方だけでは、親子関係像の実像を見誤ってしまうリスクが大きい。

米国などではＳＩＤＳの問題があっても、そして小児科学会が同室就寝を推奨しても、図32でみたとおり白人の間では別寝が延々と実践され続けている。母子だけではなく夫婦関係や母親の個の重視という、子育てと拮抗する要因も視野に入れておかないとこのことは説明できない。求心性と遠心性を対等に考慮する姿勢が必要とされる。子どもをどこで寝かせるかはＳＩＤＳだけではなく、子どもの泣きや睡眠問題と母親の睡眠の攪乱の問題でもある。それはさらに、母親の哺乳の問題であり、母子と夫婦の両関係の葛藤の問題とも連動する。子どもは親と寝るのか一人で寝るのか、また母親は子どもと寝るのか夫と寝るのか、それとも一人で寝るのか。これは文化的に大きな多様性がみられる問題でもあって、母子の遠心性と求心性の相互関係に深く関わる議論である。

ミレヴァ・ザイツら[62]は共寝の研究をレビューし、共寝と母乳哺育の因果は共寝↓母乳哺育と母乳哺育↓共寝の両方向性が考えられるという。子どもの睡眠という具体的な行動は、子どもの適応や母親の精神的健康、就労、母乳哺育、母子関係、夫婦関係、性、家屋構造、食事、事故とＳＩＤＳ、などきわめて多様な問題へとつながっている。そしてそれは家族関係と育児の問題、親と子どもの覇権と対立、繁殖の問題ともリンクしている。彼らは、小児科学・疫学と人類学・進化心理学と精神医学・発達心理学がそれぞれの長所を持ち寄り、発達的文化的および臨床的視点から、乳児期から児童期までの睡眠や同床就寝について研究する学際領域「心理人類小児科学（psychoanthropediatrics）」を立ち上げるべきだという。これにより研究者・医師・保護者は、子どもと家族の健全な発達を保ちながら、毎日の日常場面における育児実践について十分な情報に基づいた選択を行うことができるとしている。人間科学的で重要な指摘だと思われる。

第4章　アロマザリング＝Pull 型遠心性
——その進化と発達

母親は子どもを育てるが、しかし子どもを育てるのは母親ばかりではない。親子の遠心性には、前の章でみたような母子の利害対立による子別れの図式だけではなく、母親以外の個体が子どもに近づきその世話に関与することによって、結果的に生まれるものもある。生態学的な観点から母子を開放系として、周囲に存在する豊かなヒト・モノ・シクミのシステムに取り巻かれ、それらとダイナミックに接近・疎隔をくり返す存在とみなすという視点である。

コソダテは親子に限定された問題ではなく、血縁淘汰、包括適応度（血縁個体全体によって残される共有遺伝子の総和としての適応）という視点から遺伝子レベルで考えれば、血縁集団全体に関わる問題である。さらに遺伝子だけでなく経済資源や情報資源などの視点を取り込むならば、社会全体の大きな広りのなかに位置づけるべき問題でもある。子育ての当事者である母子間の斥力による遠心性を Push 型と呼んだが、それに対してこういった周囲の個体やシステムの引力によって母子が離れる様子を Pull 型の遠心性と呼ぼう。これはヒトにおいて特に発達した遠心性である。[1]

第1節　母親以外の個体による養育

生物は世代を継承し、親子はそれを実現する基本ユニットである。血縁を縦に連ねれば曾祖父母、祖父母、子、孫、ひ孫といった連鎖が続き、横に広げればいとこやおじおばと甥姪などの親戚のネットワークとなる。われわれの血縁ネットワークは煎じ詰めれば、親子ときょうだいという縦糸と横糸からなる係累の組み合わせによって成り立っている。

社会生物学者のウィルソン[2]は、そういう多者的な環境のなかで子どもが育つという点に早くから注目していた。彼は親以外の個体（ヘルパー）による子どもへの養育的な関わりをアロパレンタルケア（alloparental care）と呼んだ。アロパレンタルケアは母親以外のケア（allomaternal care、本書でいうアロマザリング）と父親以外のケア（allopaternal care）とに分かれる。またノンマターナルケアは「アロケア」とも呼ばれている[3]。この本では母親によるケア（マターナルケア）を哺乳類の子育ての原点であるとして、それ以外のものに対してアロマザリングという用語を原則的に用いる。

体内受精を行う動物では、産卵・出産する雌が子どもの母親であることが明確だが、その点どの雄が子どもの生物学的な父親であるかの特定は必ずしも容易ではない。したがってアロマザーは容易に識別できるが、ケアする雄が父親なのか父親以外なのかは体内受精を行う動物では特定が困難で、これまで研究の俎上にのりにくかった。

ソロモンとヘイズ[4]によれば、アロペアレンティングが生じる二つの仮説的ルートは、若い個体が親のもとに留まり拡大家族となるケースと、姉妹のような近縁雌が巣を共有して互いの子どもを世話するような場合であるという。またアロペアレンティングには直接的効果と間接的効果があるとされる。直接的効果とは、アロケアした子どもが後に自分のヘルパーになってくれる、アロケアすることで後に自分が親になったときの子育て行動を学習する、子どもをもつ雌に対しての魅力を高めその雌との交尾の機会が増大する、といったことで、自分の繁殖に直接反映される効果である。一方間接的効果として、子どもを育てる血縁個体の生存を助けその繁殖成功度を向上させる、血縁関係がある子どもの生存を助けその繁殖成功度を向上させる、血縁関係がある子どもの質を向上させてその将来の適応度を上昇させるといったことで、自分の血縁個体の繁殖を助けて包括適応度を高めるという効果である。

アロマザリングする動物たち

動物のなかでアロマザリングは、血縁の雌によるものが多い。ひとつの顕著な例として、働きバチが自らは子どもを産まないで、母親が産む自分のきょうだいの世話を行うということがある。進化生物学者のハミルトンはこれが成立する条件を、包括適応度の観点からC<Brという単純な不等式で説明した。ここでC、B、rはそれぞれ世話行動にともなう損失、利得、血縁度を指し、この不等式はその行動によって下がる適応度（C）よりも上がる適応度（B＊r）が大きければ、その行動は進化するということを示している。[5]真社会性昆虫の雌がワーカーとなり自分の子どもを産まないことは個体適応度（自分の子どもをどれだけ残すか）からは合理的に説明できないが、包括適応度で考えれば問題なく説明される。

自分と血縁関係にある個体の育ちを助けることによって自らの遺伝子が残るという、血縁淘汰にかなった行動がアロマザリングなのである。

雄と雌の繁殖戦略は同じではない。それぞれの配偶子である精子と卵が出会って子どもができるのだが、その配偶子の性質は、かたや夥しい数で浪費的なのに対してもう一方は希少であること、またかたや自ら泳ぎ回るのに対してもう一方は自分では動かず運ばれること、というようにあり方が大きく異なる。雌雄はすでに配偶子のレベルで繁殖戦略が違うのである。その違いを反映して、最適な子どもの数も雄雌で異なる。[6] また、体外受精か体内受精かによっても雄と雌の育児参加に差が生じる。[7]

ウィルソン[8]は、アロペアレンティングが霊長類においてとくに発達したコソダテのスタイルであると指摘している。これまで霊長類学では、集団内で母親以外にも雄や雌の成体が子どもに関わることが知られ、「おじさん行動」[9]「おばさん行動」[10]と呼ばれて注目されてきた。またランカスター[11]はサバンナモンキーで、若い雌が子どもを連れ回して遊ぶ行動を母親ごっこ行動（play mothering）と呼んだ。それが霊長類でさかんな理由として、①母親になる学習（幼時における幼体の世話が後の子育ての練習になる）、②母親の血縁淘汰（母親が他の血縁個体に自分の子どもの養育を委ねることによって、母親の遺伝子が残る確率を上げる）、③血縁個体の血縁淘汰（世話をする雌が自分と血縁関係にある幼体の世話をすることで、自分の遺伝子をより多く残すことにつながる）、④連合形成（母親と幼体の養育ヘルパーとの間に生じる連帯が集団での適応をもたらす）、⑤交尾機会の増加（成体雄が幼体の世話をすることによって、交尾の機会が増える）、⑥敵対緩衝（agonistic buffering）（成体雄が幼体を自分のそばに置いておくことで、群れのなかでの敵対関係が緩和される）、の六つを想定している。[12]

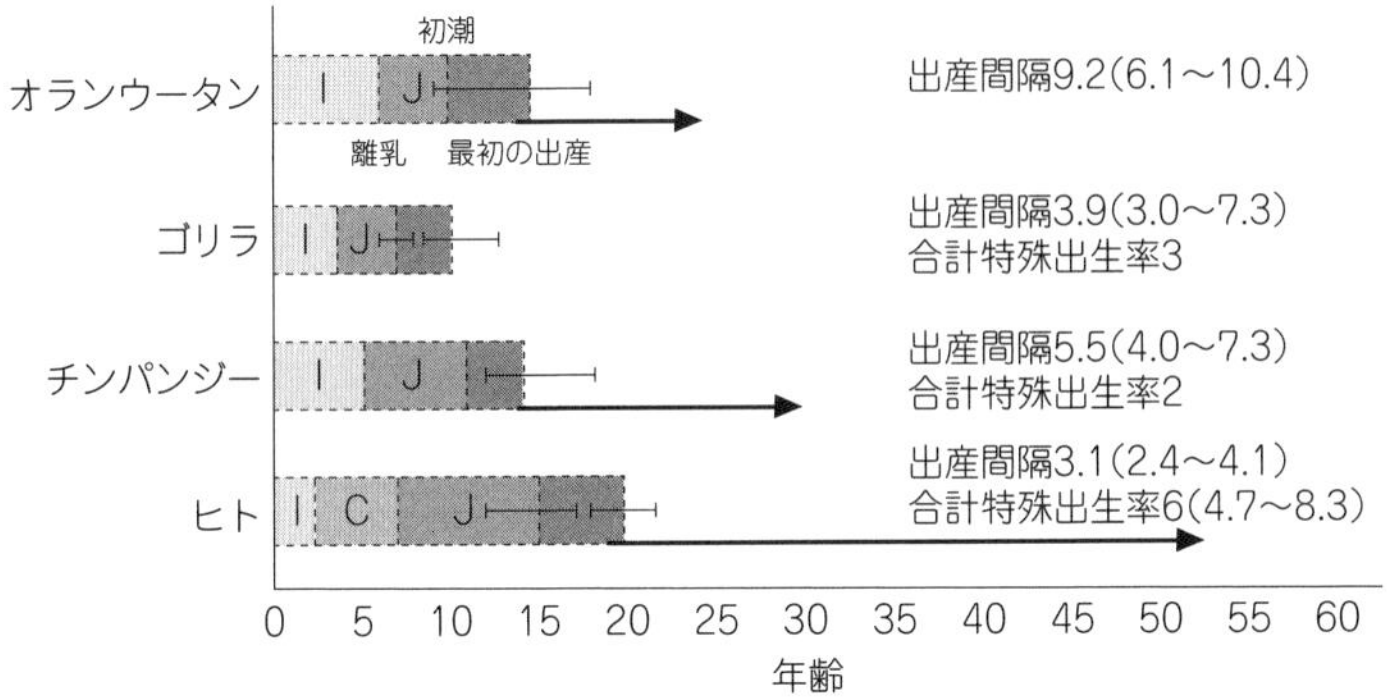

図 34　離乳・初潮・初産年齢・寿命（矢印）**の比較**（Kramer, 2010）[14]
I, J はそれぞれ離乳と初潮の平均年齢まで、エラーバーは初潮と初産年齢の範囲、矢印は寿命を示す。ヒトのみ、I と J の間に「C：子ども」の時期があり、離乳後も衣食住にわたる保護が継続する。

第2節　高次の社会性が育んだアロマザリング

ヒトは大型類人猿に比べ、離乳がより早期であることと性成熟がより遅く、子どもの時期の長いことが指摘されている。[13]それにもかかわらず、文化人類学的な知見をもとにすると、出産間隔が他の類人猿に比べて短く、生涯のなかで多くの子どもを産み育てる傾向がある（図34[14]）。未熟な子どもを同時に複数抱えた子育てを行うのである。未熟な子どもが複数身の回りにいれば、母親の負担は子どもの数に応じて幾何級数的に増大する。

そもそもなぜ霊長類でアロマザリングが発達しているのだろうか。まず、霊長類は発達が進んだ状態で子どもを産む離巣性を共通の特徴とし、少なく産んで親が子どもを守り育てる性質があげられる。乳組成からみても、霊長類の母乳は他の哺乳類に比べて固形成分が少なく薄い。[15]これは母子関係が長く続き、親が子どもを保護する傾向の強い種の特徴である。それと同時に、新脳化[16]により複雑な社会を構成し、そのなかで優れた社会的知性を発揮する種であるという点も重要である。それはコソダテをめぐって、母子を超えた関係の成立が可能であることを意味する。そのことによって子どもを養育する行動が、その子どもの母親への社会的効果をともなっているという可能性も生まれる。霊長類は個体識別とそれに基づく優劣順位、血縁関係の把握を群れ生活の骨格とするが、まさに社会脳の発達による高次の社会性[17]が群れのなかでのアロマザリングの成立と不可分に結びついているのである。

ヒトの協力的コソダテ

ヒトは他の大型類人猿に比べて、子どもの成熟に時間を要するにもかかわらず出産間隔が短く、多くの子どもを育てる。したがって、親にとって子どもを育てる負荷が格段に大きく、子どもの養育を母親だけに委ねるのではなく他者が協力してコソダテを行うという性質が発達したのだと考えられている。採集民にどの程度アロマザリングがみられるかについてのまとめ[18]をみると、パラグアイのアチェ族のように全くない社会もあるがそれは稀で、程度の差はあれみられるのが一般型であると読み取れる。

またクレイマー（Kramer, K. L.）は世界各地における文化人類学的研究の文献資料をもとに、ヒトの子どもがどのような人にどの程度ケアされているかをまとめた[19]（表3）。それによれば、子どもは自らを取り巻く多様な人によってケアを受けていた。祖母やきょうだいなど血縁者が多いが、なかでも母親が飛び抜けて多くを担っている。きょうだいでは姉のほうが兄よりも多い傾向で、全体に女性の関与が大きい。このように母子の関係は重要ではあるものの、その排他的結合によるのではなく、多くの関係者

表3　子どもが直接受けたケアの百分率（Kramer, 2010[19]を改変）

	母親	父親	きょうだい	祖母	その他
Ye'kwana（Hames 1988, p.245）	49	2.7	女16.7、男1.9	11.2	20.6
Aka（Hewlett 1988, p.269）	42.7	15.8	—	—	13.2
Efe（P. Ivey, 未公刊データ）	50	6	女13、男14	9	9
Agta（Goodman et al. 1985, p.1206）	51.7	4.4	女10.2、男1.1	7.6	—
Maya（Kramer 2005, p.227）	46.1	1.6	女31.6、男4.6	1.2	11.2
Alyawara（Denham 1974, p.264）	53	<1	31	—	16
Trinidad（Flinn 1992, p.66）	44.2	10.3	16.3	—	29.3
Mardu（Scelza 2009, p.451）	32.2	1.7	5	14.3	29.8
Toba（Valeggia 2009）	50	—	女33、男4	13	—

によって子どもが養育されていることがわかる。

血縁淘汰を超えて

しかしもう一方の親である父親は子どもに対し、母親と同じく高い血縁度を有しているにもかかわらず、母親に比べると子どもへの関与が乏しい。母親には妊娠や哺乳という身体機能が結びついており、子どもの養育への関与が身体化しているのに対し、父親の身体にはそのような機能が備わっていない。父親による子育てへの関わりには、養育系の要素とは別に、母子を防衛したり食べ物を獲得したりといった、頑強な身体を用いた攻撃系の要素があるとされる[20]。父親の行動にはオプションの要素が強いが、その問題は後ほど詳しく扱うことにする。

またヒトの場合は、後述するように逆に非血縁者でも、養子縁組など家族・非家族としてコソダテに積極的に関わることが多くみられる。動物行動学が教える血縁淘汰の枠組みだけではこの問題はけっして完結しないのである。むしろそのような遺伝子の制限から自由になっていることがヒトのコソダテの大きな特徴というべきである。それは栄養資源から時間資源へと規定要因が大きく変わったこととつながることであった。

母子関係に遠心性を認めることは、裏返せば母親以外の人と子どもの間に求心性を認めることである。アロマザリングは母子の遠心性によってできるすき間に他者が入り、子どもとの求心性を実現することであって、第1章で紹介した安心感の輪も母親から離れた先に子どもを引きつける人の存在を想定すれば、アロマザリングの構図になる。それに応じて母親も子育てしつつ、子どもとの間に求心性と遠心性の交替を経験する。母子双方の求心性と遠心性の揺らぎは、同期と非同期をともに含み、母親と子どもは相互にへだたりを調整し合っている。

第5章　ヒトのアロマザリング
――母親だけが育てるのではない

ヒトの子どもが母親だけでなく周囲のさまざまな人の手によって育てられるということを、子どもが人々の手を強制的にたらい回しされるようなイメージでとらえてはならない。子どもは他者と関係を構築するポジティブな志向性を生まれつき備えている。子どものもつかわいらしさが大人たちを引きつけるし、また子ども自身も乳児期から人の視線が自分に向けられていることを敏感にキャッチして、それに反応する能力をもっている[1]。子どもはコミュニティにおけるネットワークの要になりうるし、また自らも自分に向けられたその視線を意識しつつ、そのなかで社会化を遂げる。いろいろな人に触れることは、子どもの社会的経験を豊かにすると同時に、周囲のいろいろな人とのコネクションもそれを通じて育つ。

母親の子育てを助けるのはヒトだけではない。求心性・遠心性は母子のへだたり具合の問題であるが、それはヒトだけでなく日常の雑多な事物が存在する生活空間のなかで実現される。そこにある事物や人物のもつ引力が子どもに多様な動きを引き起こさせる。というよりも、ヒトとモノとが組み合わさって、そのセットが子どもと交渉する。予期しないヒト・モノシステムとの出会いが、子どもに好奇心を喚起して関わりを誘発する。それは実験室ではなく自然の生活場面でこそ明らかになる。仮説検証的な作業の場である実験室ではノイズとして統制されるべき生態学的要因が、日常生活ではリアルで重要な意味をもつ。母子の遠心性を考えるうえで、日常の生活場面、とくに家とその周辺は子どもにとって発見の機会に満ちた貴重な舞台なのである。

霊長類はアロマザリングの発達した動物であるが、それを支えているのは血縁個体間のヘルピング、とくに雌による自分の母親への子育てサポートと幼いきょうだいの養育という2種類の行動による血縁淘汰であり、それらによって自らの包括適応度を上げている。ヒトの場合も子どものまわりには、父親や祖父母、きょうだいなど多様な血縁者が存在し、「家族」という独特のアロマザリングシステムを作っている。この問題についてまずその家族、とりわけ父親という重要なアロマザーの考察から始める。

第1節　家族によるアロマザリング

1　父親の役割

動物の親が子育てするのは、基本的にそれを通じて自分の遺伝子を残そうとするからである。父親は母親と同じく、子どもとの血縁度が0・5と高い個体である。遺伝子の共有率という点だけからすると、養育において母親と同じだけの貢献をしてもおかしくはない。しかし父親には、母親と違って子宮や乳腺という子どもの養育器官が備わっておらず、養育に身体的な裏付けを欠いている。性によって子育てのための身体機能が非対称なのである。それはみようによれば子育てという点における雄の生物学的ハンディである。

数が夥しいという精子の特徴からして、特定の子どもを守り育てるよりも、多くの子どもを作ることのほうが雄の繁殖戦略として選ばれやすく、単雄複雌的な繁殖集団の構造に結びつきやすい。それは雄と雌が非対称に性役割を分化させる方向の進化であった。他方、雄と雌の役割が収斂し、性役割を対称化するという側面もあった。協力して子育てを行うという選択であり、性の平等化である。

父親が子どもにどの程度関わるかは、その種が体外受精をする種か体内受精をする種かに大きく左右される。体外受精は産卵と受精がその場で成立するため、雌はもとより雄にとっても受精卵が我が子であるという可能性が高い。これは「父親であることの確度（paternity certainty）」の問題である。体内受精の場合は、複数の雄と交尾をすると、受精につながる交尾がどのタイミングのものであるかが判然としない。つまり雌にとっては子どもが我が子であることが確実であるが、雄にとっては生まれ来る子どもが我が子であるという確証がないわけである。その分だけ体内受精型の雄には子どもに関わる性質が弱いとされる。[2]

ところで父親行動には、前に述べたとおり子どもの養育を行うという温和さが求められる性質と、資源を守ったり外敵を排除したりするような屈強さや攻撃性が求められる性質と、大きく分けて2つのカテゴリーがある。前者は体格が小さくても可能な、母親とシェアしうる役割であるが、後者は大きな体

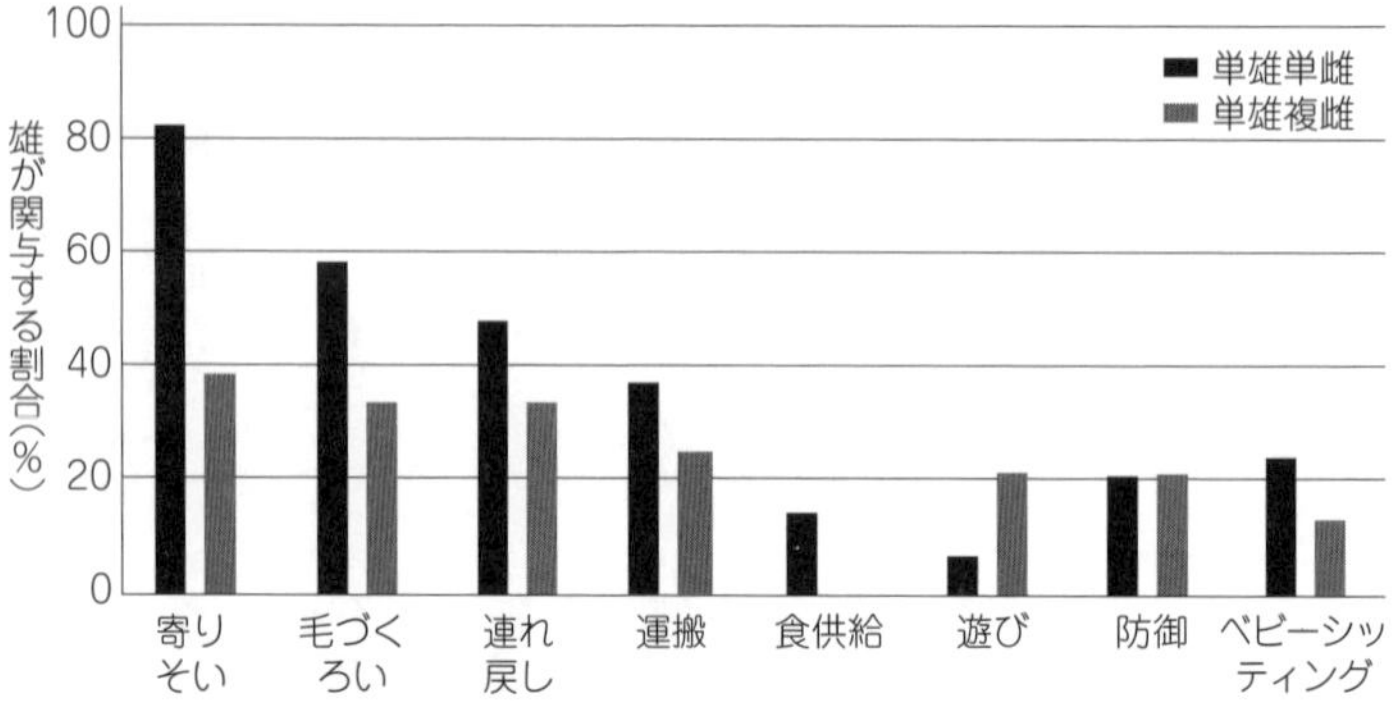

図35　単雄単雌と単雄複雌哺乳類の雄における幼体への行動
(Clutton-Brock, 1991)[3]

格や牙・角といった武器をもつ父親により適合した役割である。雌雄の体格差が大きなことを性的二型というが、性的二型の顕著な種は単雄複雌の繁殖スタイルをとる傾向が強く、小さな種は単雄単雌型であることが多い。単雄単雌型の雄のほうがさまざまな子育て行動に積極的に参加する一方、単雄複雌型の雄は遊びに比較的よく関わる傾向がある(図35)[3]。

霊長類は、先に紹介した敵対緩衝のような例を除き基本的に雄があまり子どもに関与しないとされているが、キヌザル科は乳腺をもつ雌が授乳を受けもつのに対し雄が子どもの運搬を担当する、という性別の分担が行われている。それはこのサルたちが多胎(1回の出産で複数頭の子どもを産む)であることと、雌の体格が小さくて子育ての負担が大きいことのせいであるとされている[4]。

生物学的にみたヒトの父親

それらをふまえると、ヒトの父親は生物学的にどういう行動特性をもつと想定できるであろうか。さまざまな部族を比較した調査からは、ヒトが一夫多妻的な繁殖集団を作る傾向をもつことが示されている。[5] その意味では生物学的には、ヒトの男性は育児役割をあまり進んでとろうとしないのかもしれない。そしてヒトの父親は母親ほどには熱心に子どもに関わらないというのが、前述のとおり文化人類学的な知見が示す一般的な傾向である。乳児期に母親が、幼児期に母方の祖母がいることで子どもの生存が有意に保証されるのとは好対照に、父親の存否は子どもの生存にあまり影響しないという報告もある。[6][7]

一方において、本来成熟して生まれる離巣性のグループでありながら、新生児が行動的に未熟なため二次的就巣性といわれるヒトの子どもには、母子が分離する契機が多い。子どもの扁平な体幹は、母親から離れて置かれても、安定的に横たわることを可能にしている。ヒトの新生児は熱を産生する機能をもつ褐色脂肪が豊富で、それは母子分離による体温低下への耐性を増した。母子の身体が安定的に分離しやすいということは、その間に持続的に空間が生まれ、他のヒトやモノがそこに挿入され、子どもがそれによって守られることを促進した。このようにして「離れつつ守る」という課題を達成したのがヒトのコソダテであるというのが筆者の基本的なとらえ方である。まさにアロマザリングの種なのである。

先に触れたように、ヒトは未熟な子どもを複数並行して育てるために、まわりの手を巻き込んだ協力的育児がなされる。またヒトでは子どもへの教育という課題があるため、それが子育て負荷となりアロマザーへの依存度が大きくなっているのである。コミュニティのなかで子どもの周囲にいる人々がシェアして子どもに関わるが、それにもかかわらず父親は残念ながらあまり積極的な養育者ではない。昨今のイクメン機運の高まりにもかかわらず、普及の歩みはのろい。

しかしながら、性役割分業を強化させる方向の戦略と解消させる方向の戦略のうち、ヒトの父親は前者から後者へと歴史的に変化しつつあることは間違いない。それは核家族という一夫一妻型へと家庭の形態が傾斜してきていることとも関連する。父親の養育的関与の低さは、アロマザーが母親の周囲にたくさんいて共同でコソダテを行う環境があれば許容されるかもしれないが、現代の都市における地域アロマザリング環境は貧弱であり、父親が子育てに関与しないではすまされない。しかしヒトの父親が単雄単雌型の雄の域に到達しているとはとてもいいがたい。

「父親になる」から「父親をする」へ

父親の子どもへの関わり方の内容が、関与の強弱と関係するということを示す調査がある。英国で日常子どもに対してどれほどの養育行動を示すかによって父親の関与の強度を3段階に区分し、そのそれぞれの父親が具体的にどのような父親行動を行っているか対応づけを行ったところ、不熱心な父親の得意な行動としては入浴や散歩などがあげられ、一方熱心な父親では寝かしつけや食事の世話などがあげられたというのである（表4）[8]。また、江戸時代の日記にも男性が家の継承などのために我が子に積極的に関わるさまが描写されている[9]。このように父親行動は片手間程度のものから母親と対等な分担まで広いスペクトラムに広がり、自由度が大きなものであることがわかる。

子どもの大便や痰などの身体産生物への嫌悪感は、父親の場合子どもへの献身度と有意な負の相関があったのに対し、母親にはそのような対応は認められなかった[10]。母親にとっては子どもの身体産生物への関わりは好むと好まざるとにかかわらず不可避であるのに対し、父親にとっては、やりたい・やることをいとわない人は世話し、そうでない人は避けるというオプショナルなものであるため、この差が生

表4　1歳児に対する父親の世話行動（Lewis, 1986）[8]

	ミルク授乳（%）	離乳食与え（%）	食事準備（%）	寝かしつけ（%）	夜間世話（%）	入浴（%）	おむつ替え（%）	子守（%）
まったく、またはほとんど関与しない	36	32	51	26	13	62	49	53
いくらか関与する	11	13	29	24	52	9	32	33
まめに関与する	53	55	20	48	35	29	28	14

まれたと考えられる。

父親にみられるこのような選択幅の大きさは、見方を変えればその消極性を意識のもち方で脱却しうるということを意味する。核家族化が進行し、夫と妻が対等化して協力的に家庭を運営する方針を強めたヒトにとって、女性が家庭に留まらず社会に開かれて活躍するようになり、結果として子育てのアロマザーがいっそう必要とされるようになった。祖父母が非同居となり、地域のアロマザー機能が低下してきている今日のコソダテ状況において、保育の専門家に子どもを預けるという選択肢を除けば、父親は血縁家族のなかでほぼ唯一といってもいいアロマザーである。今日における協力的育児においては、父親が積極的に産育参加[11]することが家庭内での現実的な選択である。この点における父親の奮起が期待されるとともに、それを容易化するような仕組みを社会が用意する必要がある。ハーレム型の繁殖集団モデルでヒトの父親をとらえ続けるのは時代錯誤といわざるを得ない。「父親になる」から「父親をする」への切り替わりは時代の要請なのである。[12]米国で行われた両親と子どもの共存事態での家庭観察では、母親の身体接触は抱きなどのケアとしてみられることが多かったのに対し、父親の場合は身体的な遊びが多かったという。[13]このことは求心性のもたれ方が両親の間で異なることを示唆しており、何が父親行動としてふさわしい行動なのかには丁寧な検討が必要である。また父親は子どもに関わることを通じて子どもへの養護性が解発されるとされ[14]、経験の蓄積が父親を変化させていく可能性もある。母親に比べて父親はその養護性においてより反応的、つまり経験により解発される性格が強いのかもしれない。

共親行動のあり方と子どもの発達

父親と母親は、そのような差違をはらみながらも、ともに子育てしている。配偶相手の在・不在場面における子育ての実態をもとに検討した結果、夫婦の関係性として家族統合・相手の批判・夫婦の対立・相手の叱責という4つの因子が抽出された。それをもとにしたクラスター分析から、断絶的・支持的・平均的・対立的・情熱的という5種類の共親行動（coparenting）のタイプが抽出された[15]。またファインバーグは共親行動の要素を、子育ての同意、子育ての分担、サポートと邪魔、家族間やり取りの共同マネジメントとした[16]。ヴァン・エゲレンとホーキンスは、共親行動の項目を夫婦の連帯・相手からの支持・相手からの非難・親行動のシェアとしたうえで、夫婦のそれぞれに相手の共親行動を評価させたところ、そのいずれの項目の評価も夫婦間で有意に正の相関を示していた[17]。このように共親行動は、研究者によって多少のバリエーションがあるものの、相互の支持と非支持の両要素から構成されるという点においては一致をみている。家庭観察によって夫婦の共親行動が支持的か非支持的かを調べたところ、非支持的である場合3歳児には恐れや親のそばを離れないなど抑制行動が有意に多かったなど[18]、共親行動のあり方は子どもの発達に影響を及ぼすとされている[19]。

柏木と若松は、夫が家事育児に参画する家庭の妻は育児への負担感が少なく、子育てを肯定的にとらえることができることを示した。[20] 父親はアロマザーとして有力であることを示すデータといえる。また父母が二人で協力して子育てを行うことは子どもの向社会性の発達にポジティブに作用するといわれるが、[21] 近さは夫婦間に衝突も引き起こすことになる。後に述べる「ヤマアラシのジレンマ」であり、夫婦に求心性と遠心性が共存することは親子関係と変わらない。

2　その他の家族成員

「おばあさん仮説」

かつて子育てを経験し、今は生産労働の主役ではない祖父母は、きょうだいとともにコソダテの手として貴重である。包括適応度という意味からは、祖父母は孫と血縁度0・25の関係にある。親子（0・5）の半分であり、孫を育てることで自分の娘息子の子育てをサポートしてやるとともに、自分自身の適応度も上げているわけである。

動物は一般に、繁殖年齢を過ぎて子どもを産まなくなるとほどなく死を迎える。しかしヒトの女性は、閉経後も長期にわたって生き続ける。ヒトの子育ては親への負担が大きく協力的育児を必要とするが、ヒトの女性が閉経後も長い年月にわたって生きるのは、そのようにして自分の子どもの子ども（つまり孫）のコソダテに加担することで自らの包括適応度を高めるためだというのが「おばあさん仮説」[22] といわれる考え方である。

母方の祖父・祖母、父方の祖父・祖母という4人の祖父母のうち、母方の祖母が孫への投資に対してもっとも熱心であるという。[23] その背後には先ほど述べた父親であることの確度の問題があると推測されている。祖母が孫に関わってくれることで、母親の子育て負担は確実に軽減する。母親としては離れつつ子どもを守っていることになり、遠心性の実現である。本章第5節で述べるような少女による守姉行動が遊びの文脈で子どもと関わるのと比べると、子育て経験者の祖母による孫育てはより真性の養育に近い。ガンビアの調査でも、母方の祖母の存在は乳児よりむしろ1歳台の子どもの生存率に有意に影響しているという。[24]

祖母ほどは関わりをもたないかもしれないが、とはいえ祖父も昨今はイクジイともいわれ、孫に関わることへの要請が強まっている。父親にアロマザーの役割が期待されるが、その血縁度からしてもそれと同じように、祖父から孫のケアへの関与があっても不思議ではない。「おばあさん」仮説のみに終始するのではなく、今日祖父に期待されるアロマザーとしての役割も大きい。

ヒトの生活において、高齢者の経験は生活の知恵として伝授される。かつての子育ての知恵も同様であり、それが祖父母の孫育てへの貢献につながってきた。それと同時に、祖父母も孫育てを通じて自らの包括適応度を上げてきた。ところが最近は、世の中の進歩のスピードが速く、またインターネットなどで情報を簡単に第三者から得ることも可能になった。高齢者の生活の知恵が昔ほど尊重されなくなり、それどころか古くさい間違った知識として疎まれるようにすらなってきた。若い世代と高齢者の価値観がずれ、高齢者の存在感が軽くなってきている。一方で、栄養・衛生状態の向上や医療制度の整備などで、高齢者がますます元気で長生きする時代となった。高齢者と次世代との世代間ギャップが深刻な時代となってきたように思われる。

大きくなった子どもは、結婚すれば多くは親元から離れて、新たな家族で独立して生活する。しかし子どもを妊娠出産すると、一時実家に戻って祖母のアロマザリングの支援を受けることがある。里帰り出産は子別れからの日本的な一時的回帰現象であり、そこには育児支援のメリットとともに親子葛藤の生じる可能性も共存する。[25]

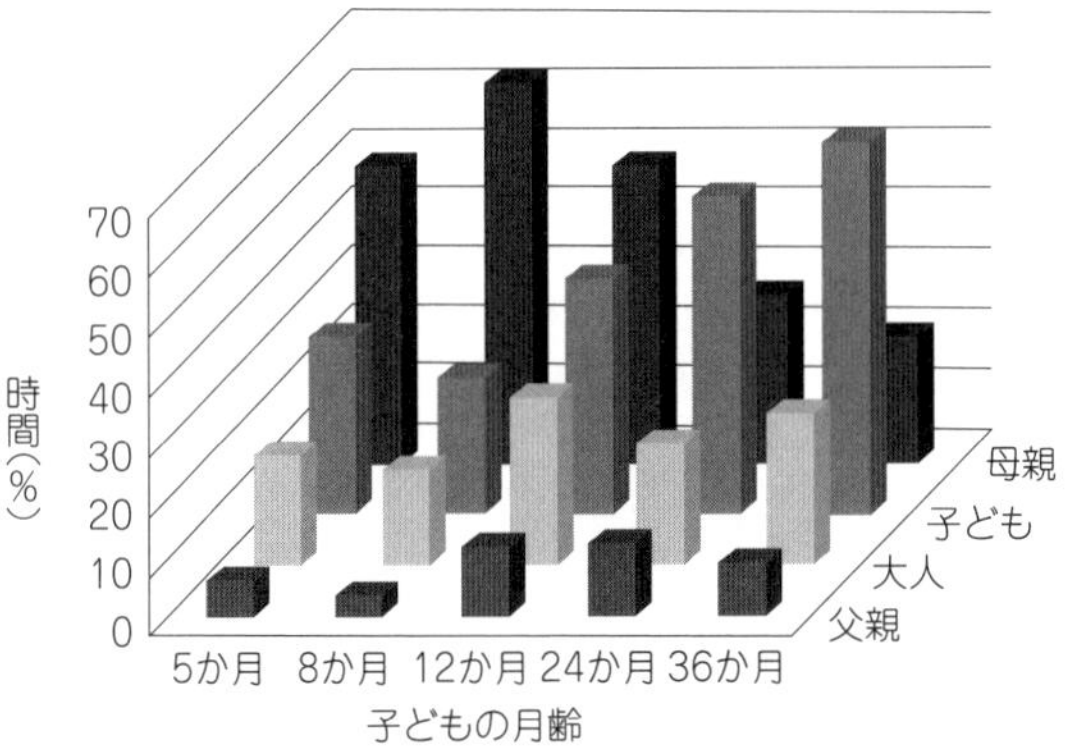

図 36　エフェ族の子どもにおける社会的接触の相手
(Tronick et al., 1992)[26]

アロペアレントとしてのきょうだい

中部アフリカで採集民のエフェ族を現地調査したトローニックら[26]は、3歳までの子どもが誰と社会的接触をもつかを分析し、当初は母親であるが他の子どもとの接触も頻発し、とくに2歳以降はそれが母親を凌ぐということを明らかにした(図36)。シアーとメイスのガンビア(西アフリカ)での調査によると、10歳以上の姉の存在は子どもの生存と有意に正の関連をもっていたが、それは2歳以上6歳以下の子どものみについてのことで、2歳未満では有意差はなかったという。[27]

先に表3(111ページ)で示したとおり、文化人類学的知見は母親や祖母とともにアロペアレントとしてのきょうだいの役割も大きいことを示している。その内容は母親が行うケアの見よう見まねが多い[28]。ロゴフ（Rogoff, B.）らはハーバード大学が保管するＨＲＡＦ（Human Relations Area Files）という人類学のデータベース資料をもとに、子どもが家畜の世話や資材集めなどさまざまな家事の担い手となっていることを確認したが、そのなかで子どもの世話は5歳ぐらいから可能になるという[29]。またボーヴらはアルゼンチンのトーバ族において3～15歳の女児を観察し、彼女たちがやはり多様な家事や育児の手伝いを行うこと、年齢が上がるにつれて家の手伝いをよく行うようになることを明らかにした。ただしそのヘルピングは、授乳中の母親にとって育児負担の軽減というよりは社交時間の増加に結びついていた[30]。

第1章でもふれたとおり、ハリスは子どもの社会化に対して、母親や家族よりも子どもの仲間集団がもつ役割をより重視する立場から「集団社会化説」を唱えた[31]。後述する筆者の沖縄県多良間島のフィールド調査でも、子どもが家庭で姉におんぶ遊びで運ばれるという状況がしばしば観察された。したがって接触は単に保護だけを目的とするような文脈でもたれるのではなく、遊びによって幼い子どもを自分のもつソーシャルネットワークに引き入れる、という独自な効果ももっている。そこでは子どもが大人の管理から自由になって、遊びのなかで自らの社会生活上のスキルを自律的に学ぶ機会がもたれる。遊びにはしばしばリスクもともなわれるので、子どもを守るという方向だけに作用すると考えるよりは、より広い文脈でとらえられるべき問題である。この場合は世話か遊びかという二分化はおそらく正しくない。世話をしつつも遊びの楽しさがあり、遊びつつも世話をして母親を助けている、というような混合状態が実現されているのであろう。

それともう一つ指摘しておくべき大切な問題がある。家族は必ずしも血縁者とは限らないということである。むしろ非血縁者が子どもに家族として関わることが歴史的にも地理的にも広くみられることが、ヒトのコソダテの重要な特徴であるが、この問題は後に社会的養護のところであらためて論じたい。

第2節　子どもを取り巻くソーシャルネットワーク

アタッチメント理論の考え方からも、子どもを取り巻くソーシャルネットワークの重要性を新たに指摘する立場が生まれている。複数の養育者がネットワークを形成し、子どもはそのネットワークのなかでさまざまな対象と関わりをもつ。そのさまざまな対象はそれぞれ保護や遊びなどの異なる社会的機能を異なる割合でもち、子どもはそれら異なる相手と、その時々に応じ適切に接近・接触する[32]。

それらの人物との接近・接触が生じるということは、ほぼ同時に子どもの母親からの分離がみられるということで、ソーシャルネットワークとは母子の脱求心性、マザリングとアロマザリングの相対化の考えでもある。二次的就巣性というヒトの性質ゆえに、発達初期における関係[33]の成立[34]には子どもだけでなく相手の能動性も必要である。身体接触は子どもと相手との行動の同期性や音楽性の機会に満ちており、それに基づく帰属感・一体感が発生する。そのような身体接触を母親だけでなくまわりの複数の人たちともつことは、このネットワークの維持にとって重要な基盤である。

子どもを中心に据えてそのまわりに重要な他者が同心円状に位置づけられるとするコンボイモデル[35]が、ソーシャルネットワークの文脈でしばしばとり上げられる。ただ、その基本単位となる構造はあくまで

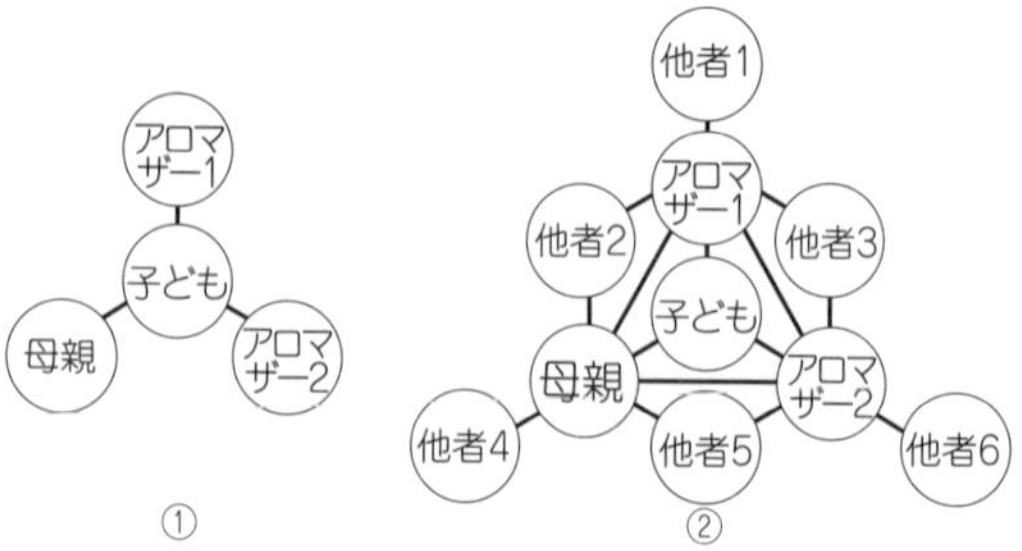

図37　コソダテのスターモデル（①）と星座モデル（②）

も子どもを中心としたスターモデルで、ネットワークではない。ネットワークというためには、その各構成員がそれぞれのスター構造をもち、それがつながり合っている状態でなくてはならない（図37）。星座モデルでは、母親とアロマザーがまわりの他者の存在を横目でモニターしながら、互いに視野を交錯させ合い、状況を確認しつつ関わり合う。また他者の養育の様子を参考にして自分の養育のしかたをチェックする。自分の手が空かないときはまわりの誰かにその子どもを托そうとするし、子どもも状況の変化に応じて柔軟に相手を切り替える。ケア提供者としての資源性（availability）を相互にチェックし、大人も子どももその相互関係を視野に入れつつ、選択可能性を読みとりながら、状況に応じて接近の相手を能動的に取捨選択する。そういったさまざまな相互作用の総体が、ネットワークのなかで育つということの実態だろう。とくに家族というシステムのなかではこういうことが頻繁に起こっているとみられる。

ヒトはその分離傾向のゆえに、子どもと自分の間にヒトやモノを挿入し、それに子育てを委ねる。子どもを育てている母親の場合は、子育てから自由になった時間を使って他の社会参加や自己実現をめざすかもしれないし、他の子どもの世話に回るかもしれない。そして自己実現は母親と子どもとのへだたりを増大させ、その個化傾向をいっそう強める。それは子どもと同じように、母親のまわりにもソーシヤルネットワークを認めることに他ならない。

他者は求心性だけでなく遠心性の対象となることもある。マクヘイルは夫婦の関係の良し悪しに子ども中心性の程度を加えることによって、家族を子ども中心、子どもをめぐって親同士が対抗的、子どもを中心にまとまっている、親を中心にまとまっている、一方の親が子育てから撤退している、の5タイプに分類している。[36] これは母親・父親・子どもの三者関係がソーシャルネットワークとして展開されるものであることを示している。先に考察した夜間の就寝時における父母子の葛藤もこの議論と関わっている。さらに、親子の相互性をふまえれば、親からだけではなく子どもによって作られる遠心性の存在も忘れてはならない。当事者の間で求心性と遠心性の複雑な相互作用の展開されることが、ネットワークのネットワークたるゆえんだからである。

第3節　モノによるアロマザリング——生態学的環境とは

「安心感の輪」の議論で、母親の手を離れて外界の広がりのなかに進み出ようとする子どもを正しく理解しようとすれば、何が子どもをそのように引きつけるのかについても知らねばならないと述べた。そのときの子どもは外に向かおうとするベクトルと母親のもとに留まろうとするベクトルの共存状況にいる。子どもと母親は開放系のシステムとして、ともに外の豊かな世界に開かれている。両者にはその世界から誘われ、またそれから退けられるという相反する作用が働く。母子間の求心性・遠心性は、そういった外界との遠心性・求心性と表裏の関係にあり、またその二つのベクトルは二人と周囲の状態にともない時々刻々変化し入れ替わる。

ブロンフェンブレンナー（Bronfenbrenner, U.）は、子どもをとりまく生態学的環境として、子どもにとっての今・ここである「マイクロシステム」、その組み合わせとしての「メゾシステム」、子どもが直接関係しない「エクソシステム」、それらを包摂する「マクロシステム」を考え、それに「クロノシステム」という時間軸を追加した。[37][38] 上記のダイナミズムは子どもが直接に触れるもっとも身近で具体的な環境としての「マイクロシステム」のなかで生じるものである。またスーパーとハークネス[39]は、やや異なる観点から同様の問題に着目している。彼らは「発達的ニッチ」という概念を提唱し、それが気候風土を含む生態学的環境、親の信念、子育ての慣習という3つの下部構造からなるとした。マイクロシステムを構成する家屋や家具などの物理的なモノ環境は気候風土の枠組みのもとにあり、そのように生態学的な環境が家族や子育てのあり方を規定するという考え方は、和辻[40]の思想にも通じるところがある。他方ヒトは自然環境のうえに人工環境を重ねて生活し、子どもはそのなかに生まれ出て育ちゆく。母子の求心性・遠心性も当然ながらそういう重層的な環境と無関係ではない。ヴィゴツキー（Vygotsky, L. S.）の唱える「発達の最近接領域[41]」は、子どものまわりに大人が環境を整えてやって、その子どもの発達水準を引き上げるような領域のことである。大人が子どものために配慮して提供する物理的環境は、子どもと母親のへだたりにも影響を与えることになる。

それらの主張が一様に示していることは、子どもが直接には物理的な生態学的環境に触れながらも、その環境は同時に養育者の期待や文化的背景といった価値を帯びているということである。その価値観は、子どもに関わる大人のまなざしのなかに反映される。母子の遠心性は、そういった豊かな環境に子どもが引きつけられ、それを通じて社会化していくという発達像を表している。その周囲の環境事物は、養育者によって用意され提供され、そこに親の意図が反映されている。「足場作り」といわれるように、親による構築環境のなかで子どもが遠心性を発揮しているのであって、子どもが親と無関係に物理環境と接するのではない。

1　ヒトとモノのセット

乳児がふわふわ、ふかふかなど一定の特性をもったモノに対して、発達のある時期に特異的な執着をみせて離そうとしないことがあり、それをウィニコットは移行対象と呼んだ[42]。母親から自立していく過程で一過的に示されるモノへの愛着である。育児具というモノも外在化された親の身体として、移行対象より一般化された形で母子の身体距離を調節する。藤永はヒトの育つ環境を「ヒト－モノ環境」という言葉でとらえた[43]。このように無生物が母親に代わる形で育児に深く絡んでいるのは、ヒト独特の特徴である。

親子関係という点からみると、モノには二つの相反する機能がある。一つは子どもと養育者を引きあわせて養育を補助したり相互作用を活性化する機能であり、もう一つは子どもがモノにくっつき保護されることで、その子どもを養育者から安定的に長時間離す機能である。しかしながら、母親自身がモノを用いて自分の子どもと相互作用する状況も、母子の身体がそれによって部分的に離れるということだと考えれば、微視的にみれば母子のへだたりとも考えられる。またモノは母子のへだたりを強める契機を内包しているが、同時にモノによって子どもが守られているともいえる。「離れつつ守る」という課題がモノの導入によって実現されており、それはモノによるアロマザリングといえる。図8（23ページ）のヒトにおける母子のへだたりの大きさはまさにこのようにして生じたものであった。

そればかりではない。実は母親によるマザリングすらも、産着やおむつ、布団、玩具、食器、家電製品、医薬品など、ありとあらゆるモノに助けられている。「母親＋モノ」のセットで育児が行われており、モノのアロマザリング機能なしではヒトの育児は考えられない。母親だけでなく、家族によるアロマザリングにもさまざまな育児具が用いられており、同様に「家族＋モノ」のセットで成り立っている。ヒトの子育てのもう一つの大きな特徴として、保育士・教師や医師など非血縁の専門家によるアロマザリングの存在を忘れることはできない。その専門家による制度型アロマザリングには、保育所における保育遊具、幼稚園や学校における教材・教具、病院における医療機器・医薬品など、専門化されたモノの介助が不可欠である。つまり専門家によるアロマザリングも、「専門家＋モノ」のセットで成り立っている。

それらのモノは通常、商品として市場で販売されるが、その商品を製造するためには原材料が生産・調達されねばならないし、それを製品にする機械や工場も必要である。またそれが消費者の手に渡るためには運輸やマーケットが存在しなくてはならない。当然ながらそこには数多くの労働者も関わる。そう考えれば、モノの製造・運搬・販売などに関わるヒトとモノのシステムも、これまたその子どもを育てるための間接的なアロマザーということになろう。回りくどい言い方となったが、早い話がヒトの子育てはすべてモノの関与抜きには成立しない。ヒトの子育ては、モノがあらゆる場面に組み込まれていること、そしてそれが非血縁の専門家も含めた多様な人によって活用されることがとても大きな特徴である。

2　子育ての場としての「家」

家も、スケールこそ違うが、実はヒトの子育てを支えるモノである。動物でいえば巣であり、巣はその機能として安全な空間を提供する。動物の巣の機能には大きく分けて、餌の獲得（クモの巣など）とシェルターがある。シェルター機能には、たとえばチンパンジーの一晩ごとに移動する寝場所のような、安全な睡眠や休息をかなえるための一過的なものもあれば、ハチやアリの巣のような継続的な使用に耐える構築物もある。巣の長期の継続的な使用目的の一つが、子どもを生み育てるという機能である。ところがサルは基本的に巣を作らない。家（「ウチ」ともいわれる）のように堅固で長期使用に耐える複雑な構造の巣を構築する霊長類はヒトだけである。

母子の分離は危険を増加させるが、ヒトの場合はそれを「家」という安全な分節した空間で行うことが霊長類としての大きな特徴で、そのことにより分離と保護の両立が実現されている。離乳とともに子別れに直結する睡眠は、そのような安全な空間によって子どもが親と離れても危険でないと保障されていることで可能となっている。いいかえると、家というセッティングがヒトの母子の遠心性を下支えしている。先に共寝別寝のところで家を子別れの文脈で取り上げて考察したが、家は実は子別れという発達過程と関係するとともに、多様なモノをそのなかに配置することによって、場面的に反復的な分離結合を演出していたのである。家というモノのなかで遠心性が生まれ、さらにモノが入れ子状に求心性・遠心性を修飾するという構図である。

文化人類学者の石毛直道はヒトの家が文化的に多様な構造をもつことを示した[44]。もっとも素朴な家の原型として石毛はアフリカのサバンナに棲むハツァピ族の人たちの家を紹介している。人一人が身を横たえることのできるスペースにカモシカの皮が敷かれていて、そこで休息がとられる。それとともにヒョウタンや石のかまどなどの道具があって、食がそこで営まれる。囲いで安全な空間を確保して、睡眠と食事という無防備でかつヒトが生きていくのに必要な最低限の行為がそのなかでなされる。

狩猟採集のキャンプ生活から農耕牧畜の定住生活へという生業形態の変化にともない、家はさらに発達して内部が広くなり空間的に仕切られるようになる。家自体が大きなモノであるが、そのなかにさまざまなモノが入れ子状に配備・保管され、そういうなかで子どもが生まれ育つのである。その分節化されたスペースには居間やダイニングルームなどの共有空間と、個室・寝室あるいは浴室・トイレといった非共有空間とがあって、家族成員はその間で離合集散している。非共有空間では個人のプライバシーが守られ、家族の遠心性を生んでいる。赤ん坊が加わると、その使い方に多少の変更が生じる。欧米では子どもが生まれると直ちにその子ども用の部屋が用意されることが多く、その場合は日本に比べると大人の住まい方に大きな変化は生じない。日本ではベビーベッドが居間の一角にでんと据えられるなど、家族の部屋の使い方に大きな変化が生まれることもある。

家庭という場は本来的に、親のコントロール下にある親自身の生活空間である。親の生活に沿う形で子どもの生活が展開されている。しかしそうでありながらも子どもは、単に親の主導性に従うばかりの存在ではなく、そのなかで自分の使いたいように能動的に空間を使おうとする。親がさわられては困るようなモノに近づこうとしたり、逆に親が触れてほしいものに関心がなかったりする。子どもが親と張り合って自己主張をするために、しばしば親と衝突する。菅野は母親にとって子どもがイヤになるのは自分の要求に子どもが不従順であるときと、発達にともなう行動の変化から関係の再構築を迫られるときであるという[45]。母子間に遠心性が発生し相互に再調整が必要となる。そしてそのことは子どもにとって大事な社会化の体験ともなる。

家はこのように子育ての重要な場であるが、しかしその一方で、幼い子どもをたくさん死なせているきわめて危ない場所でもある。それは階段にしろ浴槽にしろ家具にしろ、大人の身体サイズと行動を基準に作られた人工物が至るところに存在することが大きな要因である。子どもはその大人仕様の環境に自分を適合させることを強いられている。それがうまくいかないと事故につながるが、母子の求心性と遠心性に直結する事故の危険の問題は後ほど考察する。

第4節　制度型アロマザリング

ヒトのアロマザリングの大きな特徴は、「家族」という（血縁）集団が「住居」という構築物のなかでケアのシェアリングを行うことであったが、それとともに非血縁の専門家による子どもの制度化されたシクミによるケアも、ヒトのアロマザリングのユニークさを特徴づける要素である。母親以外の専門家の存在によって子どものアロマザリングが実現され、子どもをそこに委ねられるおかげで母親や父親が子育て以外の作業に安心して従事できる。そしてまた、単に親の負担が軽減されるというだけではなく、そこには専門家があらかじめ整備された環境と手続きによって教育や保育を親に代わって施すということで、心身の発達の道筋を社会が求める方向に導いていくという重要な意味もある。それを生みの親以外の人物にほとんどもしくは全面的に任せる乳母や養子縁組などのスタイルと、親の主役の座は維持する保育所などのスタイルとがある。

1　社会的養護――親が子どもを育てられないとき

天変地異や不況など環境側の要因や、病気など親子側の要因によって、親が子どもを育てることに困難をきたす状況が発生しうる。そんなとき、かつては子返し（間引き）や捨て子といった形で大人－子ども比を調整することもあった[46]。一方において、子どもが血縁や非血縁の他者に委ねられ、その人が親代わりとなってその子どもを育てることもあった。たとえば沢山[47]によれば、近世には捨て子が頻発したという。捨てるとはいえ、それは拾われることを前提とした行為であった。富豪の家の前に、その家の主に拾われることを期待して子どもを置き去りにし、その子どもはその家で世話を受けるという大らかなアロマザリングの世界があった。それで救われた命も多々あったし、また親もそれでどれほどか救済されたことであろう。子どもは他家にもらわれていったり、乳持ち奉公といって他人の子どもに母乳を与えることで生活費を稼ぐ仕事もあった。これもアロマザリングと母子の遠心性の一形態である。

乳母というアロマザーは、世界的にも、地域と時代、身分によって普通にみられていた[48]。バダンテール[49]はフランスの上流階級において、母親ではなく乳母が子どもを育てることがごく一般的であり、子どもを育てるのは母親であるとする考えや母性愛という概念が、ルソーやフロイトなど男性中心の思想がもたらした文化的な産物であると記している。日本でもかつて、上流階級の子どもを乳母が育てることが珍しくなかったことは史実の教えるところである。

またヨーロッパでは教会や養育院などで遺棄される赤ん坊を引き受ける「回転箱」（一種のパスボックス）が各地にあった[50][51]。先ごろ話題になった熊本の赤ちゃんポスト（「こうのとりのゆりかご」）もその例である。原はカナダのヘヤーインディアンのフィールド調査で、家族の枠組みがゆるやかで養子がよくみられることを書き記している[52]。親が責任をもって自分の子どもを養育するというのは子どもの生命を保障するという点では望ましいが、その一方でコソダテの受け皿としての地域の役割もけっして小さくない。

何らかの理由で親子の求心性と遠心性のバランスが失われ、それが臨界点を超えた場合は子どもの福祉のために、社会が親子の遠心性を支援する制度化したアロマザリングを提供している。血縁淘汰では説明できない、ヒトのコソダテの重要な側面である。それは社会的養護と総称され、家庭によるものと施設によるものに分かれる。前者には養子縁組、里親制度、ファミリーホーム、後者には乳児院、児童養護施設、母子生活支援施設、児童心理治療施設、児童自立支援施設、自立援助ホームなどがある。

家庭型の社会的養護

養子縁組制度は民法にのっとり、血縁のない間柄に法的手続きによって親子関係を設定し、子どもとしての権利義務を与える制度である。養子縁組には、普通養子縁組と特別養子縁組の2種類がある。普通養子縁組は戸籍には養子と記載され、実親の名前が記載されるなど、元の父母との関係が切れない。それに対して特別養子縁組は、いったん成立すると原則として離縁はできない。また縁組の成立によって元の父母親族との関係は終了し、戸籍にも実親の名前は記載されない。[53]つまりその意味では名実ともに新たな親子になるわけである。特別養子縁組制度の適用者が急増しているという現実は、日本における親子関係への志向性の強さを物語っている（図38）。

一方里親制度は、保護者がいない、虐待を受けている、経済的理由や親の疾病などの理由で児童相談所が保護した18歳までの子どもを、里子として都道府県市の認定を受けた里親に委託するという制度である。中山らは、平成26年から3年間科研費によって里親里子問題を多角的に研究し、その成果を公表した。[54]それは親子の血のつながりとは何かをわれわれに問いかけている。２０１６年から２０１７年にかけて全国里親会の協力のもとに、全国の里親に対して行われたアンケート調査で、１８６２通の回答を得ている。里親は育児経験のある者が6割、ない者が4割であるが、その8割を超える人が「親に育てられない子の役に立ちたくて」という志望動機をもっていた。[55]

里子は委託時には乳幼児が多いが、それでも15歳以上の子どもも8％ほどいる。[56]養護施設での養育を経て里親に委託された子どもが6割、実親の家庭から移った子どもが3割いる。里子は実親との別離体

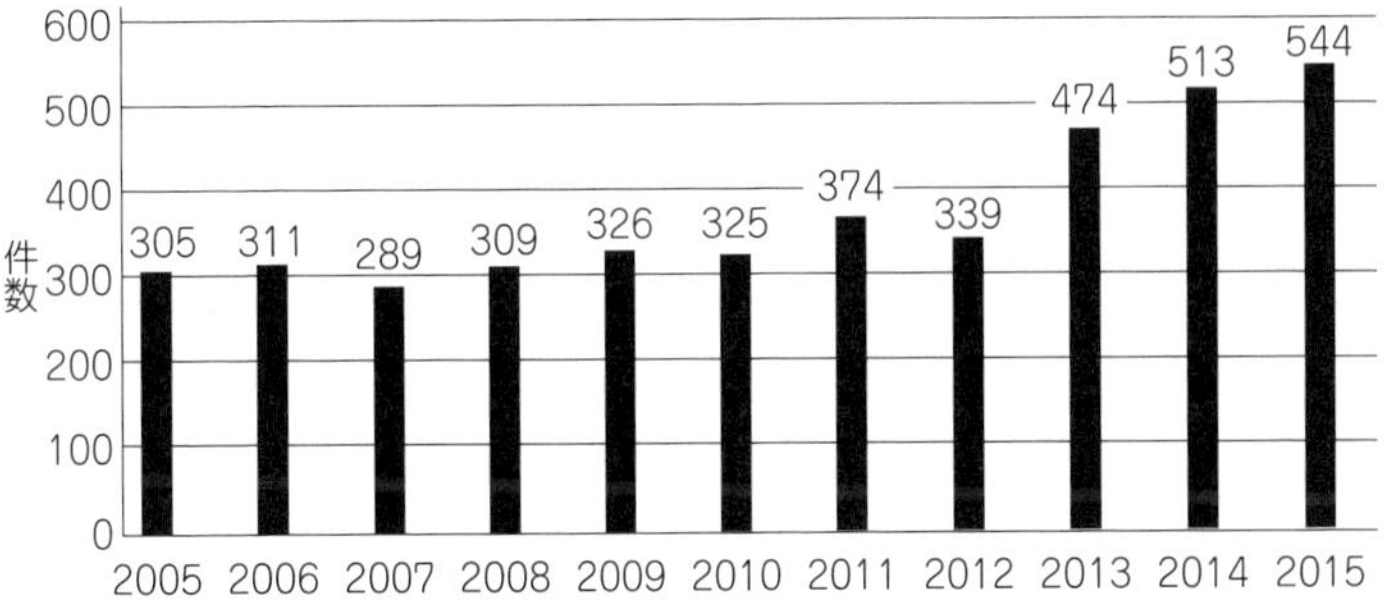

（参考）特別養子縁組の離縁件数

2005年	2006年	2007年	2008年	2009年	2010年	2011年	2012年	2013年	2014年	2015年
2	3	0	0	1	1	0	0	0	0	0

※出典：司法統計（「特別養子縁組の成立」、「その離縁に関する処分」として申し立てられ受理された事件の認容件数）

図 38　特別養子縁組の成立件数（厚生労働省，2016）[53]

験者であり、なかには問題行動を示すケースも少なくなく、里親から育てにくいと実感されている子どもが6割以上もいるのが実情である。[57] 養育返上を何度も考えたという里親が3割近く存在し、[58] 里子へのアロマザリングがけっして生やさしい活動ではないことがうかがえる。

施設型の社会的養護

施設型の社会的養護としては前述のとおり、対象者の年齢、支援や指導の内容、規模などを異にするいくつかのタイプがある。日本の社会的養護は、家庭型が少なく施設型の多いことが他国と比べた大きな特徴であるといわれる。[59] そこには誰がアロマザリングを行うかに対する文化的特性、いいかえると家庭と地域社会の接続性に対する文化的特性が反映されている。日本では血縁のつながりのない他人を家庭に受け入れる素地が弱いという背景があるのであろう。日本の就寝における母子の結びつきの強さからは、家族のなかでもとくに母親と実子の求心性の強さがうかがわれ、それが家庭の排外性と結びついたところに日本における家庭型の低調さの原因があるように思われる。

施設型のアロマザリングは家庭型と比べて、集団生活であるためさまざまな規則が定められており、生活の自由度が低く子どもたちの関係に緊張がともなう、子どもが施設職員を独占できないと同時に職員も同時に複数の子どもたちに目を注がねばならない、などの困難がある。また退所後も、就労に困難がともなったり偏見のまなざしでみられるなど、ハンディも多い[60]。

特別養子縁組や中国残留孤児の事例における親子関係への志向性の強さなどをふまえてみると、里子にせよ養子にせよ自分のルーツである実親との安定的な関係を欠いていることは、子どもにとってアイデンティティ形成の基盤が損なわれていることを意味するかもしれない。これらのケースにおける親子の求心性と遠心性をよく考察し、アロマザリングにとって、親であること、家族であることがどういう意味をもつことなのかを問い直さなければならない。

2 制度型保育

保育所は、親以外の専門家が子どもの養育者としての役割を引き受ける制度型アロマザリングの場である。そこでは保育士が保育の必要な複数の子どもを家庭から預かって、養護・教育している。子どもはそこを重要な生活の場として、日中の時間の大半を過ごす。母子の遠心性を支える社会基盤として、今日ますます欠くことのできない重要な場となっているが、単なる遠心性ではなく保育士が親と緊密に連携を取り合い、専門家が親と連携し共同でコソダテを行う場と考えるべきである。

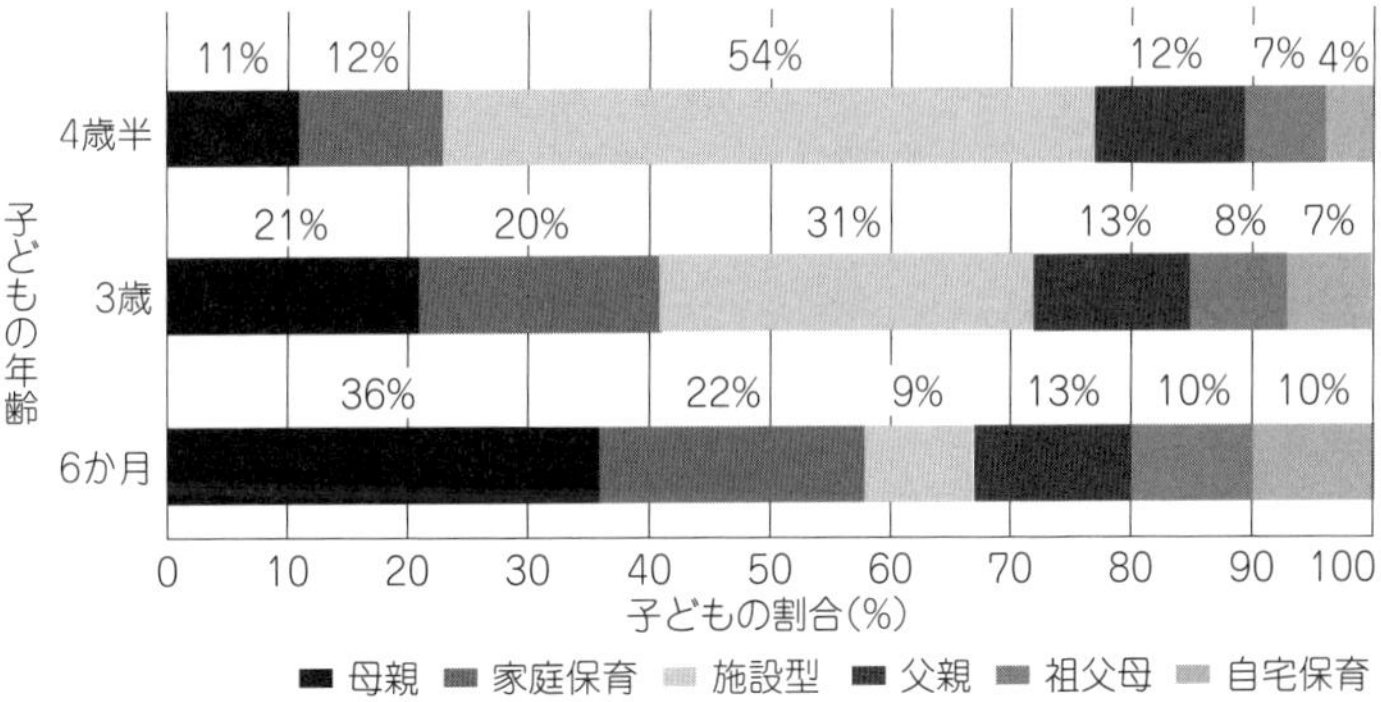

図39　米国における保育の形態 (National Institute of Child Health and Human Development, 2006/2009)[63]

家庭と保育所はブロンフェンブレンナーのいうメゾシステムの関係にある。その異なる環境を子どもは日々往来するわけで、その間で子どもは行動のモードを柔軟に切り替えてそれぞれに適応している[61]。一口に保育所といっても、保育の形態にはかなりの多様性がある。米国の国立小児保健・人間発達研究所NICHDが1991年から全米1364の家族を対象に行った大規模な長期追跡研究は、子どもがさまざまな形態のケアを受けていることを明らかにしている[62]。まず自宅か自宅以外の家庭かそれとも施設かという区別があり、さらにそれを行うのが親か祖父母など親以外の家族か、それとも親戚か他人かという区別がある。ケアの開始終了時期やその頻度、複数種類の組み合わせか否かなどでいっそう多様となる。1364家族から最初の1年間でドロップアウトした家族を除いた1291家族中、親以外のケアを受けるケースは955家族(74%)であり、その内訳は図39のとおりで、当初親が多いもののやがて施設中心となる[63]。

子どもが主役の空間

保育現場は子どもの保育に特化された空間であり、またそこにいる大人もそのために訓練を受けた専門家である。いわば子どものために設定された特別な場である。親仕様の生活文脈というものは取り除かれており、危険なモノは慎重な配慮で排除されているし、当然大人と子どもの主導権の争奪やかけひきというような場面もあまりない。保育所は子どもが主役の空間なのである。またさまざまな年齢（ただし年齢幅は限定）の男女児が数多く同時存在していることも、家庭と比べたときの保育所の大きな特徴である。子どもは保育所よりも家庭でよくまた激しく泣いたり怒りを表出したりするが、一方保育所では泣きが少ない[64][65]。それは家庭が親の主体性と衝突する場であり、保育所が家族以外の多くの子どもたちや保育士がいる公的な場であることを反映していると考えられる。

「地域を代替する場」としての保育所

保育所児でも、母親が下の子どもの出産を機に育休をとって家庭にいるときは、退園して母親のそばにいるのが一番幸せだと考える向きがある。ひと頃「育休退園」と呼ばれ世間を騒がせた考え方である。これは家庭で母親が子育てをするのが理想で、保育所はそれがかなわなくなったときの代わりの場であるという発想である。しかし子どもは、家庭では親と主導権をめぐって衝突し、家族以外の大人と子どもがいる公共的な場である保育所では自己主張を控え、集団の規律を尊重した行動を行おうと努力する。後者は本来は地域のなかで学ばれたものであったが、地域の育児力が弱体化した今日保育所で実現されている。つまり今日の保育所は、家庭ではなくむしろ地域を代替する場というのが正しく、家庭とともにコソダテを補完する場なのである。古い保育思想から脱却し、家庭と連携する新しい保育所のあり方を考える必要がある。

それまで家庭で両親に育てられていた子どもを新たに保育所に通わせるのは子別れであるが、それは同時に保育所での保育士・子ども・遊具システムというアロマザーとの交流の始まりでもある。しかもそこでは同時に、保育士との多重的なアタッチメントという求心性も存在する。このように、保育所は子どもがもつ求心性と遠心性が複合的かつダイナミックに展開され、その社会性が育まれる重要な場である。それは家庭だけでは達成できない家庭と保育所のユニークな協調の姿である。今後はさらに生活の場という視点から、保育環境のエンリッチメント、地域との連携がはかられるべきであろう。

現在はニーズの多様化や待機児童の増加などとともに、保育所と幼稚園の統合化の議論もなされ、保育のスタイルが多様化してきた。それと同時に、大規模施設型の保育に限定されない家庭的保育や訪問型保育なども注目されるようになってきている。しかしニーズに応えるということばかりが先行して、多様化と基準の曖昧化や緩和とを混同してしまうと、質の悪い保育が横行するようになってしまいかねない。幼稚園との統合化を論じるには、保育・教育とは何か、それを親とアロマザーとしての専門家が分担して担うとはどういうことかという観点がともなわれなければならない[66]。保護者と保育士の協力体制も必要で[67]、保育士の質向上のためには保育士の待遇改善もなされなくてはならない。保育学、生態学、心理学、建築学などの衆知を集めた新たな保育所像が求められている。

3　キブツ——理想郷作りの壮大な実験

イスラエルには、キブツと呼ばれる独特のアロマザリング実践の場がある。若いユダヤ人男女が20世紀の初め、帝政ロシアの迫害を逃れてパレスチナに入植し、共同の村を設立したのがキブツの始まりとされる。彼らは生産的自力労働・集団責任・身分の平等・機会均等といった原則を掲げ、自分たちの国家を作ろうという理想に向かって集団生活を進めた。やがてキブツの数や人口が増え「街」としての機能が充実していった。いわば人間による壮大な理想郷作りの実験といえよう。そのなかで思い切ったアロマザリングが導入されたのである。そしてその挑戦的な試みは、100年という歳月のなかで検証の波に洗われ、変貌を遂げていった。その試行錯誤のプロセスは、ヒトにおける制度型のアロマザリングの何たるかを考えるうえで、さまざまな示唆を与えてくれる。

キブツの変遷

キブツ運動は、男は仕事、女は家事育児という旧来の家父長的考え方による家族・血縁と個人主義的価値観を否定し、集団生活をめざしたものといえる[68]。そのような思想のもとキブツでは、共同体のなかで子どもを社会化するという社会主義的思想に基づき、母親が職場復帰するまでの生後わずかの期間を除いて家庭における親の子育て機能を排し、子どもをメタペレット（metapelet）という看護師的性格の強いアロマザーに委ね、「子どもの家」で夜間も含めほぼ終日集団生活させるという子育ての方針を採

表5　キブツの日課の変化（Aviezer et al., 1994）[68]

ケアの責任	年齢					
	0-6週	6週-6か月	6-9か月	9-14か月	14か月-幼稚園	幼稚園以降
食	(両)親：オンデマンド	(両)親：可能ならば3-4時間ごと	(両)親：離乳、養育者に交替開始	養育者（3回／日）	養育者	養育者
洗濯・おむつ	(両)親：食間に	(両)親、養育者	(両)親、養育者	養育者	養育者	養育者
遊び	(両)親	(両)親、養育者、愛の時間	(両)親、養育者、愛の時間	(両)親、養育者、愛の時間	(両)親、養育者、子ども仲間、愛の時間	(両)親、養育者、子ども仲間、愛の時間
社会化	非該当	(両)親	(両)親、養育者	(両)親、養育者	(両)親、養育者	(両)親、養育者、子ども仲間
教育	非該当	非該当	非該当	養育者	養育者	養育者
夜間	養育者、当直女性	養育者、当直女性	養育者、当直女性	養育者、当直女性	養育者、当直女性	養育者、当直女性

注：Ben-Yaakov（1972）とRabin&Beit-Hallahmi（1982）に依拠。キブツの子育てシステムは常時変化しているので、この情報も最新とはいえないかもしれない。しかし典型的な形は示されている。

用した。ただし一気に母親からアロマザーに切り替わるのではなく、その役割移行は子どもの成長とともに徐々になされる（表5）。

このキブツ運動は、いわば親子の究極的な遠心性である。そのプロセスは家庭や親子関係とコソダテの問題を考察するまたとない教訓となる。その軌跡をたどりつつ、ヒトのコソダテにおける求心性と遠心性について考えてみよう。子どもが最初に預けられるのは「乳児の家」で、最初10～12人の乳児集団で過ごしたあと、2年目の半ばに歩行開始児グループに移るが、大人と子どもの人数比は1：3のままである。3歳近くになると、保育所クラスに移行し、比も1：4となる。子どもの親はいつでも子どもの家を訪問することができるとされている。

バロミ－パールマン[69]はキブツに関する公的資料として撮影された写真と親が私的に撮りためた写真に写った子どもの映像を比較して、キブツの理念と親の子どもに対する愛情の間に葛藤があったことを指摘している。しかしストレンジ・シチュエーション法を応用して母親とメタペレット間の比較をしたところ、分離場面では両者間で子どもの反応に差がなかった。他方再会場面ではメ

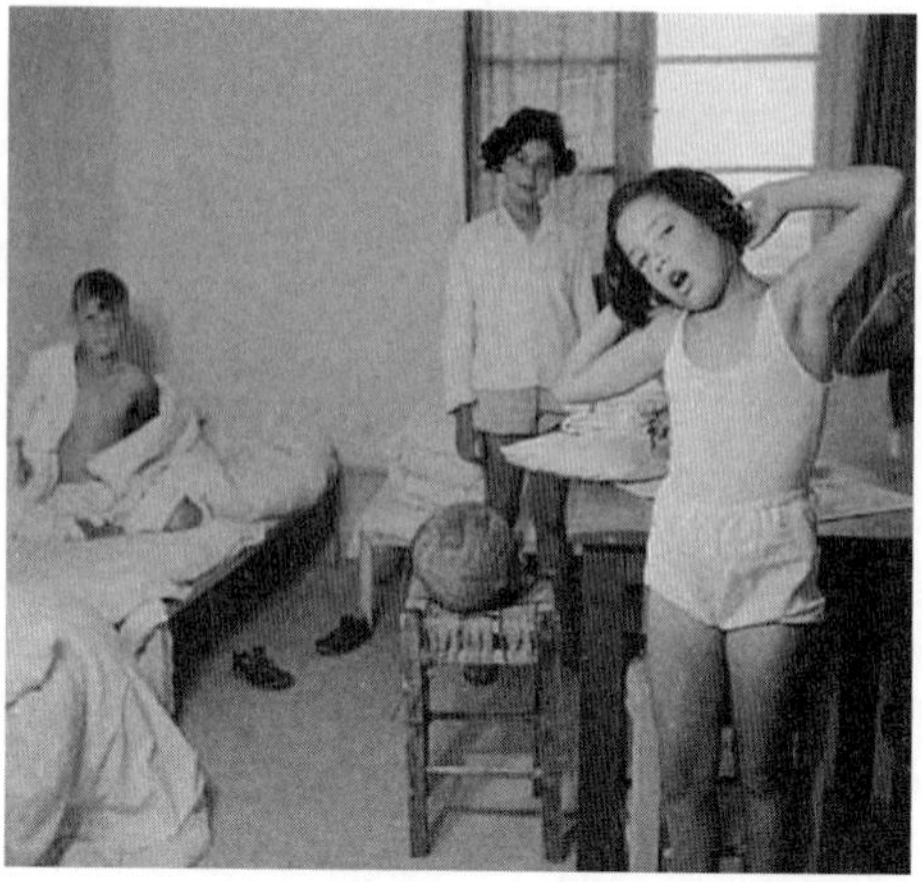

図40　子どもの家における起床場面
(Barromi-Perlman, 2012)[71]
Photo by Eliezer Werthaim, Kibbutz Gi'vat Brenner, In Barromi-Perlman, 2012, p.154

タペレットにはより泣きを、母親にはより近接を示したものの、遊びについては逆にメタペレットとの再会時のほうが多いという結果で、両者の差は部分的である[70]。

昼のメタペレットだけではなく、夜にも専門の当直女性がいて、子どもたちはそのケアのもとで夜間の就寝を集団で行う、というのが当初のキブツのもっとも大きな特徴であった（図40）[71]。ただし部屋の一角は子どもごとに自分のものを置いたり自分の好みに飾りつけたりすることが許されていた。子どもは午後と夜には家族のもとに戻ることができたが、就寝前には両親によって子どもの家に戻され、そこで親と分離する。そして12歳未満の子どもについては、夜間の就寝中2人の当直女性が1週間単位のローテーションで面倒をみる。

ただしこの共同就寝についてはかねてから疑義が提出されていた。就寝を家庭で行うキブツの子どもとキブツ内で行うキブツの子どもの間で、母親に対するアタッチメントをストレンジ・シチュエーション法で比較したところ、後者の子どものほうがより不安定なアタッチメント（アンビバレント型）を示すことが明らかにされた[72]。

腕時計型の睡眠計測具（アクチグラフ）を1～6歳の子どもに装着することによって、夜間キブツで寝る子どもと家庭で寝る子ども、さらに他の収容施設で寝る子どもの睡眠行動が比較された[73]。その結果、キブツの子どもよりも家庭の子どものほうが目を覚まさずに睡眠し続ける時間が長かったという。毎日夜間就寝のため家庭から子どもの家に連れてこられ寝かしつけられるたびに、子どもは親からの別離のストレスを経験したことであろう。保育所での分離と似るが、その後の保育士との接触や仲間との遊びがともなわれない分だけより厳しいストレスであったことが推察される。

家庭就寝への回帰

キブツにおける夜間就寝が否定され、家庭における親との就寝が望ましいと実証されたことは、キブツのあり方を大きく変貌させることになり、家庭就寝への回帰が20世紀後半に進んだ。１９９４年のアヴィーザーの論文で、夜間に集団の共同就寝が維持されているのは２６０のキブツ中でわずかに3か所に留まると報告されている[74]。それにともないキブツのアロマザリングは、集団規模を縮小して養育者と子どもの比率を変化させる、子どもの就寝の場を家庭に移すなど、その急進的な性格が薄れて少しずつ家庭的コソダテの方向にシフトすることとなった。子どもにとって情緒的安定の基盤としての家庭の重要性が増加することとなったわけであり、それはボウルビーの影響や母親自身が家族主義を支持した結果だといわれている。子どもが夜間家庭に帰り、キブツには日中のみ滞在するというスタイルは、実は通常の保育所における保育に近いものである。

イデオロギーは先鋭化され極端に走りがちである。キブツ運動自体、母子の求心性を否定して徹底した遠心性を導入することを出発点としていた。しかし今述べた軌道修正は、極端な遠心性の試みが子どもと母親の強い求心性の要求という抵抗にあって、引き戻されたということを意味している。寝かしつけの日英比較も含め、欧米社会で家庭において夜間の共寝が少ないことを先に指摘した。キブツと家庭での就寝は相対的に家庭に軍配が上がる結果であったが、ではイスラエルの家庭ではその後どのような夜間就寝スタイルをとるようになったのであろうか。

シャーらはイスラエルの4か月から4歳までの子どもをもつ母親に質問紙調査を行い、家庭における子どもの就寝行動と母親による対応を報告した。[75] それによれば、子どものうちの90%は自分のベッドで寝入っていたのに対し、親に抱かれたり他者のベッドで寝入っていたのは残り10%にすぎない。また子どもたちは夜間に数回目覚めており、その際の1歳未満児に対するなだめ方略は、哺乳瓶での哺乳が52・5%、話しかけが15・8%、なでが11・9%、揺すりが7・9%、抱きが5・9%、親のベッドで寝かせるのが3・0%ということであった。この結果は、イスラエルの子どもの家庭における就寝が、日本の「川の字型」のような親子共寝ではなく、むしろ別寝型であることを示唆している。またドルバーグらの研究も、[76] イスラエルの両親が共寝よりも別寝志向派であることを示している。

ヴォルコヴィッチらがイスラエルの家庭で初産の親を対象に生後3か月と6か月で調査したところでは、子どもは3か月時点では76%が、6か月時点では50%が両親の部屋で寝ていたが、両親のベッドで寝ていた子どもはそれぞれ138名中7名（5%）、128名中8名（6%）にすぎなかったという。[77] アメリカ・カナダの子どもが親のベッドで寝る比率が出生直後から3歳まで一貫して十数パーセントであること[78]を考え合わせると、北米地域に比べてイスラエルの共寝傾向がとくに高いわけではないことがわかる。[79]

イスラエルの親子は夜間のキブツにおける共同就寝を中止に追い込んだが、しかしながらそれにもかかわらず、家庭では同室もしくは同床という濃厚な共寝が好んで選ばれたわけではなく、このようにむしろ別寝形態への強いこだわりがみられていた。一方、第3章の議論では子どもの就寝が親子のせめぎ合いであり、子どもには共寝を求める強い性向があるということが明らかにされた。キブツの実践に見直しを迫ったのは子どもとの共寝を求める親の突き上げというよりも、その原動力はむしろ夜間親のそばで寝たいと泣く子どもの訴えだった可能性がある。

これらキブツの変遷からわれわれが得た教訓は、家庭を否定するという初期のキブツの思想がおそらく極端で過激すぎたということであろう。キブツ運動の挫折は、親子の求心性が昼間よりもむしろ夜間に高まりをみせること、それは子どもの強い要求による可能性が高いこと、しかしそれは同時に親から子どもへの遠心性の高まりをも惹起して葛藤を招来しうること、日中は子どもにも遠心性が活性化され、家族内外のアロマザリングによる協力的育児が可能となることを私たちに教えてくれている。

第5節　民間伝承型アロマザリングとしての守姉

沖縄県の西南部に位置する多良間島《たらまじま》は、宮古島と石垣島の中間に位置する周囲20kmほどの小さな離島である。隣国との間でしばしば問題になる尖閣諸島とも目と鼻の先の距離である。宮古島から日に飛行機が2便飛来し、フェリーが1便海を渡ってくる以外は外との行き来のない島で、急患患者が出るとドクターヘリが宮古島の病院まで飛ぶ。島の人口は一時3000人を超えた時期もあったが、徐々にその数を減らし、今は1100人前後になっている。島の主産業は農業とくにサトウキビ栽培であり、加えて最近はウシの畜産にも力を入れている。スキューバダイビングの地として名を馳せてはいるものの、観光的には地味な島である。

1　守姉とは何か

著者はその島を15年間近く研究フィールドにしているが[80][81]、そこには「守姉（島言葉でムリアニ）」という、少女が幼い守子（ウットゥ、守姉行動の対象児）の世話をする独特の民間伝承的なアロマザリングの風習が現存している。この島の産業が農業であるということは、子どもの父親も母親も重要な労働力であることを意味する。ある程度大きくなった子どもも労働力であり、サトウキビの収穫時などには大人に混じって農作業を手伝ったりするが、子どもが幼いときは、両親が野良仕事に出れば誰かに育ててもらわねばならない。その担い手としては、農業労働力としては副次的な高齢女性や少女が期待される。

この島は、2000年の国勢調査で合計特殊出生率が全国一になったこともある、子どもの多い島である。今でも子どもが5人程度いる家庭は珍しくない。人口が少なく、観光客など島外者の出入りも少ないというのは、都会の匿名性のなかで生きる私たちの生活とはまったく違う世界である。そのなかで子どもは、多くの見知った人々の見守りの目を感じながら育つ。この守姉の風習は、ヒトのアロマザリングやそれと社会の関係を考えるうえでとても示唆的である。

具志堅[82]は、子守りの風習を①家族構成員による子守り、②家族構成員欠落の代替としての守姉、③当初からの守姉に分類した。それぞれ地域ごとに多様な呼称で呼ばれつつも、沖縄のほぼ全域で守姉の習俗があったという。それが長い歴史のなかでそれぞれの土地に深く根付いていた風習であることが偲ばれる。守姉は非血縁もしくは遠縁の少女によるアロマザリングであり、地域のネットワークを拡大する積極的な役割も演じる。守姉がいると母親は子どものそばから離れる傾向が歴然としている。赤ん坊の親が守姉を頼むのは、せいぜい第3子あたりまでのことが多く、それ以降は赤ん坊の年上のきょうだい（とくに姉）が面倒をみる。かつて有意に多かったのは、その母親が赤ん坊の母親と女きょうだい同士である関係にある子ども、つまり赤ん坊の母系のいとこにあたる子どもが守姉になることであった（図41[83]）。

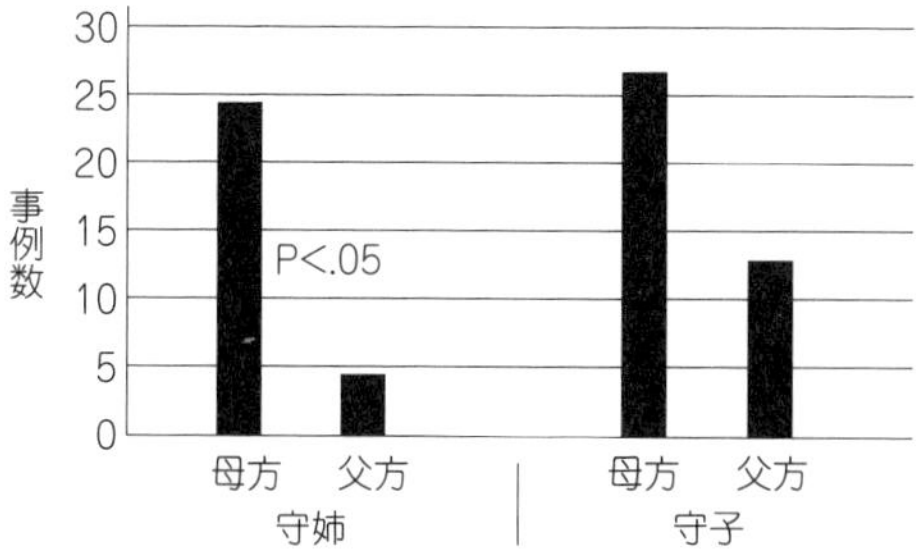

図41　血縁が確認できる守姉の関係（根ヶ山ら, 2019）[83]

　正式には、生まれたばかりの赤ん坊の親が、その血縁（とくに母系のつながり）や地縁などをもとに赤ん坊にふさわしい少女を近隣で探し求め、あたかも結納のようにその少女の家に心づくしの手料理を持参して守姉の依頼をする。その少女はそれを誇りとし、懸命に守子の世話にあたる。ベビーシッターと似ているが、守姉はそれに対する手当はなく、その代わりに守子の親がときどき晴れ着などを少女に買ってあげたりする。守姉になったあと、その少女は守子の家庭に頻繁に出入りして食事したりその家に泊まって帰ったりもする。

とくに守姉の母親は「ダクアンナ」と呼ばれ、守子にとっては守姉とともに特別な人となる。守姉―守子関係はこのように、両家をつなぐような形で長期にわたって続けられる。赤ん坊の親が結納さながらに守姉を依頼することにはそういう意味がある。守姉も守子の家庭に出入りして両家の家族同士が親しく行き来することになり、それは母系血縁者の結合を強化する機能をもっている。

守姉と守子の関係は生涯にわたって続き、何かと折に触れ挨拶に訪れたりお祝いをしたりする。守姉は守子の生涯後見人のような立場であり、守子は長じた後守姉の葬儀にも参列して、親族から見知らぬ人といぶかられたりすることもあるという。現村長の就任祝賀会には守姉が招待され、壇上で代表して村長に花束を贈呈した。責任感と誇り、尊敬と感謝によってつながった関係で、ある意味で親以上、きょうだい以上ともされる間柄になる。島の男性へのインタビューでは、きょうだい関係のなかで幼い子どもの面倒をみたという体験談は語られるものの、男児の「守兄」のようなものが女児と同じようにあったという話は島で聞かない。しかし島の成人男性には子どもを巻き込むさまざまな行事で熱心に子どもを指導する姿がみられ、男性にも子どもに対する温かい眼差しが感じ取れる。

多良間島には、親に代わって子守りをする少女が寝ない子を恨めしく思い、腐ったイモを食べさせるぞと歌う子守唄がある。しかし守姉を行う少女は、義務感や責任感だけでこの任務を遂行するのではないし、ましてや報酬を目当てにアルバイトをしているわけでもない。辛くはありながらも楽しく、むしろ赤ん坊のことが好きでその世話をすることをやりがいがあって楽しい遊びとしてとらえている。子守りは霊長類の雌に広く共通してみられる行動である。[84] 少女の世話は、相手の乳幼児が成長するにつれて徐々にその遊びの側面を強めていき、守子は守姉の遊び集団へと統合されていく。そしてそれが地域における守子の社会化を支えるものとなっていく。守子は世話を受けながら、守姉のもつきょうだいや友だちのネットワークに自然に組み込まれていくことになるのである。守姉という少女によるアロマザリングのなかで、赤ん坊は母親以外の養育者に親しく接し、地域のネットワークに開かれた存在となる。このように子ども・家族・地域にとって大事な機能をもつ守姉であるが、しかし最近はこの風習がすっかり下火になっている。それが低調になってきたということはいったい何を意味するのであろうか。

2 守姉の時代変化

多良間島を含めた先島諸島では1637年から1903年まで300年近くもの間、成人男女が人頭税という物納制の税（男性は穀物、女性は白上布）を課せられていた。これは15歳から50歳までの成人の人数に対して、天変地異などの事情に関係なく一定量を割り当てられた厳しい税で、それを納めるため島民は昼夜を分かたず働き続けなくてはならなかったという。[85] その酷税のために人身売買や間引きなどの口減らしが頻発したといわれている。男児が糸満の漁師の見習いに売り飛ばされて命からがらの目に遭うとか、[86] 与那国島で妊婦に岩の大きな裂け目を飛ばせて生死のふるいにかけるとか、女性をジュリと呼ばれる遊女として遊郭に身売りする、といった悲話はこの地方で例を挙げればきりがない。[87] こういった島の歴史的な事情も、コソダテが両親ではなく老人や他の子どもの手に委ねられる傾向を強めたものと思われる。

多良間村史[88]にも、以前守姉といえば生涯のうちに1〜2人に対して行うもので、しかも10歳前後にいったん開始するとその関係は一生続くものであったが、そういう本格的な守姉は現在下火になってきて遊び的なものへと変化してきたとある。かつての、少女が誇りをかけて辛さに耐えながら親の子育てを支援し、その赤ん坊と家族の生存を支えるような守姉ではなく、学校が休みのときに一時乳幼児と遊ぶといったような形が多くなってきている。それは松本[89]のいう「相互扶助的守姉」と「人形遊び的守姉」の区別と同じであろう。守姉は必ずしも単調減少とばかりはいえないが[90]、それについては質・量両面からのさらに丁寧な検討が必要である。具志堅[91]は１９７２年の本土復帰あたりに変化の大きな節目があったという。また島には他人の赤ん坊に自分の母乳を分け与えるツーアンナ（乳母行動）というアロマザリングの風習もかつてあったが、島の高齢女性に対して子育て期にそれを行ったかどうか２０１７年にヒアリングしたところ、本土復帰時点で41〜50歳であった女性にはインタビュー対象の5名すべて経験ありだったのに対し、40歳以下の相対的に若い世代は話を聞いた14名がすべて経験なしであり、本土復帰を境に育児から忽然と消失していたことがわかった。おそらく本土復帰とともに粉ミルクが普及し、それがこのアロマザリングの風習の火を一瞬にして消し去ったのであろう。

筆者が２０１６年に行った島の45〜78歳女性9名への聞き取りにより、自身やきょうだいが赤ん坊の時期に守姉の世話を受けたか、自身やきょうだいが少女時代に守姉になったか、自身の生んだ子どもに守姉をつけたか、と時系列にしたがって守姉の存否とその血縁・非血縁の別を尋ねたところ、時間の経過とともに守子の血縁者に代わって隣近所の子どもや親の友人・同僚の子どもなど、非血縁者が守姉に選ばれることが増えていた（図42）。

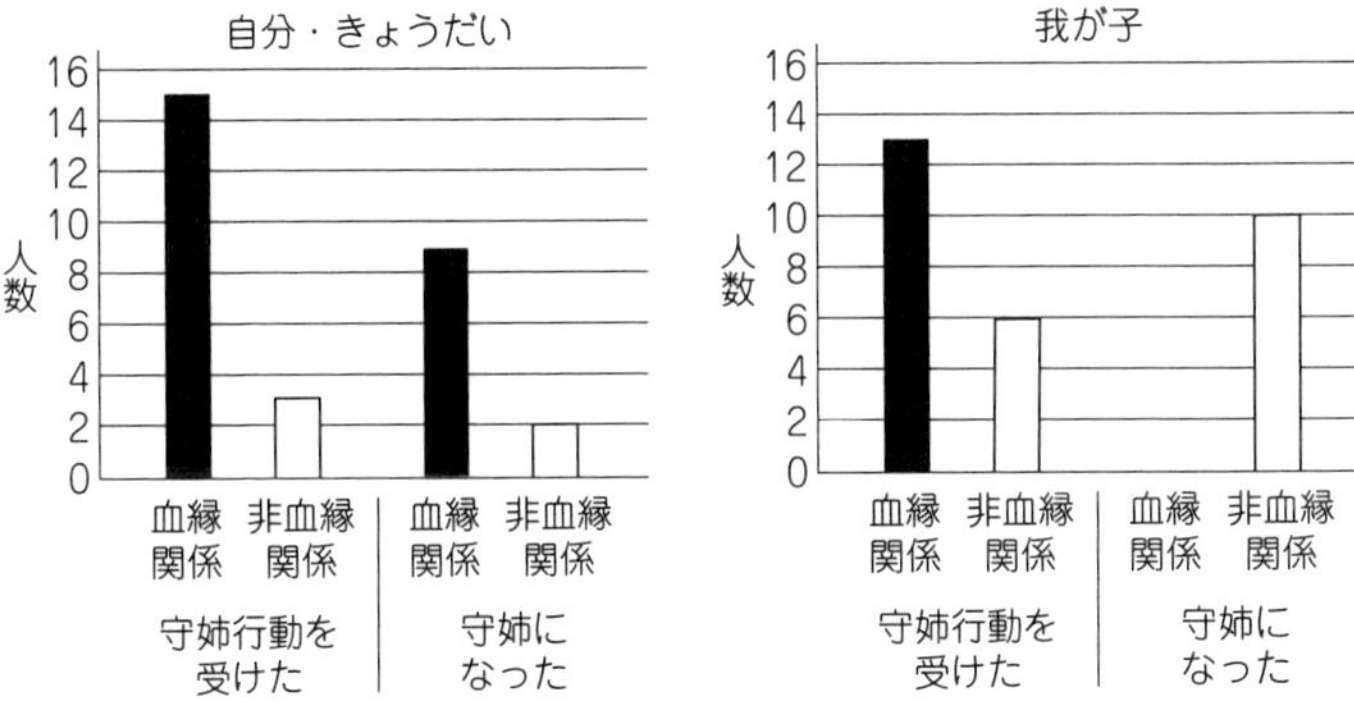

図42　自分・自分のきょうだいと自子の守姉体験における血縁の有無

また２０１２年に島の生年祭の集会（トゥイ会）で、当時60歳の島民男女26人に対して守姉をした・された経験の有無を尋ねる質問紙調査を行ったところ、58％の人がされたといい、また女性の57％がしたということであった。つまり島では半世紀前、守姉体験者が過半数を占めていたということになる。母親の労働力を確保するうえでも、地域のソーシャルネットワークを維持発展するうえでも、島にとって重要な風習だったのである。島の保育所開設が１９７９年のことなので、アンケート対象者は、少女時代には保育所がなく、20代後半、まさに子育て期の真っ最中に保育所ができた人たち、いいかえると保育所を前提とした子育てスタイルになじむ前の人たちということになる。

この間、島には大人－子ども人口比にも変化がみられる[92]。それは単に大人と子どもの関係性に限った変化という以上に、島が経験してきた産業構造と生活様式の変化の反映でもあったと考えられる。表6は多良間島をめぐるここ１００年余りのさまざまな社会状況の変化をまとめたものである。この時期は、人頭税の廃止に始まり、その後第二次世界大戦の敗戦にともなう米軍の統治、そしてさらに沖縄の本土復帰と島の本土化という大きな変化の波

表６　多良間島の変化

年	事項
1903	人頭税廃止
1939	私立愛児園発足（多良間幼稚園の前身）
1945	第二次世界大戦敗戦
1946	占領軍による行政施行 ララ物資による援助開始
1959	小型製糖工場建築（輸出用）
1964	送電開始（夜間５時間）
1966	多良間診療所落成
1971	多良間海運発足
1972	本土復帰 終日送電開始 多良間空港（旧）使用開始
1973	簡易水道給水開始
1976	宮古製糖多良間工場落成
1977	電話全国即時通話開始
1979	保育所開設
1982	定期家畜市場開始
1983	フェリー多良間就航
1993	民放開局
2003	多良間新空港使用開始

に島が洗われた期間であった。

　とくに１９７２年の本土復帰後、島には本土の制度や生活文化が堰を切ったように流入し、電気・水道・ガス・電話・テレビなどインフラが整備され、道路や港・空港・公共施設も建造されるなどして急速に「都市化」が進んだ。それは同時に、島の産業構造や教育、働き方や生活スタイルを大きく変えた。たとえばサトウキビ栽培や畜産がさかんになり、１９７６年に製糖工場が操業を始めたり、１９８２年に定期で家畜市場が開始されたりした。生活水準がみるみる向上し、島民の乗用車の保有率もまたたく間に上昇した。

　これら一連の変化が戦後の短期間に集中して押し寄せていたことは、驚くべきことである。その背景要因のひとつには、政府が１９７２年から81年までの10年間に策定した「沖縄振興開発計画」がある。その基本方針には次のことがうたわれている。

　戦後長期にわたりわが国の施政権外に置かれた沖縄は、昭和47年5月15日をもって本土に復帰し、新生沖縄県としてわが国発展の一翼を担うこととなった。この間、沖縄は、県民のたゆまぬ努力と創意工夫によって目覚ましい復興発展を遂げてきたが、苛烈な戦禍による県民十余万の尊い犠牲と県土の破壊に加えて、長年にわたる本土との隔絶により経済社会等各分野で本土との間に著しい格差を生ずるに至っている。これら格差を早急に是正し、自立的発展を可能とする基礎条件を整備し、沖縄がわが国経済社会のなかで望ましい位置を占めるようつとめることは、長年の沖縄県民の労苦と犠牲に報いる国の責務である。

この沖縄振興開発計画によって、沖縄全体の保育所が爆発的に増えた[93]。1979年に多良間保育所が設置されたこともその一環である。保育所によって、守姉という少女による土着のアロマザリングから、保育士という専門家による制度型アロマザリングへのシフトが生じたことと、学校教育の推進強化から小中学生の少女たちが子守りに精を出しにくくなったということが大きく影響したと思われる。沖縄のための「振興開発」にともなう変化が、守姉という民間伝承的な良習を衰退させていったのはまことに皮肉なことである。

沖縄の本土復帰以降、生活形態の本土化にともなって親の子育てに対する考え方も大きく変化したであろう。またさらに、本土復帰後高まった高校進学の気運とともに、若者が島を離れて都会の生活に触れたことによって変化がもたらされたという側面もある。また多良間島では近年、島内から都会への転出者が増加するとともに離島ブームの影響で島外からの転入者も多少増えており、島出身者が都市部で、また島外出身者が島で、それぞれ子育てするケースも多い。そのような人の流動化も、多良間島の価値観の攪拌や転換に拍車をかけているにちがいない。おそらくそれらのすべてが変化の原因であろう。これは子育てが社会の仕組みの変化によって大きく左右されるという好例である。多良間島の守姉という民間伝承型アロマザリングの風習が最近急速に衰退しつつあることは、こういった変化と当然ながら無関係ではない。国の方針を受けた保育所開設もその一環であり、公的保育という制度型アロマザリングの導入は多良間島におけるコソダテの構造に大きな変化を及ぼした。

社会レベルでの変化は、日本における沖縄の歴史的位置づけと深く関わるまちがいなく「一回性」のユニークな変化である。家族内でのマザリングとアロマザリング連携の変化は、地域の産業形態や女性の就労形態など社会的フレームワークの変化とも不可分である。沖縄社会は特に戦後激変し、価値観も大きく変化した。コソダテは日常の行為であり公的記録にとどまることはまれなことを考えると、多良間島のここ数十年の急激な変化、とくに家庭でのアロマザリングシステムの変貌・衰退過程を今聞き取り、後世に残すことは急務である。

今や本土の都市部に住む子どもは、社会から労働力やコソダテのサポーターとしては期待されていない。ひたすら学業に打ち込み、またサークルやスポーツクラブにかよって文化活動や運動に励むように期待されている。社会の生産財ではなく消費財となっている。それは子どもをある意味でおとしめている社会かもしれない。遊びほうける機会も奪われ、地域は子どもにとって危険に満ちた魅力の乏しい場となり、子どもの伸びやかな自由が損なわれている。きょうだい数が減少しているため、上の子が下の子の面倒をみて外遊びを促すという機会も減った。多良間島の環境変化はそれを圧縮してみせてくれているように思われる。多良間島で進行中の変化とそれに対する島民の選択から学ぶべきことは多い。

3　守姉の風習を支える子どもへの信頼

しかし仮に島の社会の表層構造が変化し、それにともなって守姉も衰退するとしても、それを支えていた多良間島に通底するコソダテの基本構造はそうたやすく崩れることはないのではないか。ここではそのような通底構造はあるのか、あるとすればどのようなものかを母子の遠心性との関連で考えてみたい。

子どもが多く適齢の少女が多数いることは、かつて守姉を促進する条件であった。しかるべき年齢のきょうだいが身近にいれば、きょうだいがその役割を取るし、それはアロマザリングの基本型に近い。しかし少女やきょうだいが勉強やサークル活動で学校に囲い込まれるようになっても、多良間島の子どもは子ども同士で遊び、母親は子どものそばにべったりはいない。年上の女児が下のきょうだいの面倒をみるという習慣は、たとえば保育所のお迎えに姉が来るとか、家庭での遊びのなかで小さいきょうだいをオンブや抱っこする、などという形で今でも島で普通にみられている。また父親は園舎の草刈りや追い込み漁の指導などでは仕事を休んで進んで参加したりするし、園の送り迎えもよく行う。島の伝統芸能である八月踊りの練習は、男性が仕事を終えたあとで子どもに付きっきりで行うし、ラジオ体操の指導も朝早くから男性が行う。

幼稚園から帰った子どもは「島まわり」といって、自分や友だちのオバアの家を中継基地として、地域のなかでネットワークを「面」状に張りめぐらしながら過ごす（図43[94]）。保育所児の集団散歩でも、道すがら地域の大人が子どもに声をかけて温かく見守る。そんななかで子どもは、幼稚園に一人で登園、降園を行う、幼い子どもが一人で歯医者に通う、保育所降園後に子どもが単独でいることが多いなど、今でも子どもが自律的である。ここに共通するものは母子の遠心性の高さであり、またそれゆえにこそのアロマザリングの豊かさである。ある時代にはそれが守姉という形をとりやすかったということであろう。

島の子どもたちの生活は大人の生活圏と大きくオーバーラップしており、大人と子どもがともに参加する宴会が夜に開かれたり、日中のスポーツ活動を大人と子ども合同で行ったりすることがしばしばある。子どもは早くから大人社会の周辺に参入することが許されている。むしろ子どもの主体性が伸びやかに発揮されて、大人と伍して活き活きと参加している。そしてそうしながら、大人社会の規範を知らず知らずのうちに身につけていく。それはロゴフのいう[95]「導かれた参加」に似ているが、「導かれる」という受け身の意味よりは、むしろ子どもの主体性に根ざしているというおもむきのほうが強い。それを筆者は「探索しながらの参加」と呼んだ[96]。

そういう交流のなかで子どもは、地域の皆から見守られつつ育っていき、その分だけ母親の育児負担が小さくなる。子ども自身も農作業の手伝いをしたり家畜の世話をしたりすることで、家族の一員として生業に加担しており、そういう子どもの役割に大人も一目置いている。多良間島には、こういった子どもの主体性や能力に対する大人からの信頼が存在する。それは、自らも子どものときにそうして育ってきて今日がある、という体験に根ざした子どもへの信頼感と安心感なのである。そのようなゆるがぬ信頼を感じ取りつつ、またそれを自負しつつ、多良間島の子どもたちは伸びやかに育っている。守姉は

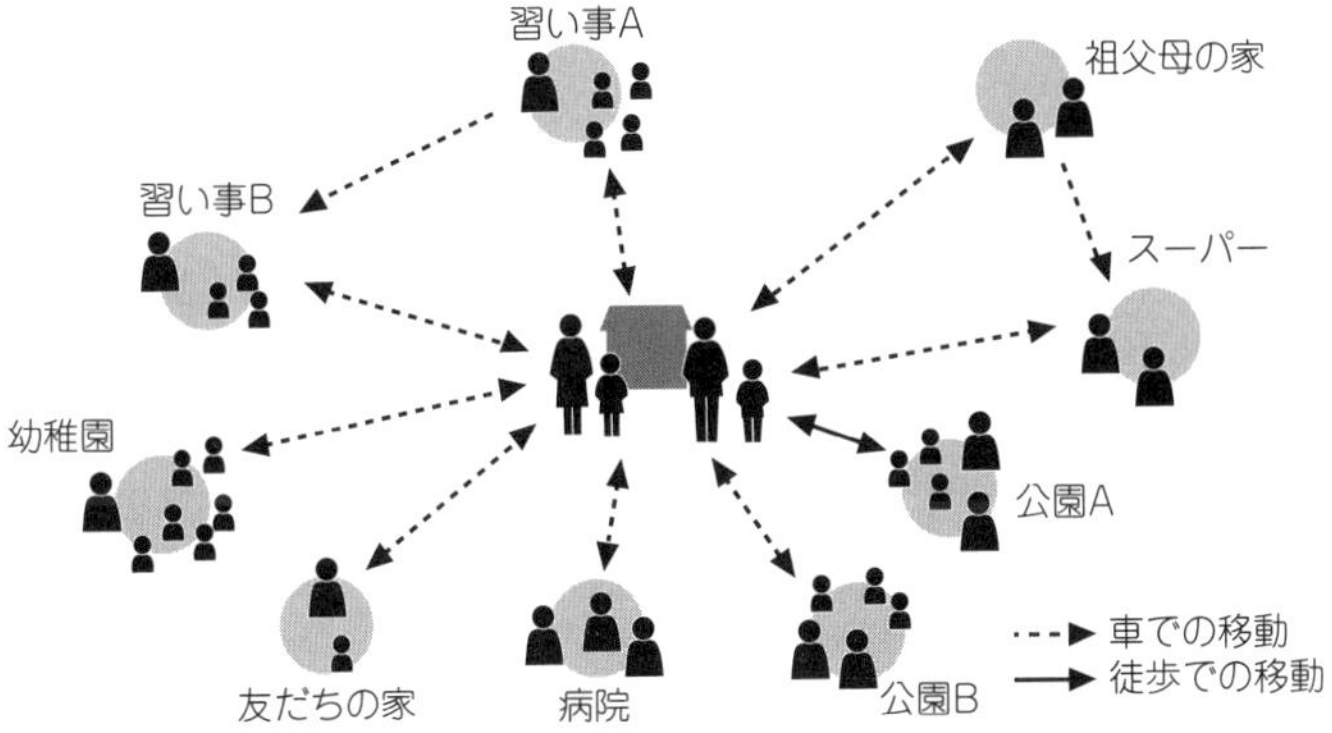

都市部に住む子どもの生活世界の広がりと対人関係

親（主に母親）が車で子どもを主要な場へ連れていく様子をイメージしている。自宅が拠点になっており、親の同行がほとんどを占める。また、それぞれの場に応じて、そこにいる大人や子どもとのかかわりが展開する。子どもの生活世界や対人関係は、いくつかの点が広がっているように見える。

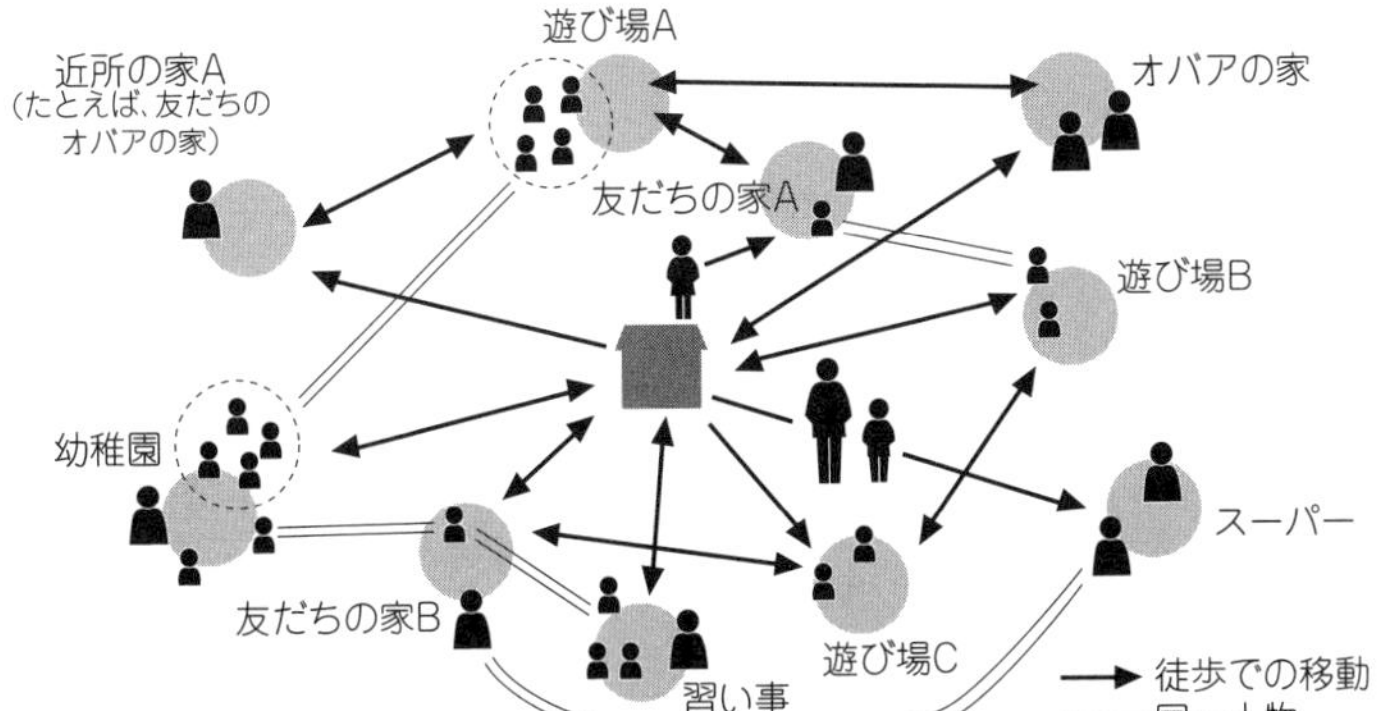

多良間の子どもの生活世界の広がりと対人関係

子どもは徒歩（あるいは自転車）で、さまざまな場所を自分で移動する。同じ人物と別の場所で遊んだり、かかわったりすることもしばしば起こる。都市部の子どもとの対比において、多良間の子どもの生活世界や対人関係は、"面"状に広がっていく。

図43　都市部と多良間島の子どもの生活世界と対人関係（小島，2019）[94]

表7　制度型アロマザリングと守姉の比較

	アロマザリングの形態	
	保育所・幼稚園・学校	守姉
養育の担い手	専門的知識をもつ**大人**	近隣の**子ども**
主に行われること	保育・教育**プログラム**	**遊び**
それを支える子ども観	**弱く**守るべき対象	たくましく**信頼**できる
養育を支えるベース	行政や企業のサービス**制度**	地域の**自然発生**的な風習
養育を枠づけるもの	**契約**的関係	**相互扶助**的関係
地域との関わり	希薄（分離）	地域ネットワークの拡充
関わり合いの期間	**就園・就学期間**	**生涯**
影響の方向	養育者→子ども	養育者⇆子ども

衰退しても、守姉を成立させていた「皆でコソダテをする」という島の風土の根幹はしかと生きている。

石島らは、子どもの能力に対する信頼の大きさを、多良間島と東京とで質問紙によって比較した。[97]「あなたは10歳の少女に子どものことを任せられますか」という質問への回答で、多良間の保護者は東京の保護者よりも子どもたちへのより大きな信頼をみせた。こういった信頼感は、世話をする子どもの能力に対してだけではなく、ケアを受ける乳幼児の能力に対する信頼感でもあって、それが守姉の風習を支えてきた。

守姉による民間伝承型アロマザリングが保育所・幼稚園の制度型アロマザリングと比較してどう違うのか、表7にまとめてみた。守姉は、その担い手が地域の普通の子どもであり、その子どもが遊びとして行うものである。それはその地域の生業や親の就労形態などとも密着した自然発生的な風習であり、プロとの契約によるケアの提供という行政などのサービスとは別物の相互扶助的なアロマザリングである。それが成立するためには、親はもちろんのこと、地域全体が子どもに対する信頼を共有していることが前提となっている。

保育所は、社会が赤ん坊や幼児の養育に特化して用意した人工的な制度である。それは働く母親にとってありがたいものであるが、それが結果として赤ん坊や幼児を社会から囲い込んで、このような育児行動や子どもの社会性の学習機会を少女（・少年）と乳幼児から奪っているとしたら、子どもを守り育てるべき場としての保育所としては大変残念である。これからの保育所のあり方を考える際には留意したいことである。

第6節　ヒトのアロマザリングのまとめ

これまでみてきたヒトのアロマザリングの特徴を、ここでまとめてみよう。非血縁の専門家が他人の子どもに介入することは、母親以外の大人や子ども、事物とのふれあいの機会を増やし、子どもの世界を豊かにすることに直結している。こういった専門家との接触が、人間のアロマザリングにおける一つ目のユニークなところである。

母親の出張や入院など、母子が長期にわたって持続的もしくは反復的に分離せざるをえない状況も起こりうる。その際には、たとえば保育所などのサービスを活用することとなったり、老親やきょうだい、親戚の家に預かってもらったりする。あるいは母親が離婚したり死亡したりして、幼い子どもの養育者の役割を果たせなくなることもありうる。そういう場合には、養子縁組や里親制度の利用、あるいは施設入所などの形がとられることもある。

専門家は、その専門性に応じて国などの方針にのっとり養育・教育を行うが、そのことを担保するために社会にはその専門家養成の特別な教育システムが用意され、またその教育の達成度を測り資格を認定するための試験制度がある。さらに、保育士や教師がアロマザリングを行うために、事務や給食調理・医療・警備など多くの人がそれを下支えしていて、その人たちも間接的にアロマザリングを行っているといえる。教具や遊具、あるいは園舎・校庭などのモノもアロマザリングに不可欠の要素である。通園バスのドライバー、清掃員、あるいは教材教具・医療品・文具などの販売会社、園舎の設計・建築業者、所轄行政機関の公務員などなど、裾野を広げていけば厖大な間接アロマザリングの広がりがある。先にもふれたように、このような複合的、重層的なアロマザリングネットワークシステム（シクミ）の存在こそが、ヒトのコソダテを特徴づけている。

それらは、その場しのぎの刹那的な資源の活用とは異なり、多くはそのために社会が用意している制度の形をとる。制度であるということはすなわち、場所と設備と専門家とを一定の基準で社会がシクミとして用意して運営し、親はそのサービスを取捨選択して一定の約束のもとに利用する。そこでは、個対個のアロマザリングとは次元の異なる事情が発生する。たとえば血縁のない赤の他人が子どもに関与する。利用者は料金を払ってサービス利用の権利を得、提供者は給料を受け取りサービス提供の責務を負う。それは子育てのアウトソーシングであり、そのような社会的サービスの存在によって、母親が子どもから離れ社会に出て子育て以外の活動に従事できる。このように今日のヒトのコソダテは、養育者と子どもとの二者関係に閉じず、さまざまなシクミを提供する形で「社会」が深くかつ広くコミットしている。

くり返すが、ヒトは育児を母親だけでなく周囲が広く協力して行うことを進化させてきた種である。母親を重要な核としつつも、アロマザリングによって母親が子どもを「離しつつ守る」ことが実現されている。父親はあまり積極的なケアラーとはいい難い側面があるが、しかし核家族的育児環境においては他に替えることのできない重要な家族アロマザーである。そして血縁のみならず非血縁のプロフェッショナルが育児の一翼を担っている。動物であれば血縁を共有する個体が母親の育児のヘルピングを行って自らの包括適応度を上げるところであるが、ヒトの場合はそれに加えて職業人が仕事として育児を行うところに独自性がある。

さらにもう一つヒトのアロマザリングの重要な特徴は、それが生き物以外のモノ（育児具、玩具など）によっても支えられているという事実であった。進化は母親と子どもの身体間に予定調和をもたらしたが、ヒトの場合はその調和的な身体関係にモノという人工物が介入し、それがまるで装着型ロボットのごとく母親と組み合わさって母親の育児を助ける。非血縁の専門家が働く育児施設は、ヒトとモノがシステムをなすアロマザリングの場となっている。そのことは、育児を血縁のネットワークから解放し、赤の他人でも育児に参画することを可能にした。その個々の施設が集まってネットワークを作り、それを行政が所轄するという階層構造をなしている。専門家を養成する教育機関も、その資格を与える認定機関もまた専門家の育児を可能にするために社会が用意したヒト－モノシステムであった。その複合的なアロマザリングシステムは、協力的育児を行うというヒトの特徴を如実に体現するものであるといえよう。これらも母子身体の間に介在している文化社会的インターフェイスである。しかしそれは同時に、進化によって作られた母子身体間の安定した調和的な関係を崩しかねない要素ともなっている。

子どもの発達にともない母親の時間資源の有限性が露呈して矛盾が増大するが、親子間の反発と子別れという Push 型の遠心性はその矛盾を解消する方略であった。他方アロマザリングは Pull 型の遠心性として、母親と子どもを日常の生活場面で安定的に引き離し、母親に（子どもにも）個人の自律的な空間を与えた（回復させた）。いいかえるならば、ヒトの育児はそういった多彩なアロマザリングに幾重にも取り巻かれ、そのなかで「離れつつ守る」ことが実現されているのである。

第6章　求心性に埋め込まれた遠心性
――そのせめぎ合いと統合

出生前の妊娠という状態を含めて、身体接触は母子の求心性の究極の姿である。接触がコミュニケーションとしてさまざまな効果を生むとして、ソーシャルタッチという身体接触のポジティブな側面が、近年その神経機構とともに注目を集めつつある[1]し、接触研究所[2]なるものもできている。子どもの発達における母親との接触の重要性については、先のハーロウらの研究でも実証されているとおり否定の余地がない。しかしながら、接触によって自分の身体は相手の身体に拘束され、探索や外界との交流拡大の自由度が縮小されるともいえる。嫌いな人や敵同士の身体接触は拒否の対象となったり攻撃の発端となったりもする。接触行動は実は快と不快にまたがった両義的なものというのが正しい。いいかえれば、身体接触という求心性のなかには遠心性の要素が混在している。霊長類の母子研究でも確認できたように、接触の強さと攻撃性の強さには正の相関がある。その両義性は、母子のやり取りにおいても、関係のあり方次第で重複・交替するし、発達的な推移も示す。その混ざり合いの好例として、まずはくすぐり遊びとその結果としてのくすぐったさをとりあげてみよう。

第1節　くすぐり・くすぐったさ・遊び

子どもがくすぐったがる行動には、身構える、身をよじる・手足を引っ込めるなど回避的な要素が含まれている。また母親のくすぐる行動には、襲いかかるまねをしたり指を子どもの柔らかい部分に突きたてたりするなど、攻撃成分が含まれている。しかしそれらは、遊びとして楽しい親和的な気分のなかで展開される。脇や首など身体の敏感な部分を、その抑制された攻撃によって侵攻する。くすぐり遊びにはこのように求心性と遠心性の要素が混在している。その背景には今述べた身体接触のもつ正負両価性があり、親和・反発の両成分を微妙にバランスさせながら、ダイナミックに展開されるのがくすぐり遊びなのである。

追いかけっこやイナイイナイバア、タカイタカイといった遊びにも親が子どもを恐れさせる要素が含まれ、同じような両価性が指摘できる。母子間で遊ばれる楽しい遊びの多くには、そういった求心性と遠心性の混合状態が共通に指摘できるように思われる。というよりもむしろ、その親しさのなかの遠心性こそがスリルを生み、遊びの愉悦を成立させるのに不可欠の基盤となっている。身体接触は正負の感情の両極を担っているので、くすぐり遊びはいつでも誰とでもできる遊びではなく特定の人間関係において、子どもの特定の気分状態のときにだけ遊べる遊びなのである。それは時系列的に、互いに徐々に気持ちを高ぶらせてクライマックスでとどめを刺すような、母子の協働に基づく同期性とそれによる一体感によっていっそう楽しい遊びとなる。

くすぐり遊びにおいて子どもは、くすぐられる自分の身体部位・くすぐる母親の手・くすぐりかける母親の目の間で視線を交替させる。[3] いいかえると母子は、それらによって囲まれる間身体的な場を共有する。その場はペリパーソナルスペース（身体のすぐそばの領域）でもあり、そのゾーンでは非接触的感覚である視覚と接触的感覚である触覚との混ざり合いが生じる。この遠心性と求心性の混濁するゾーンで、初期母子関係における共振的な身体性を基盤としてくすぐり遊びが行われている。

くすぐりは接触遊びだが、実はそのゾーンでくすぐりかける指を空中でくすぐり様に動かして、接触する前から視覚を通じてくすぐったさを発生させたりもする。「コチョコチョ」などの音声が聴覚刺激としてともなわれ、くすぐったさを増幅する。くすぐりはこのように視覚・聴覚と触覚が重なるマルチモーダルな遊びであり、そこでは互いが萌芽的な意図の読みとり合いを行っている。マザリーズもしくは対乳児発話という、幼い子どもに対して母親が示す抑揚の大きな独特の語り口があるが、それにはしばしば動作や接触もともなわれ、その全体が「モーショニーズ」と呼ばれることもある。[4] またゴゲイトら[5]は、母親が言葉とジェスチュアを同時共起させる傾向をもつことを指摘した。これらもいずれもマルチモダリティの現象である。感覚モダリティを要素還元すれば触覚や視覚・聴覚などということになるが、実際にはわれわれは丸ごとの存在として、身体を総動員しながら相手に関わっているのであり、会話の場面も含め関わり合いは本来体験としてマルチモーダルなのである。そしてそれはスターン（Stern, D. N.）[6]が提唱した、単一のモダリティに限局されない多様な「活性化輪郭（activation contour）」とそれによって成立する「生気情動（vitality affect）」と共通している。

コミュニケーションの音楽性

マロック（Malloch, S. N.）[7]とトレヴァーセン（Trevarthen, C.）[8]（図44）は、コミュニケーションに「テンポ（パルス）」「音質（クオリティ）」「起承転結性（ナラティブ）」という音楽的特性が含まれているとして、それを「コミュニケーションの音楽性」と呼んだ。[9] エディンバラ大学のトレヴァーセン教授は音楽性だけではなく乳児の間主観性やコンパニオンシップでも著名であり、筆者とは30年来の交流がある。彼のおかげで筆者の度重なる訪英と英国調査実施が可能となったし、また彼の赤ちゃん観や理論に筆者は大きく影響を受けてきた。

図44　コルウィン・トレヴァーセン
（筆者撮影）

身体は、歩行やまばたき、呼吸や咀嚼などリズミカルな動きに満ちた存在である。子どもは歌や踊りなどを好むし、音楽には動きを同期させてヒトの同調を促進するような働きがある。複数の身体間でも、タッピングしたりなでたり揺すったりとテンポが含まれる身体接触的なやり取りは多く、それに音声やジェスチャーなどの視聴覚的行動が付加されて、マルチモーダルに音楽的性質を帯びることもめずらしくない。それを司る脳機能として想定されるのが内発的動機機構[10]であり、親子に一体感を生み出す重要な基盤と想定されている。

それが首尾よく成立するためには、親子相互に時々刻々相手の心理状態を読み取り、またそれに応じて適切な反応を返すということが必須である。意図の読み取りの練習の場ともいえよう。くすぐり遊びは生後半年過ぎまでは発現しないが[11]、近傍性[12]がその時期に高頻度になることとつき合わせるとそこには深い意味が認められる。母親の意図が読み取れるようになってはじめて、非接触的な共存状態つまり安定した遠心性が維持できるようになると考えられるからである。くすぐりが軽微な攻撃成分を含み子どもにとって軽い不快を感じる刺激であるため、その刺激が親しくない人からやってくると受け入れられず単に遠心的に回避されるが、親密な関係にある母親からやってくる場合はそのスリルを楽しみ、子どもは身をよじりつつ喜ぶ遠心性と求心性の混合反応（愉悦）を返して関わりかけに応える。それが母親に強い充足感をもたらし疎通感を高める。くすぐったさはこのときに体験される社会的な感情であり、親しい相手の意図を読むという能力と切り離せない。くすぐったさを末梢的な反射であるとする見解[13]には与することができない。

身体接触は母子間に同時双方向的な体験の共有をもたらす[14]。また身体接触における同期性は、母子における共感の基盤として重要である[15]。触れた者はもとより、触れられた者も触れた者にとって接触刺激の供給者となる。偶然ぶつかり合った二者間にも、同じ強度の触体験が同時発生する。つまり「送り手」と「受け手」に相称的体験がもたらされるが、それはもはや送り手と受け手という二分法すら不適切な状態ともいえる。関わられる者の身体と関わる者の身体は同型であるから、ある身体部位への接触が特定の感覚を生ずることが触れる者にも共感的に予見されていて、それが二者の体験の共有を支えている。聴覚や視覚という遠感覚を用いたコミュニケーションが送り手から受け手へと情報を渡すという「垂直的」[16]な営みであるのに対し、これは体験のシェアをベースにした「水平的」コミュニケーションといえる。また相手が誰かから接触されるのを見るだけでも、自らの脳の身体感覚領域が同じように活性化するということも触覚体験が共有される背景にある要因である。[17]

これらのことは視聴覚的なコミュニケーションにはない身体接触の独自な特徴であり、発達初期の母子関係にとってとりわけ重要な意味をもつ。接触を通じて母子の身体間を資源が移動し、子どもが守り育てられるのと同時に、コミュニケーションの基盤が形成されるからである。身体接触は、遠心性と求心性が混ざった状態のスリリングな楽しさを生むことにつながりやすいのである。

くすぐりだけではなく、「イナイイナイバア」や「追いかけっこ」など、相手の意図を読みつつスリリングなかけひきを楽しむ遊びは、親子間のからかい（teasing）といってもいいだろう。[18]そこには求心性と遠心性のダイナミックな交替の要素が含まれている。母子は互いの意図をめぐって豊かな交流を発達させており、[19]身体遊びはその重要な舞台である。

第2節　抱かれ行動・摂乳

抱きは母子の求心性を代表する行動である。それは手による相手の抱え込み・保護なので母親の行動と受けとめられがちだが、サルの出産の研究（22ページ）でも指摘したように、子どもの能動性も抱きの成立を支えている。子どもの関与を西條・根ヶ山は子どもの「抱かれ行動」と呼んだ。[20]抱きは身体接触を介した母子の共同行動でありコミュニケーションであるというほうが正しい。

抱き行動そのものは求心性だが、子どもが抱きにおいて能動的であることは遠心性の重要な前提となりうる。その子どもの能動性が親の能動性とぶつかることによって対立が生まれうるからである。はじめ子どもは水平に抱かれ、やがて体軸が垂直となる縦抱きへと変化する。その変化の背後には子どもの姿勢の発達が存在するが、それは親が導くのではなく子どもが求めることによって起こる。[21][22]

ニホンザルやキイロヒヒなどでは、母親の腹部へのしがみつき・ぶら下がりから、腰の上にジョッキースタイルで乗って母親と同じ向きの視野を得るようになるという変化がみられる。そして母親の胴体を離れて、自分の足による歩行へと遠心性がさらに強まっていく。[23] ヒトの抱かれ方にも徐々に子どもの関与がみられ、始めは後方すなわち母親の方を向いて抱かれるが、次第に母親と同じ前方を向くようになる。前を向こうとして、子どもは上半身を巡らせやすいように両足で母親の身体を挟み、上体を母親から離して密着状態を脱する。[24] 母親は当初子どもの首やわき、背中を支えていた抱きの手を下げて子どもの腰の下に回し、その上半身の自由な回旋を助けてやるとともに、自分の正面から体側部へと抱き位置をずらして、子どもが前を向きやすいようにしてやる。子どもが前を向くことは、抱きから母親と子どもの腹部同士の密着を消失させる。母子の協働というべき変化でゆるやかな微視的遠心傾向が生まれるのである。

抱かれつつ子どもがそのように後方から前方へと抱かれる向きを変えていくことによって、母親と子どもの視界が交叉から共有へと変化する。その視界の共有は、目の前の同じ対象に対し同時に共同注視することを可能にする。そこでは指さしなども生じ、その対象に注意を重ね合わせ母子の交流が促進されるであろう。それはそれまでの向かい合う母子二者の内閉的関係から、並び合う母子と前方の共同注視対象との外延的関係へと母子関係が変化することを意味する。[25] 母子が向き合って結びつく状態からともに前を向いて離れた第三項を共同で見るように変化することは、求心性から遠心性への推移の一つの大きなきっかけであり、それは三項関係の初期段階である。

「抱きにくさ」の発達的変化

0、1歳児クラスの母親は、「子が抱っこを嫌がる」「つっぱる」など、抱きの問題を感じることがある。[26]子どもの行動（いつも手足に力が入っているなど）について評価した「からだの特徴」は、保育者が同じ子どもに感じた「抱っこの実感」（体がかたい感じ、抱いてもフィットしないなど）と有意に相関していた。[27]また筆者が1・5か月から7か月まで縦断で抱きと抱きにくさの発達的変化を調べたところ、1・5か月は横抱き主体で、3か月の縦抱きへの移行期を経て5か月で縦抱きの完成をみた。この変化は子どもの頭部をはじめとする姿勢の安定とそれに関連した能動性に強く結びついていたが、子どもの運動能力が未熟で母親が抱きに慎重な1・5か月には母親の抱きにくさ感が強く、子どもの身体・行動が安定化して、抱きに子どもが能動的に関与するようになるにつれて抱きにくさは減少した。それとともに抱きにくさは、母親自身による抱きの苦手感の訴えと相関するようになっていった。[28]

やがて子どもにとって、抱かれることが拘束であり、自由度の制限となる時期がやってくる。それは子どもにとって、抱きを脱して自立歩行するという遠心性へと向けた変化の引き金になる。自分で意思決定をして自分らしくふるまうことの喜びは、食の自立のところでみた子どもからの拒否行動にも通じるものである。このように抱き・抱かれという求心性のなかに遠心性が混入し、発達に応じて子どもの主体性とともにジワジワとその比率が推移するのである。

母親の「抱き行動」と子どもの「抱かれ行動」にみられるような相互関係は、「授乳」にも認められる。哺乳中の行動を長期にわたって観察すると、摂乳中に乳首をいじったり、萌出してきた歯で乳首を噛むことで母親から離されたりするのを目にすることがある。また図21（67ページ）で説明したように、半年過ぎの時点で摂乳中に子どもが吸飲を一時止めて母親と遊んだり、2年を過ぎると眠ったりするようになる。摂乳という求心性の行動が、摂乳の中断つまり遠心的な結果を引き起こすのである。このように哺乳中の子どもの能動性は離乳への導火線ともなりうる。つまり、抱きにも摂乳にも子どものアクティブな要求や働きかけが遠心性を生むという側面が存在する。

抱きも授乳も、あるいは妊娠も子どもを守り養うことに他ならないが、同時に母親にとっては身体的な負荷のかかることでもある。子どもが成長してくると、その負荷が大きくなってくるのと反比例して、それに対する子どもの依存度は下がり、費用対効果が悪化してくる。保護が絶対的な価値から相対的な価値へと転ずるのである。また子どもにも、自立を自らの課題として追求しようとする欲動が生じる。子どもに相手の意図を読む力が備わってくると、自立を他者から認め賞賛してもらいたいという思いとともに、そのやり取りのなかに相手との心理的なかけひきや自己主張の要素が加わってくる。

第3節　接触的コミュニケーションにおける遠心性

くすぐり・くすぐったがりや抱き・抱かれ、授乳・摂乳はいずれも、母親と子どもの間で互いにタイミングを微妙に調整しつつなされるかけひきである。それを媒介する身体接触は、関与する双方がタイムラグなく体験を共有するコミュニケーションである。しかもそのやり取りは時系列的に展開するものである。ある時点である身体部位からある行動によって開始され、ある時点・ある身体部位・ある行動で終わることを当事者同士が予期し合い、そして実際に言わず語らず身体上でその文脈を共有する。音楽性でいえばナラティブの共有である。[29] 抱きゆすり、くすぐり、哺乳吸飲のいずれにおいても、行動のユニットがくり返されるという特徴がある。身体には内発的な構造があって、複数個体間で同じテンポを共有する基盤となっている。これらはすべて、母親と子どもの間で間身体的に展開されるやり取りである。身体接触はさらに、その開始時点を同期させ部位を一致させるように、双方が互いに意図を読み取り行動を調律し合う。

それ以外にも、本書でみてきた固形食や就寝という子別れを演出する基本的な行動も、母子の身体が深くかつ複雑に関わっていて、そこにも双方の共感性や意図の読み取り合い、誘ったり応じたりはぐらかしたり拒否したりといった操作が存在する。これらはいずれも、身体が舞台となって成立する世界である。そのように身体が作り上げる関係性の枠組みは「身体性（embodiment）」と総称される。そのなかに組み込まれている接触から疎隔へという遠心化が、母子関係の発達的変化の重要かつ基本的な枠組みである。心理学はそのよってたつ手法が視覚と聴覚に偏っているが、触覚という近感覚は母子の求心性と遠心性の相互関係を雄弁に伝えてくれる窓口なのである。

ここでみてきたように、求心性とみられるくすぐりや抱き、哺乳、離乳行動のなかにも、遠心性の要素を認めることができる。求心性と遠心性のバランスは、母子相互で時々刻々変化している。相手の変化がまた自分の求心性や遠心性のあり方に影響するし、自分の変化をみて相手も変わる、というように母子はダイナミックにかけひきを行っている。求心性と遠心性とは二者択一の排他的関係ではないのである。

第4節　三項関係の発達

身体接触は二項関係である。しかし前に述べたとおり、ヒトの子育ては身体にモノがともなわれることを特徴とする。それはヒトの母子を外界に開かせる大きな原動力である。そういった母子とそのまわりのモノもしくはヒトとの関係のユニットを三項関係という。ここでは二項関係から三項関係への移行過程について、求心性と遠心性の視点から論じてみたい。

1　ヒトを第三項とする三項関係

トマセロ（Tomasello, M.）[30]らは、モノ・母・子どもの間に三項関係[31]が成立する際、親子はそのモノに共同注意を向けつつ、子どもは親がもつ視点を取得し、そこに文化の習得の契機があるとした。このことは、モノがアロマザリング機能をもち、母親と組み合わさって子育てを支えるという第5章で述べたヒトの特徴を考えると、非常に大きな意味をもつ。

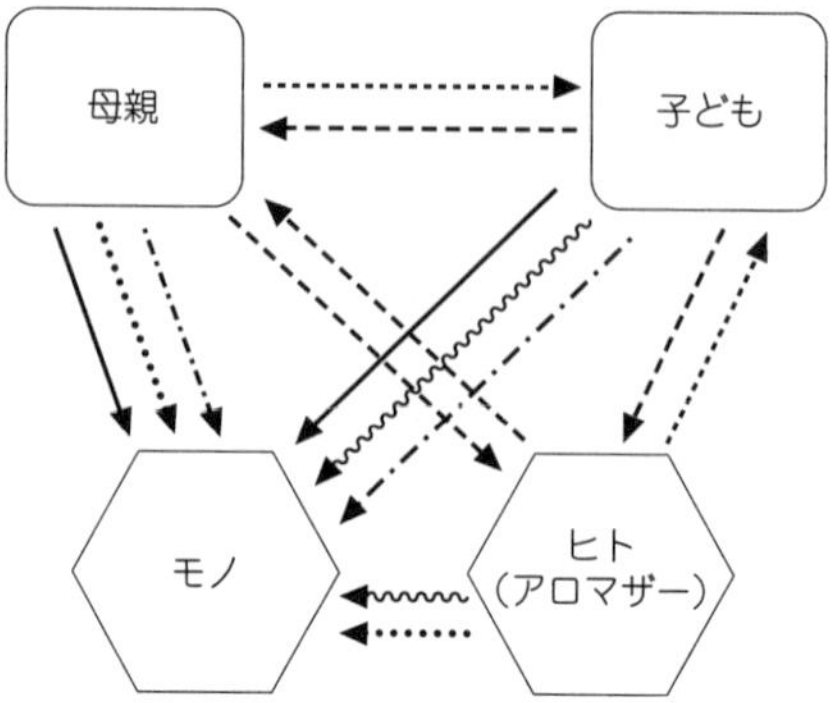

図 45　第三項としてのモノとアロマザー（ヒト）に対する母親と子どもの視線

同じ線種同士はその対象への共同注意を意味する。モノと違ってヒトはその視線の対象となるとともに視線の発生源ともなり，視線の交錯に寄与する。（根ヶ山，2014）[33]

しかし三項関係は、モノだけが成立させる世界ではなく、この三項関係の変形として「人ー人ー人」という三項関係もあり、嫉妬などの感情が議論されている。[32] アロマザーのような親密な第三者と母子の関係は、そのヒトを第三項とするものの一般的な例とみなすことができる（図45[33]）。この場合には、モノが第三項になる場合と違って、第三項であるアロマザーからも母子に視線が投げ返されて双方向となることで視線の交錯が起こる。そしてまた、そのアロマザーとアロマザーを取り巻く親密な個体関係との間の視線の交錯も当然ながらそこに重なる。このようにして、モノではなくヒトによって構成される三項関係は、その第三項のヒト（アロマザー）による周囲への能動的な働きかけというモノにはない機能によって、子どもがそのネットワークの視線交錯のなかに巻き込まれることになる。そのアロマザーが親のもつソーシャルネットワークの一員として存在していれば、それは親のソーシャルネットワークへの参入を意味する。

このようにしてつながるヒトのネットワークのなかで、もともとエクソシステムにいた人物がミクロシステムに引き入れられると、それはメゾシステムの発展を促進することになる。またアロマザーの発する眼差しの先にはヒトだけでなくモノやシクミのアロマザリングシステムも同時に存在する。トマセロがいう文化学習は、このようなアロマザーを含む三項関係が相互に視野の重なりや広がりを生むことで成立するものであろう。子どもはそのような「ヒト・モノ・シクミ」による複合的なアロマザリングシステムにアロマザーを介して関わることになり、それがまさに文化の学習を促進する基盤となる。子どもと母親の遠心性は、このような豊かな体験を子どもにもたらす契機なのである。モノだけでなくヒトにも第三項性を認めることは、三項関係の発達に新たな視点をもたらす。そこではヒトにおける身体というモノ的属性が関わりの対象として重要な働きをしている。

2 原三項関係

三項関係の発達過程は、身体の遠心性の観点からとらえ直すことができる。そのことをくすぐりと食を例にとって議論しよう。くすぐりの面白いところは、くすぐりかける母親も、くすぐられる子どもの身体部位に発生するくすぐったさの感覚を共有しながらそれを行っているというところである。くすぐりは、母子身体の間で行われる遊びだという意味では二項関係である。しかしそこでは、子どもの身体の特定部位を対象化（外在化）し、母子がともにそこに意識を焦点化させて、二項関係でありながらもある種三項的関係に入っている。子どもにとって「ココ」であるはずの身体部位を「ソコ」化し、母子がそれを共有している。また「ソコ」化しつつ、母親も自分の同じ身体部位の感覚を重ね合わせて同時に「ココ」化してもいる。身体は、接触する者同士が同型の身体をもち合わせているので、その接触によって喚起される感覚をアプリオリに予知しシェアしうる。それを成立させているのは身体接触という

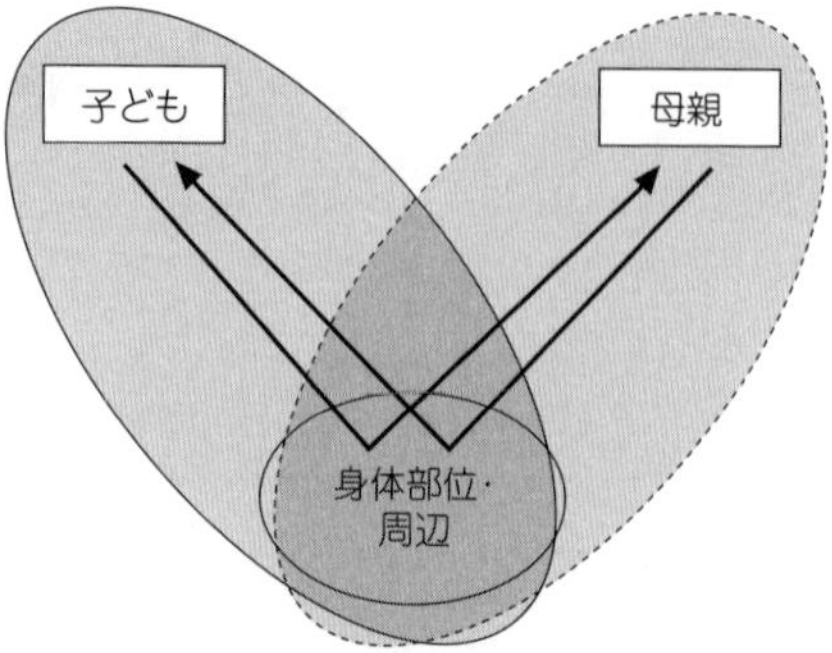

図46　母子くすぐり遊びにおける原三項関係
（根ヶ山，2012）[34]

同時双方向性や身体の同型性をふまえた独自なコミュニケーションである。

母親は、身体のその部位をそのようにくすぐられたらくすぐったいということを自分の身体体験として知っていながら、同じ行為を子どもの同じ身体部位に向けて発現させている。子どもはそこをそのようにくすぐられることでくすぐったさが発生し、身をよじるような独特の身体反応を示す。母親はその身体反応や楽しい笑い声を見聞きすることによって、自分の子どもに対する関わりかけが期待通りの反応を子どもにひきおこすことを確認し、またそのくすぐったさを自分自身も共感して、強い疎通感を味わう。いいかえると二人の身体がそのくすぐり部位とその周辺において重なり合っており、そこを「要」として二者の関係が成立している（図46）。そのときに母子に成立している関係は、二項関係であると同時に、両者が子どもの特定の身体部位を対象化してそこに二者の身体を重ね、あたかも三項関係のような構造となっている。それを筆者は、二項関係から三項関係への過渡的状態として、三項関係の原初的状態という意味を込めて「原三項関係（proto-triadic relationship）」と呼んだ[34]。

母子がモノに共同で注意を向け、その視野を共有させながら意図の読み取り合いを行う状況[35]（本書ではその三項関係を「真三項関係」と呼ぶことにする）は生後9か月頃にみられるようになる。それに対比して考えれば、くすぐり遊び（他の身体接触遊びも）には共通の対象に注意を向け合い、その感情を重ね合い、意図を読み合うという、類似した状況が起こっていることがわかる。原三項関係とは、二項でもなく三項でもない、あるいは二項でもあり三項でもある関係、二・五項的な関係といえる。母子関係において身体接触が果たす重要な役割の一つがここにある。それは求心性と遠心性の混合状態であり、母子のへだたりの増大の一過的な姿である。

3　準三項関係

母子にはもう一つ、子どもの身体産生物への関わりという、身体を介して二項関係のなかに三項関係が埋め込まれたような状態が存在する。子どもの排泄物や分泌物は子どもの身体から出てくるもので、子どもの身体に属する性質ももちながら、子どもの身体から遊離した別物でもある。それと同時に、母親自身の身体もそれと同じものを産生する。子どものそれを対象化して母親はそれに関わりかけるし、子どももそれを外在物として見たり触ったりする。身体のようでもあり、身体でないもののようでもある。しかしこの二項性と三項性の混ざり合いは、そこに明確な「第三項性」が存在するという点においてくすぐりと異なる。ただしその第三項は、身体の作り出した副産物であるから二項的要素も帯びている。このような「二・七項」的関係を、原三項関係とは別に「準三項関係」と呼ぼう。原三項関係と準三項関係はそれぞれ真三項関係（三・〇項関係）の前駆的状態である。

母親の身体から分泌される母乳も、母親の身体の作り出す母親のようなモノで、かつ対象化しうる外在物でもあるという意味で、これと酷似した性質をもっている。面白いことにヒトは、人工栄養と哺乳瓶という人乳の代替物を編み出しており、先にこれをモノによるアロマザリングとして考察した。これは母乳と同じく離乳前の乳児に与えて栄養をつけさせるモノであるが、しかしこれには母親の属身性を欠くという意味ではまったくの別物ともいえる。

母乳も人工栄養も、発達初期の子どもに特有の特殊な栄養資源であるが、母親の身体との関連は人工栄養にはない。いずれにせよ離乳することによって、栄養源は身体とのつながりがない固形の食物に移るが、その移行期にはドロドロした液体と固体の中間状態の「離乳食」が与えられる。これも人工栄養の粉ミルクと同じく母体とは関係ないモノである。しかし、やや込み入ってくるが、母乳を与えている母親の場合は食べたものの味が母乳に移るので、[36] 母乳を飲むことによって母親が食べる固形物の味の情報は子どもと共有されているともいえる。また、母親が食物を口で噛みくだいてから与える場合はその食物に母体の性質が付与される。

母親による子どもへの食の供給は三項関係の場面である。食物という第三項に対して互いに注意を注ぎ、親が子どもに与えて子どもはそれを受け取る。もともと真三項関係は生後9か月頃に成立し、対象物に対する母子の注意が共同化されて意図の共有がなされると考えられた。離乳食の味や固さ・舌触り・温度などといった属性は子どもの口で感じ取られるが、それらは母親も自分の口で感じうる感覚である。場合によっては事前に自分の口で試食したうえで子どもに与えているかもしれない。したがって母親は、離乳食を与えつつそれらの感覚を想起し、子どもと共有している可能性が高い。これは実は、くすぐりのときに自分の身体部位に同じ感覚をイメージしつつ子どもにくすぐりかけていた母子と同じ構造で、身体が仲介する二項性と三項性の混合状態である。「食物」という第三項が存在しながらも同じ身体感覚が共有されるので準三項性なのである。それはあたかも、食物を介して子どもの口と母親の口がオーバーラップしているかのようである。離乳食の場面でみられる母親の共感反応は、母子のそういう疎通性をベースにして発現している。

対象物が子どもの栄養摂取という身体事象に関わっており、またその身体事象やそれに関わる身体感覚は母親にも同型的に共有されており、それゆえ母子に共感的な状況をもたらす。それは食に限ったことではなく、排泄や入浴などの場面で起こっていることとも限りなく近いのではないかと思われる。母子はそのような身体の重なりを含むような三項関係が体験されやすい関係なのである。このような母親と子どもとその両者の身体の重なり感を引き起こす対象から成り立つ関係が準三項関係である。

大藪によれば、三項関係は前共同注意、対面的共同注意、支持的共同注意、意図共有的共同注意、シンボル共有的共同注意と発達し、それによって言語の発達も促される[37]。大藪はモノが母子の対面空間から外在化していく過程として共同注意を考察しており、その議論は筆者の立場と近い。モノが母子の関係の焦点となることはヒトの独自な点である。そこで両者の注意が重なり、情動が出会う。そのモノが母子から外在化することは遠心性の一側面である。他方モノの介在しない間身体性にすでに三項関係性の兆しはみられており（原三項性）、モノの介在は準三項性から始まっているというのが筆者の主張である。またモノの遠心性機能に注目するのも筆者の視点の特徴である。

4　三項関係の初期発達過程

これらの関係を図で示すと、図47のような発達過程となる。始まりは母子の身体同士の二項関係であるが、くすぐりなどの身体接触を通じて原三項関係が生じ、それが外在しつつも身体性を帯びた対象をターゲットにすることでより離身化した準三項関係となり、その先に脱身体化した真三項関係が発達するものと考えている。それはけっして二項関係から三項関係へと一気にジャンプするような単純な変化ではなく、求心性と遠心性の複雑な混合状態という中間期を経て徐々に進行する過程なのである。ウィニコットのいう移行対象は、準三項関係と真三項関係の中間に存在するモノとも考えうる。これはまさに、身体をベースにした求心性から遠心性への母子間の相互乗り入れ的な一連の発達過程であろう。身体関係からみれば遠心性であるが、しか

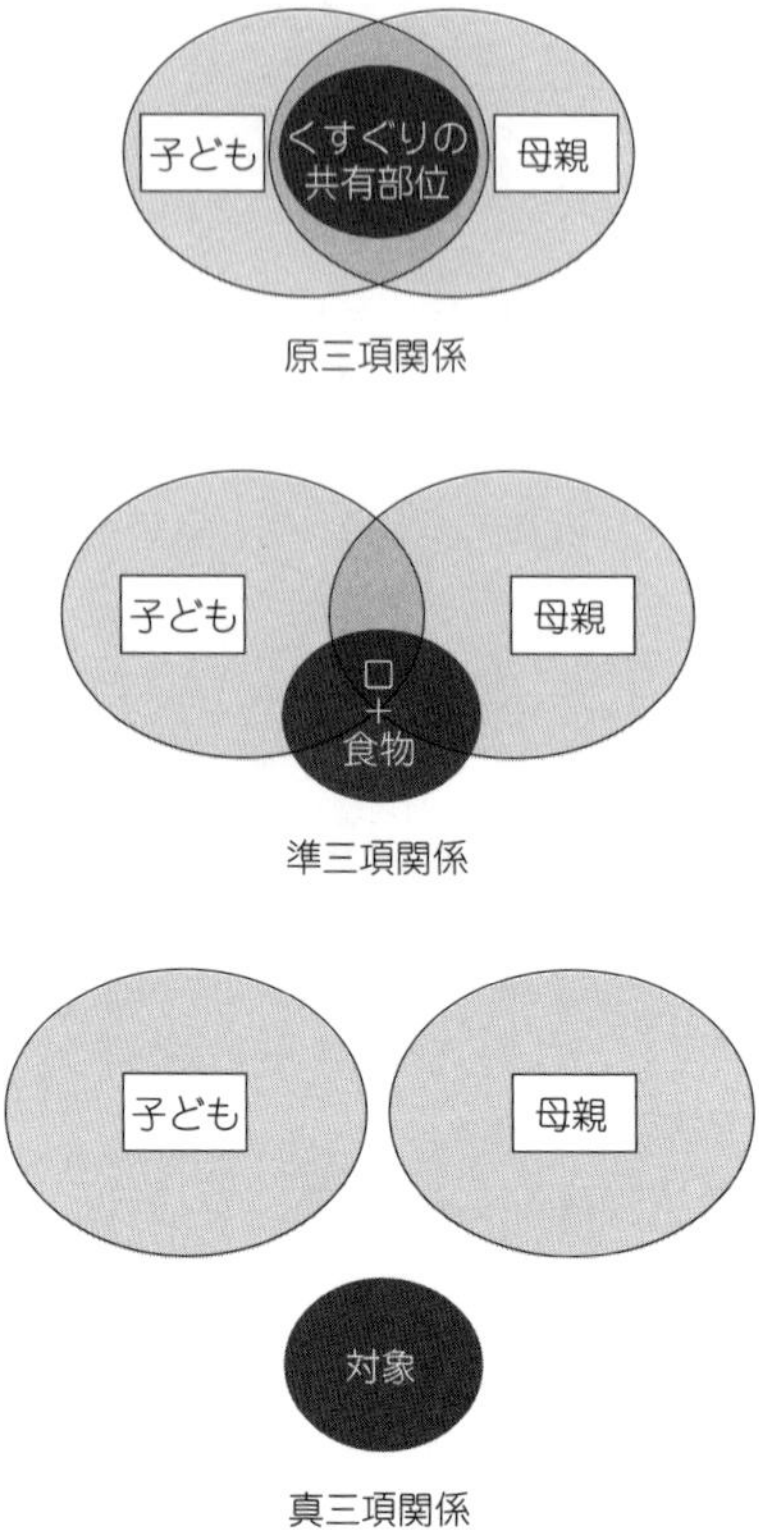

図47　身体性をふまえた母子の三項関係の発達

し心理的には、摂取される固形物が親の食べるものと同一化するとか、相手の感情に対して共感を覚えるというように、遠かったものが近づく過程の要素も含んでいる。このように変化は、求心性から遠心性へと重なりつつ徐々に進行するものである。ただ、現実の生活状況では、原三項関係と準三項関係はオーバーラップして存在するし、真三項関係が成立してからも原三項関係・準三項関係が消失するわけではない。

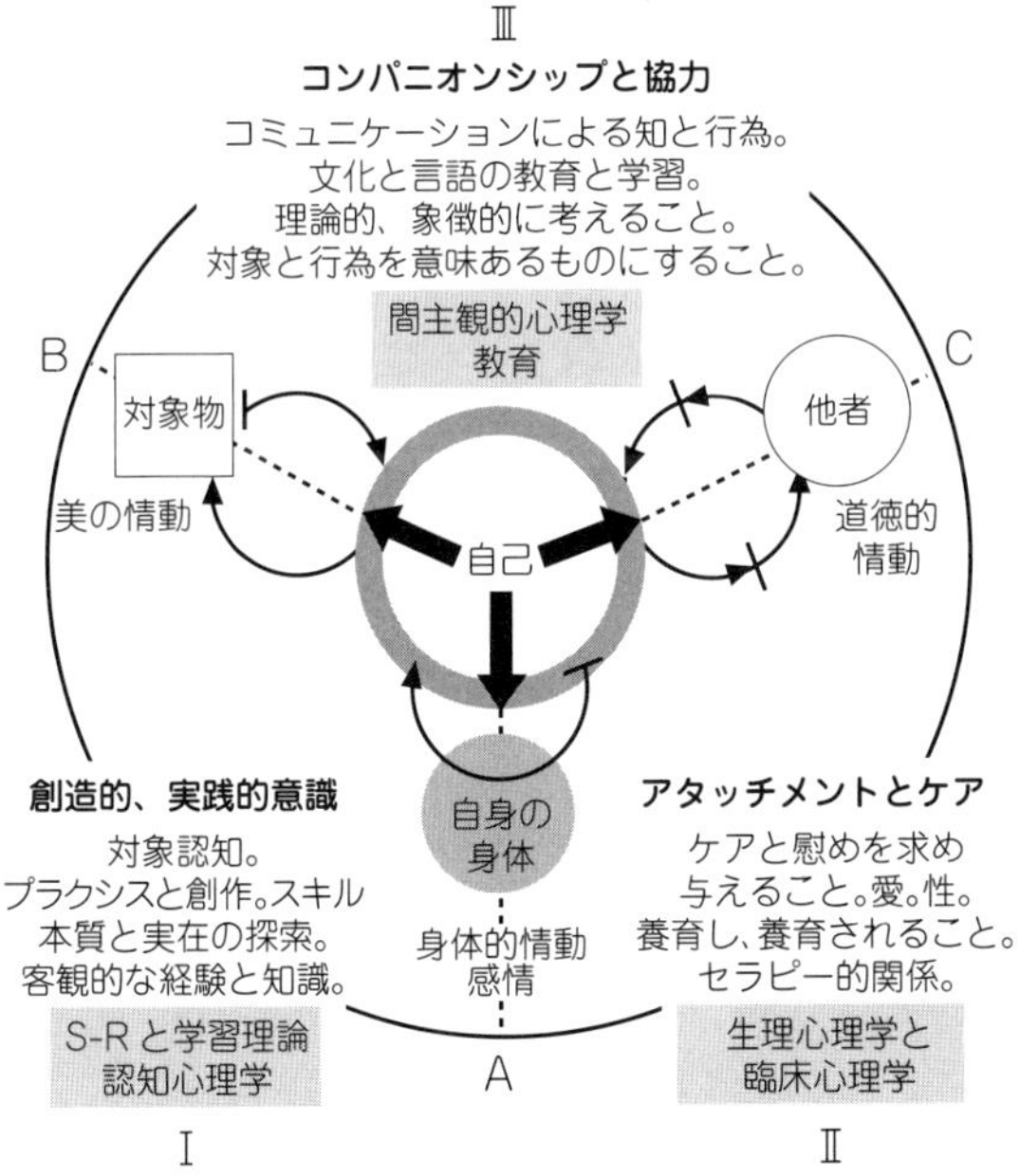

図 48　自己と身体・ヒト・モノの関わり
(Trevarthen & Aitken, 2001)[38]

トレヴァーセンとエイトケンは図48のように、自己の外界に対する能動的関与のあり方として、自己身体と他者にまたがった領域をアタッチメントとケア（Ⅱ）とみなし、他者とモノにまたがった領域をコンパニオンシップと協力（collaboration）（Ⅲ）とみなした[38]。彼らが注目したものは自己と外界の関わりであり、母親は「他者」のなかに含まれている。三項関係は他者と対象物の関わりとして、Ⅲのコンパニオンシップと協力の領域に属するものということになる。そして母親・子ども・

モノの三項性（第二次間主観性[39]）をふまえて、そこに間主観的心理学を位置づけている。母子関係を絶対視せず相対化し、ヒトとモノと自己の関係を包括的にとらえようとしたその視点は重要である。筆者のいう原三項性は他者と自己身体の関わるⅡの領域である。また準三項性は、他者と対象物の間主観的関係性（Ⅲ）に子どもと自己の身体、つまり図のAも関わっているという主張である。図48の二次元的なモデルを丸めて三次元化し、AとBCを自己のところでオーバーラップさせる、というようなイメージであろうか。自己身体と外界のヒト・モノを対置させない構図である。

第5節　事故と子別れ

母子関係のコア部分をなす両者の身体関係自体は生物学的なものであるが、それをとりまくヒトやモノの存在は、コソダテを社会文化的に多様で豊かなものとしている。しかしそれは同時に、人工的な介在物として、母子身体の予定調和性をくずす危険性をもはらんでいる。すなわち事故の問題であり、遠心性はこの二律背反と切り離して考えることができない。

1　自己能力への過信

親と子どもの身体間距離は子どもの保護と反比例する、というのが生物学的原則である。ゆえに親は子どもとの求心性を志向する。妊娠の状態はその究極の形として、子どもを母親の体内にめり込ませて子どもの安全を守っている。子どもが自立することは、その身体の安全を子ども自身が自律的に維持するということを含意している。子別れの途上では、親が子どもに目を注がなくなるにもかかわらず子どもが自分で危険を十分回避できず結果として事故に遭遇してしまう、もしくは子どもがすでに危険の回避能力を身につけているのに親が過剰に子どもを守ろうとして介入しすぎてしまう、といった食い違いが起こる可能性をはらんでいる。子どもが半ば自立しかかっているこの時期に母親が過剰に子どもを守ろうとすれば、子どもの安全は確保できるかもしれないがその自立はそがれ、逆に子どもを過度に放置すれば子どもの自律は得られてもその生命が危険にさらされる。また子どもには、前述のように危うさと安全とが混在するグレーゾーンをスリリングな場所として好み、あえてそれを求める好奇心がある。そのたくましさがあってこそ、子どもは親から離れて世界を広げていくことができる。求心性と遠心性をどうバランスさせるかが難しい問いとなるのである。

子どもの障害物回避実験

これは子どもの環境対処能力の問題である。危険に遭わないためには子どもが、どこに危険が存在するかを見抜き、それを回避する能力が自分にどれほど備わっていると自覚しているかが問われる。筆者は、次のような実験場面を設定して、4歳から7歳までの子どもの環境対処能力を調べた[40]。図49は、この障害物回避実験場面である。2本の支柱の間に白色のバーが水平にとめられている。このバーは内部のスプリングによって支柱に固定されているだけなので、それを緩めれば自由に上下に移動できるし、

図49　障害物回避実験場面（根ヶ山，2000）[40]

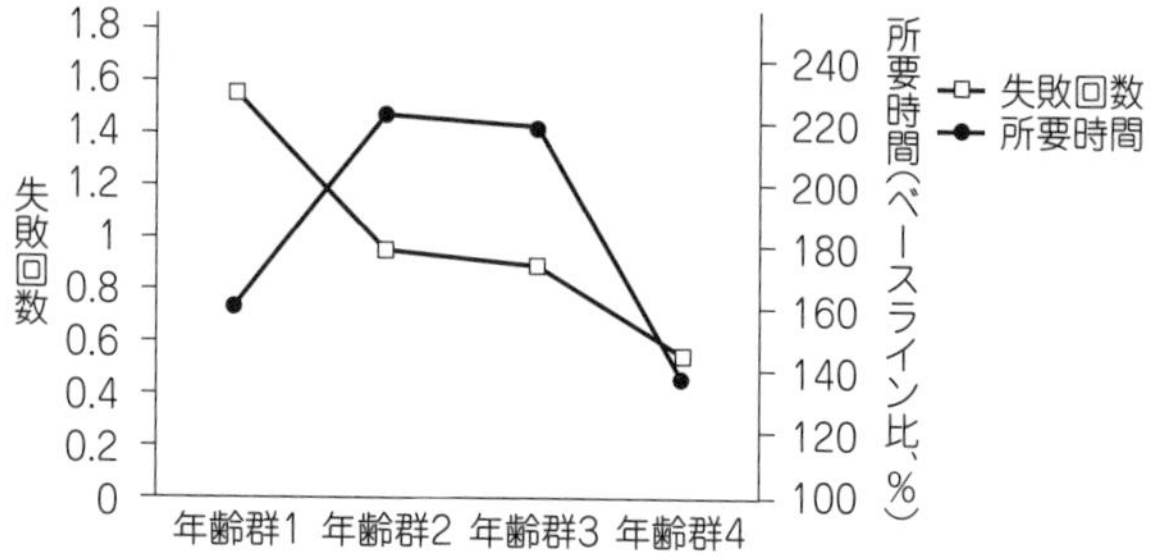

図50　障害の通過時間と失敗（根ヶ山，2000）[40]

また触れれば支柱から簡単に外れる。

実験場面は、このバーを障害物と見立てて、それを子どもが回避できるかどうか調べるというものであった。その際、子どもの身長をあらかじめ計測しておいて、それに一定の比率（10％から70％までの7段階）をかけた高さにランダムな順序でバーを設置し、その都度子どもに、バーに身体が触れて落とさないようにしながら2本の支柱の間を歩いて通過させる。通過はまたぐかくぐるかの2つの回避行動によるしかないが、その選択は子どもに委ね、実験者はそれについて助言を行わないし、またバー通過の成功・失敗に対しても何の評価も与えない。

実験の結果、興味深いことがわかった。子どもに自主的に判断させた場合、年少児にくぐりへの偏好性が多少認められたものの、全体に低いバーはまたぎ高いバーはくぐるという傾向がみられ、身長の40

%レベルの高さがその判断の分かれ目であった。40%というレベルにおいてもっとも判断が難しかったことになる。

図50をみていただこう。これはすべてのレベルの失敗回数と所要時間の平均を、4年齢群（それぞれ左から平均4・0歳、5・2歳、5・8歳、7・2歳）別に示したものである。失敗回数をみると、年齢が進むにつれて失敗しなくなっており、環境特性と身体操作のマッチングにおける正確さの発達が確認された。それは想定されたとおりの傾向であったが、興味深いのは所要時間の変化である。子どもには、バーの高さを変更している間はバーに背を向けて立ち、準備ができ次第正面に向き直って歩き出すことを求めたが、所要時間とはその向き直りから頭頂部がバーに到達するまでの時間のことである。この所要時間を、バーなし事態での通過によるベースライン値で除したところ、その%値が年少児は短く、いったん5歳児において長くなったあとで、再び年長児において短縮されていた。つまり子どもたちは、年少児においては判断の未熟さによって稚拙で向こう見ずな行動をみせ、5歳児になるとその無鉄砲さが減じられて事態への慎重さが発現するためにかえって時間はかかるが正確な対処行動となり、7歳になって正確さと迅速さが両立したのである。

子どもにおける「正常性バイアス」

幻影肢（手術などで失われた手足が、喪失後も残存するかのように感じられる錯覚）が5歳頃に増えるという知見があり[41]、このあたりの年齢で身体図式が出来上がってくるのであろう。適切な障害回避のためには、単に身体図式のみならず、それと環境事物とをつき合わせる能力の高まりが必要だと思われる。

4歳児のような無鉄砲さは、環境対処における自分の身体能力に対しての楽観性でもある。それは危ういことであり事故につながる子どもの未熟性である。プルマート（Plumert, J. M.）[42]は、身体が到達できる能力の限界を超えた課題場面を用意し、それをクリアできるかどうかを子どもに判断させることで6～8歳の子どもと大人の環境対処能力を調べた。その結果は、子どもが自分の環境への対処能力について、できないのにできると判断する過信傾向をもつことを示していた。実はこの傾向は、子どもほどではないにしても、大人にも共通してみられるものであった。

これは人間一般に共通した楽観性、たくましさであるといえる。人には自分が事故に遭う主観的確率を低く見積もる「正常性バイアス」があるといわれる。これはわれわれのもつ生物的たくましさであり、これがあるからこそ人類は地球上のほぼ全域に生息範囲を拡大し繁栄してこられたのであろう。この人類の基本的属性が大人以上に子どもに大きく備わっている。それがあって初めて離乳という大ジャンプが達成され、生活圏が拡大されるとすれば、このたくましさは子どもの自立発達を駆動する基盤である。しかしそのことが子どもの命を脅かすリスク要因にもなっている。まさにアンビバレンスとしての遠心性なのである。

さらにプルマートとシュウェーベル[43]は、同じ場面を用いて6歳と8歳の事故傾向を比較し、衝動的な子どもは6歳ではまったく届かない課題への粗雑な判断ミスが大きいが、8歳になると逆にわずかに届かない課題で反応時間が短く短絡的になることが多くなるとともに、けがの程度が8歳の衝動的な子どもにおいてよりひどいことを明らかにした。8歳といえば、子どもが自分のいる環境を俯瞰的にみることができるようになる時期であり、それには自己を客観視する能力が必要である。阪神淡路大震災の直後に、地震に遭遇した瞬間に子どもがその揺れに対してどう反応したかを親に質問紙で問うた筆者の研究では、一般に大きな揺れに対して子どもはおびえていたが、小さな子どものなかには何が起こったのか訳がわかっていなかったり目覚めずに眠り続けていたりしたものも多数いた。そういう行動が消失する切り替わりの節目は7歳であった。[44] アンポフォ・ボーテングらは、[45] 道路横断の判断について、目的地に達するために危険だが最短の経路をたどるか、安全だが遠回りになる経路をたどるかを5歳から11歳までの子どもで調べたところ、7歳から9歳にかけて安全なルートがとれるようになることを明らかにした。

山本・成田は3歳を迷子のピークとしている。[46] また近世の京都でも、4歳を頂点にして迷子が発生したと記録にある。[47] どうやら自分と環境との関係を相対化し、自分の環境における位置を客観視して対応できるようになるのは児童期になってからということのようだ。3~4歳は、環境への能動性は高まるものの、身体図式や環境と自己の鳥瞰図的な関係理解能力は十分ではなく、保護してくれるべき親とのへだたりも拡大するため、危険性の高い年齢であるということになる。くり返すが、しかしながらそうであるからといって子どもを囲い込んで安全な空間に留めることは正しい対処とはいえない。

2　災害報告書にみる事故傾向の地域差

保育所・幼稚園・小中学校で起こった災害に対して病院で治療を受けた場合、医師の診断書とともに提出する災害報告書という書類がある。これは全国一律のフォーマットであり、この報告書を提出すれ

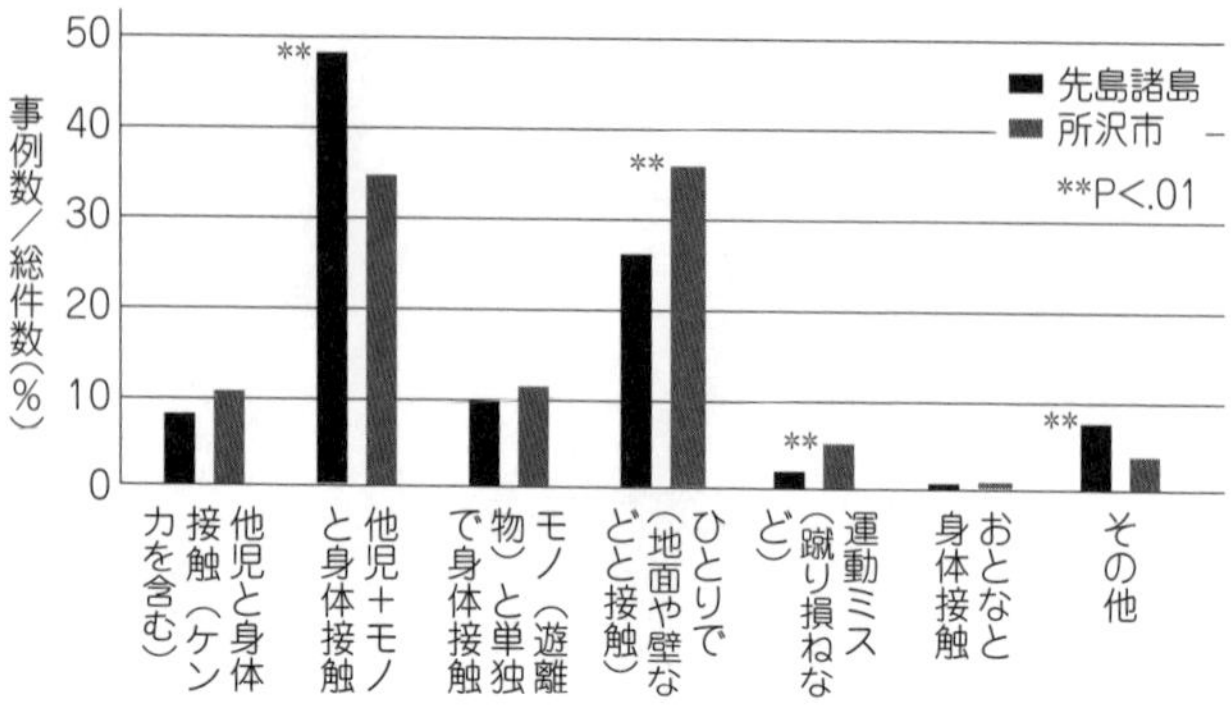

図 51　先島諸島と所沢市における事故の発生状況の比較（根ヶ山，2020）[48]

ばかかった医療費が還付される。筆者はこの国のサービスに着目し、子どもの事故傾向を沖縄県先島諸島（宮古島・石垣島）と所沢市で調べた。[48] この報告書には、事故の日時や場所、当事者の情報だけではなく、事故の生じた状況の書き込み欄もあって、保育・教育環境下という限定つきではあるが、子どもの事故傾向を知る有力な手がかりとなる。

当初筆者は、都市部の所沢に対して離島の先島諸島では子どもたちが活動的で、事故にたくさん遭遇しているのではないかと想定した。そして宮古島市、石垣市、所沢市の教育委員会に依頼して、保管している小学生の災害報告書の写しをとらせていただき、あわせて添付された医師の診断書から事故の種類についても転記した。ところがそれを分析してみると、予想に反して、先島諸島の子どものほうが所沢市の子どもよりも圧倒的に事故の頻度が少なかったのである。しかし詳細に検討してみると、それにもかかわらず骨折や裂創といった大きな事故の生起率はかえって先島諸島に多かった。それに比べて所沢市で有意に多かったのは捻挫や打撲などの軽微な事故であった。先島諸島の子どもが選択的に重い事故のみを引き起こしていたとは考えにくい。そこでは軽い事故は先生が病院に子どもを連れていかず、結果として治療費も発生しないため災害報告書の対象ともなっていなかったのである。つまり所沢市の先生は比較的軽いけがでも子どもを病院につれていき、先島諸島の先生はそうせずにせいぜい保健室で簡単な処置をして済ませた、ということだったのだ。しかも先島諸島の子どもたちは休み時間や課外活動の場で他児と関わり合う状況で事故にあうことが多いのに対して、所沢市の子どもたちは体育の時間などに一人で事故を起こしていることが相対的に多かった（図51）。つまり先島諸島の子どもの事故は、多くがふだんの子ども同士の社会生活の活発さの反映であった。

事故は起こらないにこしたことはない。しかし子どもに対して過剰に保護的になると、それはかえって子どものたくましさや自律性を損なう。本土の都市部ではそういうことが起こっている可能性がある。事故とはなかなか難しい問題なのである。特に子どもの周りに危険がたくさんあり、また少子化の進んだ社会では、子どもの事故に対して腫れ物に触るかのような大人のスタンスには再考が必要である。親子の遠心性にも直結する問題である。

第6節　しつけと遠心性

隔離飼育ザルが子どもを拒否するように、子どもの命を脅かすような親子間の遠心性として、親による身体的虐待（abuse）がある。子どもの身体に向けられた攻撃であり、それにはしばしば、火のついたタバコや熱湯、電気コードなどモノが用いられる。保護をせずに遺棄して子どもを死に追いやるのもある種の遠心性であるが、本書で扱う遠心性はそれとは本質的に異なり子育ての要素を含むものである。

虐待と似たものとして「体罰」がある。行動としてはこれも叩くなど攻撃的行動がともなうが、身体的虐待と異なる点は、抑制のきいた軽微な攻撃であり子どもの身体損傷がないことである。子どもの行動修正やしつけという目的をもつ行動として動物にもみられるが、それが真に子どものためを思っての利他的なことか、それとも親の利己的なことかは表面的には区別が難しいこともある。そのうえ、体罰は子どもの攻撃性を強めたり問題行動などを増やしたりするため、[49]その是非が長らく議論されてきた。昨今は求心性重視や脳への影響の観点からそれに対して否定的な論調が多く、また2020年4月からは子どもに体罰を加えてはならないとする法律（改正児童虐待防止法と改正児童福祉法）が施行されもした。

1 「主張的存在」としての子どもへの接し方

本書の最初でみたとおり動物には、子どもの好ましくない行動を制止したり変更させたり、子どもを母親から遠ざけ相互自立に導くような抑制のきいた攻撃性が存在する。離乳のコンフリクトなどはその好例である。そもそも親と子どもが利害の一致しない位相を含むものとすれば、ヒトの子育てにも苛立ちはつきもののともいえる。[50][51]
子どもの「反抗」に対し親が怒りを抑えて理性的に接することは、親の自己抑制を育み、親の認知と行動を修正させる働きがある[52][53]。日本の親は体罰に対して比較的許容的であるが[54]、それは子どものたくましさによる主張が親との衝突を生み、また子どもの主張を受容する子育てスタイルが日本にあるからであると考えられる。なぜならそういった子育てスタイルは子どもの要求をエスカレートさせ、親子の矛盾が限界に達したときには、関係の再調整に帰着するような抑制のきいた拒否的行為が親に発生することはありえなくないからである。身体的威力で子どもを制圧する体罰はあるべきでないが、かといって、身体的な加罰を全否定することは硬直化した議論になりかねない。

一口に体罰といってもその頻度や行動、身体部位、モノの使用の有無など多様であり、手で直接行う月1回以下程度の軽微な体罰に限れば、それが子どもの問題行動に影響することはないという報告がある[55]。また文化によって体罰の頻度は異なり、中国やタイなど東南アジアの国々では少なく、ケニア、インド、イタリアで多い[56]。このように体罰の問題は、行動の種類、強度、頻度、身体部位、発達段階、それに文脈を考慮して丁寧に議論する必要がある。

動物の親子間には主導性をめぐっての葛藤があり、それを経て親子の相互自立が進むものであった。たしかに子どもの身体を損傷したり人権を蹂躙したりするような暴力はあるべきでないし、常習化はもってのほかである。しかしながら、あえていうが、自分の感情の暴発でなく子どもの自立を促すために、愛情に裏打ちされつつ最終手段として抑制的になされ、子どもも納得してそれを受け入れ望ましい変化をもたらすならば、そういう良性の体罰はありえないことではないように思われる。

体罰でなくとも、子どもの求心性にあえて取り合わないで要求を諦めさせたり、聞き分けのない子どもに対し、相手の意図の読み取りの能力を見越してそれを嘆いてみせるなど、単純な攻撃行動ではなくこみ入ったやり方で相手を操作するような心理的方略もある。そのような場合を含めて、子どもに心身への軽微な負刺激を与えて我慢をさせる、という育児手法にも同様の議論が可能であろう。また、罰ではなくとも、たとえば母親の育休明けにともなう職場復帰時に、子どもを保育所に入園させるために子どもを無理矢理親から引き離すといった状況もある。これも母子に遠心性を強制的に導入することに他ならないが、私たちはこれを否定せず受け入れている。それは、求心的母子関係を絶対視しないことを是とするからである。桶谷式断乳にもそういう意味合いがあるのであろう。

2 「来訪神」による戒め

2019年に「来訪神」がユネスコ無形文化遺産に認定された。「仮面・仮装の異形の姿をした者が、「来訪神」として正月などに家々を訪れ、新たな年を迎えるに当たって怠け者を戒めたり、人々に幸や福をもたらしたりする行事」(文化庁、https://www.bunka.go.jp/koho_hodo_oshirase/hodohappyo/1416874.html)であり、そこには「甑島《こしきじま》のトシドン(鹿児島県薩摩川内市)」「男鹿《おが》のナマハゲ(秋田県男鹿市)」「能登のアマメハギ(石川県輪島市・能登町)」「宮古島のパーントゥ(沖縄県宮古島市)」「遊佐《ゆざ》の小正月行事(山形県遊佐町)」「米川《よねかわ》の水かぶり(宮城県登米市)」「見島《みしま》のカセドリ(佐賀県佐賀市)」「吉浜のスネカ(岩手県大船渡市)」「薩摩硫黄島のメンドン(鹿児島県三島村)」「悪石島《あくせきじま》のボゼ(鹿児島県十島村)」が含まれる。

ここで戒めの対象となるのは子どもである。ナマハゲを例に挙げれば、成人男性がおどろおどろしい装束と仮面をかぶり包丁を持って家庭に上りこみ、「親のいうことを聞かない悪い子はいないか！」とすごむのである。しかもナマハゲはあらかじめ親から、子どもの日頃の悪行をこっそりと聞いておき、訪問時にそれを指摘して懲らしめるので、子どもにとってはとても恐ろしい体験となる。泣いて怯える子どもの様子を、親はよこでニコニコしながら見ている。ヨーロッパのクランプスやトロール、オグルなど海外にも似たようなキャラクターが存在する。そういう行事があちこちにあることは、子育てをする親のなかにそういう力を期待する思いが普遍的に存在することの証であろう。その力によって子どものわがままな要求を封じ、放逸を制御したいという思いの表れなのである。これは昔から、優しい求心性だけが親の姿ではなかったことを物語っている。

幼い子どもは身体機能や運動能力、知的能力などどれも十分ではなく、親の保護を受けなくてはならない。子どもは身体資源の多くを大人、通常は親の支援に依存する。哺乳類の場合は妊娠・出産・哺乳という一連の関わりを母親が担うため、母子の間身体的関係が子どもの生の基底を支えているということは一般論として否定しがたい。母子関係はその出発点からして身体的なのである。

子どもの保護と養育に生物学的基盤をもつ母親が近づくことで子どもが保護され、その生命と成長が保障される。これが母子の求心性である。子どもの保護は望ましいことであるため、ついその観点に焦点化して母子関係を見つめようとする誘惑に駆られる。しかし来訪神の風習は、その視点が一面的であり落とし穴をともなうことを示唆している。

現代における「子どもの愛情欲求」の満たし方

子どもは生きるために親に保護を求める。それは子どもの弱みであるとともに能動性であり強みでもある。母親へのその訴求力はただならないものがある。子どもは、そうしなければ生存できないからである。人類は、産業化が進んだここ数十年に比べれば過去は一貫して今よりもはるかに多産で、子どもの死亡率も高かった。親自身も自分が生きることに必死であった。身の回りに捕食獣などの危険も多かったはずである。一人ひとりの子どもに十分に手と目をかけてやることは今よりも困難だったであろう。親はある程度子どもの命が失われることを前提として子どもを育てていた。子どもの親に対する接触欲求は、親によって確率的に応じてもらえたり無視されたり拒否されたりするものだったと思われる。そういう状況では、子どもが自分の生存をかけて貪欲に自己主張をすることが適応的であったにちがいない。「生きることを阻む環境、それをはね返す子どもの要求」が、進化がもたらした関係であった。

自然界では、親の愛情を求めても部分的にしか充足されない。子どもはかつては、自らの生存のために多くのきょうだいのなかで競争し、親からの資源を自己主張して勝ち取って来た。親自身も生きるのに必死で、そこには親と子どものせめぎ合いの世界があった。それで結果的に程よい量の愛情となっていたのであろう。これが私たち人類における進化的適応環境というものであったに違いないし、母性や養護性、アタッチメントといった性向も長年の進化的時間のなかでヒトにしっかりと組み込まれてきた性質と考えられる。巷で三歳児神話や母性神話と呼ばれるものの根源は、こういった進化的適応環境に適合した子育てスタイルなのであり、だからこそ強固な志向性をもっており根が深い。数年前に時の首相が育児休暇制度を充実させて「三年間抱っこし放題」の実現を目ざすといったのは、人々のこのような琴線を意識したものであった。

ところが昨今は環境がどんどん人工化し、電化され車も普及するなどして生活も便利になり、母親の時間に余裕が生まれた。しかも子どもの数は減って、子ども一人あたりに注ぎうる資源は増加した。また子どもの成長発達が親の責任でありまたそれを功績とする風潮も強まってきた。今の子どもたちが求める愛情をすべて与えてやるというのは、ちょうど甘い食べ物を好きなだけ無制限に食べさせて生活習慣病を招いてしまうことと似た構図といえる。これは制約的な環境下での子どもの必死な要求に対する確率的な充足・我慢というバランスを崩し、供給過多を招くことになった。大人が子どもの要求をあえて制限したり、向け変えさせたりするようなコントロールをしなければ、過剰な摂取となりかねない。子どもの求心要求に常に応答的であろうとすることは弊害を生む恐れがある。「過ぎたるは及ばざるがごとし」であり、多すぎも少なすぎもだめなのだ。求心性は母子のあるべき姿、望ましい関係であるが、それはあくまでもコインの片面にすぎない。もう片面を遠心性が支えており、その両面のバランスこそが必要なのである。求心性ばかりを主張するのはそのバランスを失った姿である。

そしてそのことは同時に、母親にとっても、かつて子育てと子育て以外の活動間のバランスが成り立っていた生活が、今は子育てに過剰に重みづけられることを意味している。良き母親としてまず子どものことを考え、それ以外のすべてよりも現在の子育てを優先させる強いファシリテータータイプの母親[57]が陥りやすい陥穽かもしれない。

ヒトの場合はまた、今の子育ての後に来るものが次の子育てとは限らない。子育て後に母親は一個の個人に戻って、資源を次の子どもではなく自分のために注ぎたいと思うかもしれない。あえて親子間に遠心性によってへだたりを作らないと、子どもが親の資源を過剰に要求する事態が生じ、それに応えようとすることは親自身を苦しめるおそれがある。親の「燃え尽き」症候群といわれる状態である。過大な要求を繰り出す子どもを前に、その要求を完璧に受け入れて子どもを育て上げようとすると、母親によっては自己犠牲と大きなフラストレーションが生じる可能性がある。[58] 遠心性は、母子それぞれを「独立した個」とするうえで避けて通れない視点である。三歳児神話や母性神話が神話とされるゆえんである。溺愛とか甘やかしとして過剰な愛情を制限しようとする視点は、子どもの要求を受け入れることが望ましいとする子ども尊重の子育て観と干渉し合う。

親の愛情を求める子どもの能動性や主張性は、子どもの生きるエネルギーである。子どもの能動性を尊重しつつ、同時にそれが過大化しないように制御もせねばならない。そのバランスと、子どもの主体性と大人の主体性のすり合わせが求められる。こういう文脈のなかでこそ適切な遠心性が必要となるのである。本書で検討した親以外のヒト・モノによるアロマザリングの活躍する場がそこにある。子育ては愛情を基盤にした楽しくやりがいのある行為ではあるが、その報酬的な求心力に一方的に引きずられることなく、親と子どもと周囲の間において遠心性も織り交ぜた不断の調整が必要なのである。日本の子育ては特に子ども本位に傾きがちであるため、こういうことに慎重な配慮が必要である。

3 「対立」のポジティブな効用

アルトマンのヒヒの研究（第2章）で提示された時間予算とは、まさに母親にとっての持ち時間の有限性を示す考え方であった。母親にとって子育てだけがやるべきことではなく、群れ生活を維持するために他にもやるべきことがあり、それをすべて有限時間内にやり遂げるように、なんとか時間のやりくりをつけようとする。子育てはあくまでもその雌のやるべき行動の一部にすぎない。ましてやヒトには、女性として個人として、他にもやるべきことが山のように存在する。

これは親子の関係に時間の要因を加えてその関係を理解する枠組みといえる。子どもを大事に考えて愛情深く接するべきだというのは正論であり、誰もその正しさと重要性を否定できない。無尽蔵に時間があればそこに何の矛盾もないが、しかし現実には母親にとってやるべきこと、やりたいことは子育てばかりでなく、時間の有限性が母親にとって（おそらく子どもにとっても）難題となり、子育てが重荷となる。

哺乳の発達過程は、子どもの発達にともなって親の資源がより大きく要求され、親自身の提供可能資源が小さくなることであった。そのことは栄養資源ばかりではなく、時間資源もしかりである。時間の有限性が親の生活を圧迫する。親は子どもの要求を見極め、自分の必要時間とすり合わせつつ、資源の提供と温存（他への活用）を時々刻々判断する。子どもに全身全霊で献身するのではなく、ときに子どもにも我慢を求め、場合によっては子どもを拒むことさえあるだろう。子どもの成長にともなってその機会が増え、それによって親子のへだたりが増大すること、それが子別れなのである。

ゼノンのパラドックスとして知られている「アキレスとカメ」という寓話では、カメにアキレスは競走で永遠に勝てない。鈍足のカメに俊足のアキレスが勝てないわけはないはずなのに、この話が一見もっともらしく聞こえるのは、アキレスがカメに追いつき追い越すという有限の時間の出来事をあたかも無限に続くことのように見せかけ、追いついてからの時間というものを隠しているからである。いいかえると、アキレスはあくまでもカメに従属するものとしてしか把握されていない。両者が対等に扱われていないのである。ゼノンのパラドックスのたとえは唐突かもしれないが、女性を子育ての側面、しかも子どもの求めに応じるという側面でしかみないのは、これと同じ構造である。遠心性を認めるということはカメを追い越すアキレスを認めることである。

「イヤイヤ期」の重要な意味

歩行開始期における子どもの反抗や自己主張は、その行動に直面した母親を手こずらせるものである。子どもがみせる親への対立的行動は、これまで「反抗」と呼ばれてきた。そしてこの行動がみられる時期は「イヤイヤ期」といわれたりする。どちらの言葉にも、よかれと思って子どもに関わろうとする親と、それに刃向かって手を焼かせる子どもという関係の構造が垣間見える。求心性からみると、子どもの反抗や対立は悲しく苛立たしいことである。それはそれまでかわいく従順だった子どもの様変わりであり、親の目にはあれだけ愛情を注ぎ蜜月の関係を共有してきた子どもの裏切りと映るかもしれない。その苛立ちや失望は、子どもを責める行為につながる可能性すらある。

母親の視点はゆらぎ、調整を余儀なくされる。その葛藤を通じて、苛立ちなどの自己焦点型対応とともに、自己の視点と子どもの視点を分化させて、子どものソーシャライザー役割をとろうとし、子どもの理解者として子焦点型対応も発現するようになる。換言すれば子どもを自分とは別人格の他者として認めるようになる。そして親の視点と子どもの視点が時間軸上で変化し統合される過程を坂上は「共変化」「共発達」と呼んだ。[59]

忘れてはならないのは、変化するのが親だけではないということである。そういう親の変化をみながら子どもも同時に変化する。共変化とはそういうものである。互いに相手の今の状態をモニターし、こちらの関わりかけが相手のどういう反応を引き起こし、またそれが生じた際にはそれに対してどのように応答するか、互いに相手の動きを予見しようとする。そこには「仮説」が発生し、それをめぐって相手とのかけひきが起こり、その結果から仮説が強化されたり修正されたりする。1歳台の子どもが保育所ではあまり泣かず家庭で母親とともにいるときに激しく泣くという事実[60]は、そのような変化過程がすでに歩行開始期の子どもに生じ、状況を見分けそれぞれの文脈に応じて異なる行動をとる能力が備わっていることを示している。その現場で起こっていることは、母子相互の主体の対等性をベースにした「共調整（co-regulation）」と呼ぶべきものである。

衝突は避けたいと誰しもが思う。負の感情はかわいい子どもに向けてもちたくない。しかしその負の感情が、将来的に子どもを親から自立させる力になるとしたら、対立が単なる対立ではなく子どもにとって建設的なものとなる（親にとっても）。子どものサイドからみると、彼らの親への対立的行動は、発達にともなってもはや過剰となった親の関わりかけを、子どもの側から調整し矛盾を解消しようとする適応的な行動であるという側面がある。その対立を問題視して嘆いたり否定したりするのではなく、それがあるからこそ親も子どもも相手へのこだわり、執着から解き放たれるというポジティブで予見的な受けとめ方ができないものかと思われる。それが適切になされることによって、親子が相互的自立（個の確立）に導かれる。ヒトの発達はその「予見性（prospection）」に大きな特徴があるが、まさにこれは予見性をもって子どもの対立的行動をとらえる観点である。親子の対立は親の指導に従おうとしない子どもの自己主張が引き起こす。たとえば、泣く子は育つという言い習わしがあり、言葉の未発達な子どもによる自分の意思の訴えとして泣きを受容しようとするように、親の意に反する子どもの主体性・能動性、子ども本位性を積極的に評価するという視点は、実は日本の育児風土のなかにしばしばみられてきたものである。

第7節　文化と求心性・遠心性

これまでも食や住など折に触れて指摘してきたように、子育てにまつわる求心性・遠心性の問題には文化による大きな違いがある。たとえば英国は日本に比べて親主導性が強く、寝かしつけなどでも子どもを起きたままベッドに入れるし、夜間は子どもを夫婦から離して寝かせるという選択をとりがちであった。離乳も子どもが自律摂食の兆しをみせると、英国の母親はさっさと供給者の役割を退いた。

1　WEIRD研究

ケラーらは、親の養育スタイルを distal（遠位的、face-to-face の相互作用とモノによる刺激を特徴とする）と proximal（近位的、身体接触と身体刺激を特徴とする）なペアレンティングに大別し、前者は欧米の産業社会の中産階級でよくみられる育児スタイルであり、後者は伝統的社会でよくみられるとした。[61][62] 日本はこれまで、親子の身体接触が欧米に比べて少ないといわれてきた。[63] しかし先にみたように就寝などでは日本の接触傾向が顕著である。フランスに比べ日本の親には身体接触への快感情の低減がみられるが、その傾向は5歳頃から始まるものであった。[64] また、逆に1歳までの母子では、英国に比べて日本に身体接触遊びの頻度が多いが、日本の母親の接触行動は子どもの四肢という末梢部位に向けられがちで、それは接触か非接触かという二分法でなく、身体接触という求心性行動のなかに含まれる遠心成分の文化差という視点が必要であることを示唆している。[65] また成人男性の場合、英国人に比べて日本人は母親など血縁女性からの下肢や尻への接触に対する許容度が高く、逆に英国はパートナーによる体幹や顔への接触への許容度が高い。[66] これらの事実は、身体接触に大きな文化差があり、そこにはまだ解明されていない発達機序があることを示している。「身体接触は欧米＞日本」というような単純な二項対立的構図を超えた丁寧な文化比較が必要である。

WEIRD《ウィアード》という言葉を最近しばしば耳にするようになった。Western, Educated, Industrialized, Rich, Democratic の頭文字をつないだもので、欧米の中産階級中心の研究を指す言葉である。[67] 異文化の人々の生活を知ることにより、自分たちの生活文化が唯一無二ではなくむしろ時にはマイノリティですらありうるということへの気づきが論じられている。先に述べた子どもと母子の共寝などは、当初精神病理学の雑誌に研究が掲載されていたこと[68]や本書の第3章からも示唆されるように、欧米社会からは不適応の行動としてみられていた可能性がある。ブロンフェンブレンナーのマクロシステムは、社会がある価値観によって覆われ、その全体のバランスのなかで子育ても教育も就労も、一つの安定的・整合的なシステムとして組み上げられて行われていることを意味していた。求心性バイアスとして考察したように、研究もそのような社会をとりまく基本的で強固な信念に基づいて構想され成果が報告されてきた。

WEIRDへの反省は、考えようによっては東洋の文化圏に生活する私たちが、欧米文化圏の後追い追随をして自らの文化価値を軽視し、その文化に根ざした視点からのボトムアップの研究を発信することを怠ってきたことをも意味している。私たちはもっと自分たちの足元をしっかりと見つめ、欧米研究の成果を是々非々で判断するべきである。そしてそこから生じる違和感があれば、それを大事に温めるべきだろう。それを手抜きして欧米の研究パラダイムに倣うことは、日本の育児風土のなかでコソダテする親子に不適切な情報にもとづき無理を強いることにつながりかねない。

フロイトは父親と息子の間にエディプスコンプレックスを、またユング（Jung, C. G.）は母親と娘の間にエレクトラコンプレックスをそれぞれ想定し、同性の親子間に存在する対立構造を説明した。これは異性の親子間の求心性と同性の親子間の遠心性の衝突をめぐる議論であり、その結果として子どもの自我が成熟し自立していけるという考え方である。一方、日本では古澤平作が、仏教の観無量寿経という仏典からの引用として、阿闍世《あじゃせ》コンプレックスを提唱した[69]。これは息子と母親の葛藤を描いたもので、自分の息子（阿闍世）が夫である王を殺すと予言された母親が、王の命を守るために息子を殺そうとし、生き延びた息子が後にその事情を知って母親を殺害しようとする。その罪悪感から悪病をわずらい悪臭を放つ息子を母親が許して献身的に看病することで病気が快癒し、息子は後に名君となるというストーリーである。

いずれも親子間の求心性と遠心性の深遠な相克の存在を示唆する寓話となっている。このことは、親子の間にある葛藤とそれを超えた子どもの自立という構図が、洋の東西を問わず共通の発達課題であることを示している。しかしそうでありながら、許しによる和解という阿闍世コンプレックスの結末は、欧米のエディプスコンプレックスやエレクトラコンプレックスにおける対立を経た個の自立という結末と好対照である。欧米は遠心性をゴールとするのに対して、日本はいったん遠心性に振れるが最終的に求心性への回帰を示している。それは引きこもりや里帰り出産などにみられる、日本の成人した子どもとその親の近さの背後にある心理機制と関係するかもしれない。

文化差を考えるときには、母子の求心性・遠心性だけではなく、それをとりまく夫婦・家族関係も、さらに地域のネットワークという周囲のアロマザリングも、さらにいえばその土地の気候風土[70]などもともにみなければならない。それは母親から分離した子どもの受け皿となるだけではなく積極的に子どもを母親から引き離し、また子どもも自らそれらに引きつけられて母親のもとを離れるように作用する可能性もある。守姉を通してみた多良間島の地域のコソダテはその例である。そこには、Pull型の遠心性の促進要因として日本の間人主義[71]的な価値観があると思われる。日本の子育ては、親の「個としての人間力」よりもむしろ「地域の育児力」によって支えられていた。たとえば、出産時の産神に始まり、子どもが産まれたら宮参り、乳つけ（他人の母乳を飲ませる）、三日祝、名づけ親などの仮親、子守、初外出、食い初めや初誕生祝など、節目節目で他者と子どもを出会わせる機会を設けて関係形成を行う。生まれてすぐにわざと捨て子のまねをして「拾い親」になってもらい、子どもがその人を一生仮親としてつき合うという興味深い風習もあるし、さらに中国・四国地方には、子どもを追い立ててつきはなすことが子育てであるとする「児やらい」という言葉もある。[72][73] これらはすべて、近隣や地域、さらには氏神などによって何重にも見守られ支えられ、そのようなセイフティ・ネットワークに包まれ安心して行われるコソダテの存在を意味する。それも社会が用意したある種のアロマザリングといえるかもしれない。けっして親だけで子育てするのではないという、今の都会では大きく失われた考え方である。

2　文化と近傍性

第3章でも紹介したとおり、筆者は、日本と英国の家庭およびその周辺で、0・1か月齢、6・7か月齢、12・13か月齢の男女児を対象にして長時間追跡観察した。[74] 原則として午前の母親にとって都合のよい時間に家庭訪問し、いったんビデオ撮影を開始したら、子どもの就寝時や食事時・授乳時も中断なく原則4時間撮影を続けた。母子が外出するときも、行き先が公園であれ市場であれ、断られない限りどこであってもビデオカメラをもって追跡撮影した。ただし子どもの出生順位は統制していない。

観察はさまざまな要因に左右され、子どもも空腹・眠気やおむつ汚れなどで不機嫌になったり、食事をしたり昼寝をしたり、あるいは庭や家庭外に遊び・散歩や買い物に出たり、家族以外の人が訪問したりされたりするという、条件統制はきかないが母子のリアルな姿が豊かにみえる研究であった。それを周囲の諸条件とともに記録することは、文化比較として有意義であった。日英両国において筆者がその現場に身を曝して同様の条件で観察したことが母子に何らかの影響を与えていた可能性は否定しないが、そのように同一人物が同一の条件で観察し、また同じ目で行動を分析することからしかわからないことも多々あった。なによりも、子育ての文化差を遠心性の観点から考えるうえで示唆に富んでいた。

母子の距離を「身体接触」「近接（50cm未満のへだたり）」「遠隔（それ以上のへだたり）」の3段階に分けてその生起頻度をみたところ、両国とも明らかに日中の主要な距離は遠隔、すなわち手を伸ばしても届かないへだたりであった（図52）。その距離で多くなされていた子どもの行動は、睡眠と遊びである。それらの行動はどちらも子どもが母親から離れ、ベッド・布団や玩具などの「モノ」により実現されて

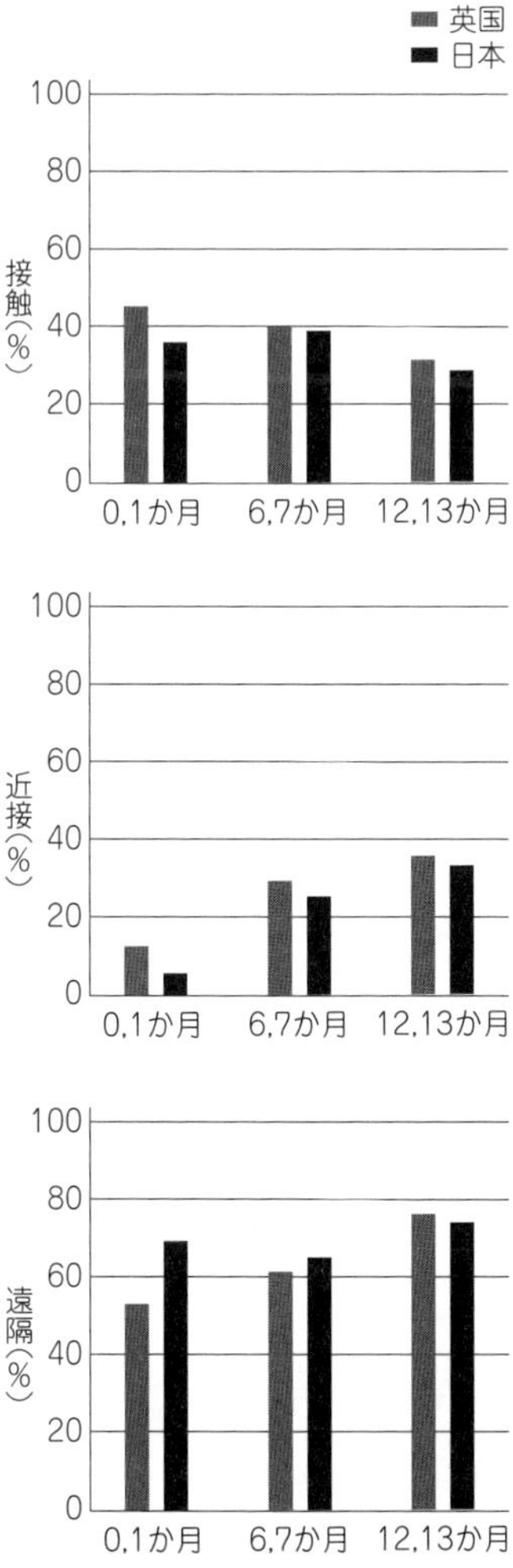

図52　日英家庭における母子のへだたり（根ヶ山, 1997）[74]

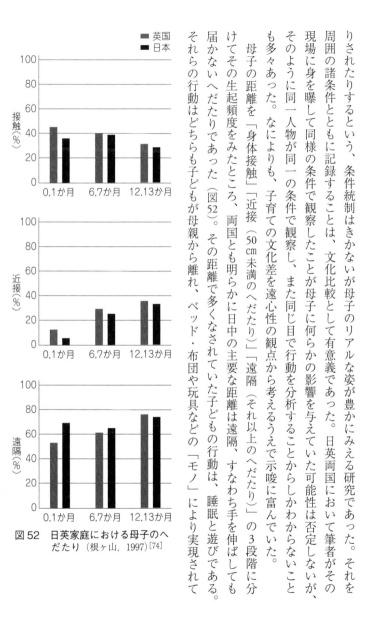

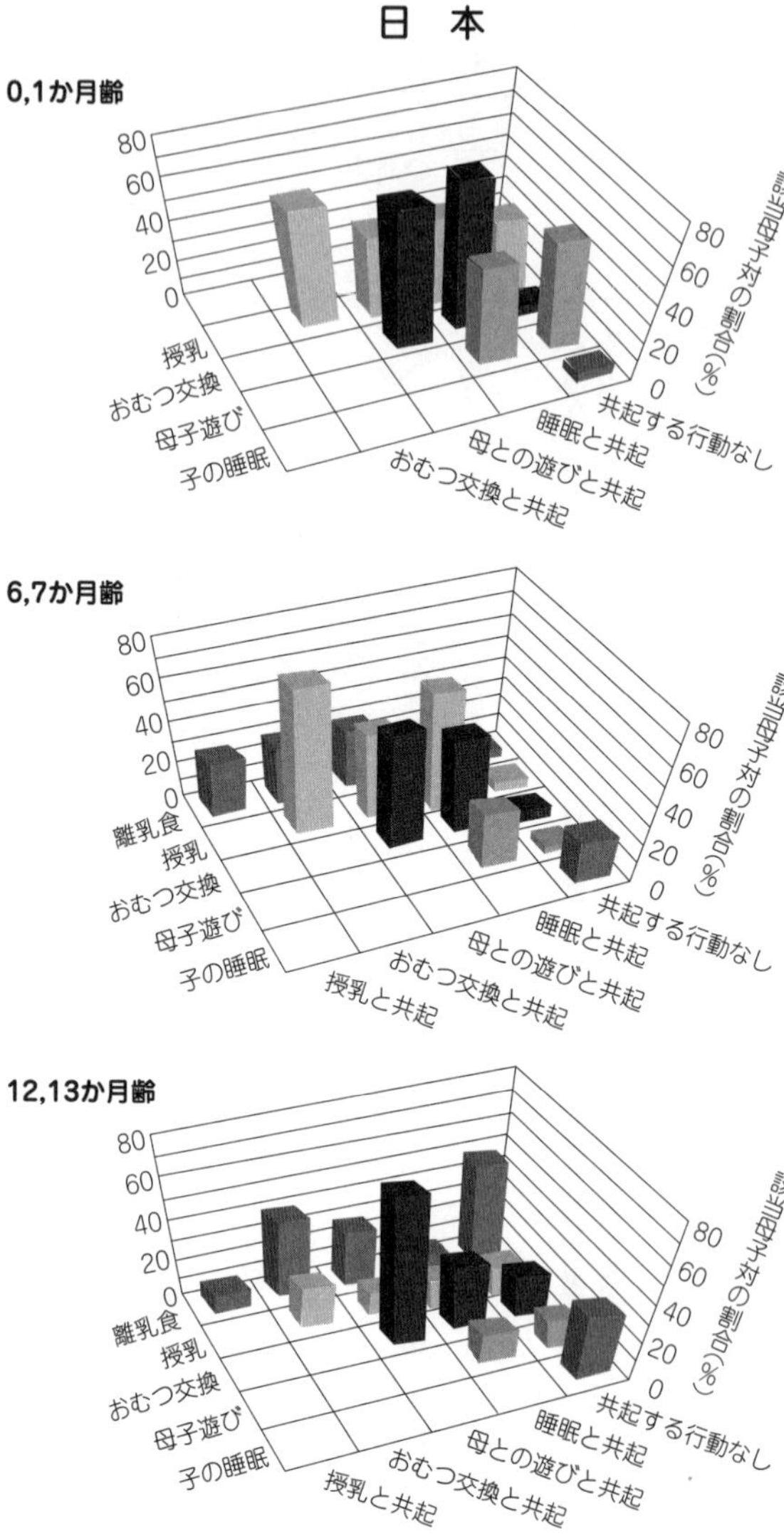

行動の共起性（根ヶ山，1997）[74]

英　国

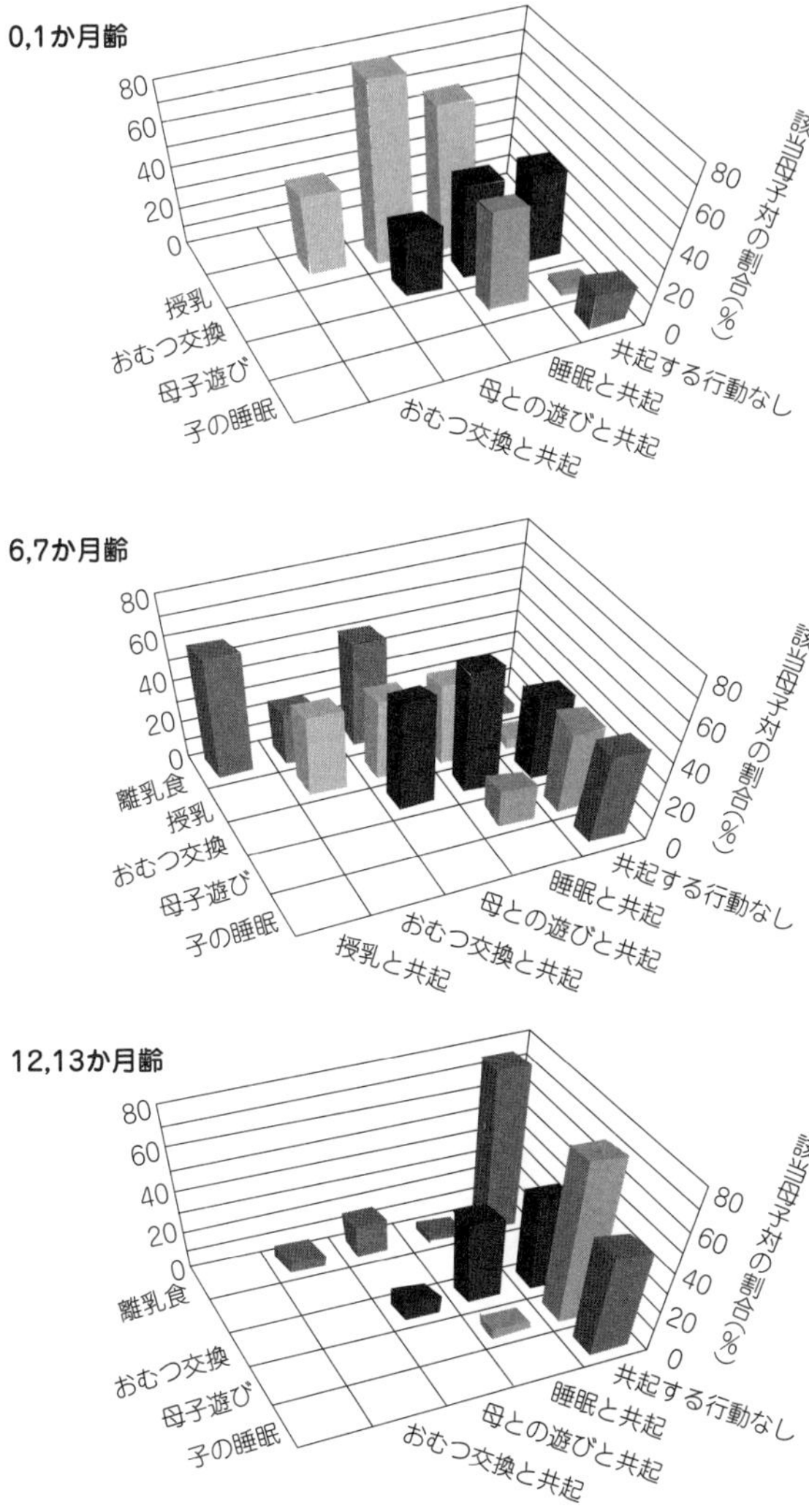

図 53　日英家庭における

いた。

さらにもう一つ特筆すべきことは、6・7か月以降「近接」の距離が多くなっていたことである。母子は、0・1か月時点では接触しているか遠く隔たっているかに二極化していて、分離をもたらしていたのは子どもの睡眠であったのに対し、6・7か月以降は睡眠以外に覚醒して玩具などで遊ぶことによっても分離がもたらされ、その遊びは母親の膝元で、母親とつかず離れずでなされることも多かった。

その距離を筆者は近傍性（そばにいること）と呼んだ。くり返しいうように、ヒトの母子は求心性と遠心性という矛盾した傾向のせめぎ合いから、離れつつ守るということを実現しようとしている。近傍性とは、手を伸ばせば届くという意味での求心性と、分離していて身体の負荷からは自由であるという遠心性とが両方満足されている絶妙の距離である。その近傍性は、身体周辺にあって視覚と触覚が混濁するペリパーソナルスペースという空間と関わっている。非接触なのに接触感が発生する距離であり、その空間が母子の「離れつつ守る」という矛盾した課題の解決に一役買っているのである。

日本と英国のもう一つ大きな違いは、日本が異なる行動を同じ部屋で実行するのに対し、英国は異なる行動を異なる部屋で行うこと（たとえばおむつ換えをバスルームで、寝かしつけをベッドルームでなど）である。これは大人の家庭空間使用のルールに子どもを早くから引き入れる、親本位の子育てスタイルといえる。英国ではそういう育児が生後6か月頃にはすでに確立しているのに対し、日本では生後1年間一貫して、おむつ替えでも寝かしつけでも授乳でも、その必要が生じたときに親が子どもの周りで動き回るという子ども本位の子育てスタイルが特徴であった（図53）。家庭におけるこのような親主体の養育と子ども主体の養育との差異は、先に検討した「寝かしつけ」と「共寝」でも指摘したことである。

第7章　子育てからコソダテへ
――総合考察

母親以外の地域や親族によるアロマザリングが豊かにあった時代から、ここ半世紀で子育ての負担が母親に集中してきたように思われる。母子の求心性バイアスもそのような時代の流れと軌を一にしている。本書のテーマである母子の遠心性は、そういう時代背景のなかでとらえる必要がある。しかもそれと同時に、PsychInfo®によれば、ここ30年余りで「育児ストレス」「仕事と家事育児のコンフリクト」などと子育てへのネガティブなキーワードを含む心理学の論文の件数が急増している[1]。こういう時代にあって、母子の遠心性に光を当てることは、ヒトのコソダテの視野を母子から家族へ、「ヒト・モノ・シクミ」の多重・複合システムへと大きく広げ、その発達のダイナミックな性質を明らかにしてくれることであった。以下では本書の総合考察として、求心性と遠心性との相互関係についてあらためてとりあげ、ヒトのコソダテの全体像を包括的にとらえることを試みる。

第1節　遠心性の要約

以上みてきたように、ヒトの子どもが育ちゆく過程において、母子の遠心性は欠くことのできない重要なものである。ここで遠心性に関する主なポイントを6点にまとめてみよう。

①**遠心性は求心性とともに母子にとって大切な属性である**：「離れつつ守る」のがヒトの母子の重要な特徴である。その矛盾的課題を解決するためにたえず求心性と遠心性のバランス・妥協が図られ、そのせめぎ合いこそが母子関係の本質である。

②**子どもの保護・養育は母親にとって負担でもあり、それが遠心性を生んでいる**：母親にとって子育ては、自分の遺伝子を伝える重要な行動であるが、同時にそれは負担でもある。母親はそのメリットを最大化しつつデメリットを最小化しようとする。

③**Push 型遠心性によって母子の自立が進む**（**子別れ**）：母子の矛盾が増大した結果としての母親による子どもへの Push は、子どもの自立発達レベルの試金石となり、自立を促すとともに、母子の相互的自立を促進する。

④**Pull 型遠心性により母子が分離して豊かなネットワークを広げる**（**アロマザリング**）：父親・祖母・きょうだいなどの家族や専門家、モノ、あるいはそれらのシステムによるシクミはヒトの協力的育児を支え、子どもを豊かな社会文化的世界に導く。

⑤求心性と遠心性のかけひきが子どものコミュニケーションを鍛える：衝突を妥協させたり、意図の読み取り合いをしたりすることで、子どもの自尊・他尊が高まり、対人関係の交渉能力が発達する。

⑥求心性と遠心性は共存する：遊びの愉悦を生む遠心性は母子の求心性をもたらし、抱きの発達のなかに遠心性の要素が入れ子になるなど、求心性と遠心性は二律背反ではない。

第2節　求心性と遠心性のダイナミックな関係

本書では遠心性について、とくに子別れとアロマザリングという観点から検討を重ねてきた。子別れは離乳など発達にともなって母子に顕在化する内部矛盾がもとで生じる衝突であり、両者の関係を再組織化して一段高いレベルに引き上げる。他方アロマザリングは、母子をとりまく豊かなヒト・モノ・シクミのシステムが子どもを引き寄せて、結果として母親から引き離す。その遠心性は求心性と独立に作用するのではなく、相互影響関係にあるものである。

図54は、母子の子育てを求心性－遠心性の軸と相手への志向性の強－弱の軸によって構成される4象限によって表したものである。保護というのは親によるケアと子どもによるアタッチメントであり、比較的強い志向性をもった求心性の領域でなされる。逆に弱い志向性の求心性は近傍性という形をとる。他方母子の遠心性は、その母子間における志向性の強・弱によって、子別れとアロマザリングという二つの下位カテゴリーに分かれる。そしてそのそれぞれの外側に溺愛、虐待、ネグレクト、干渉という母

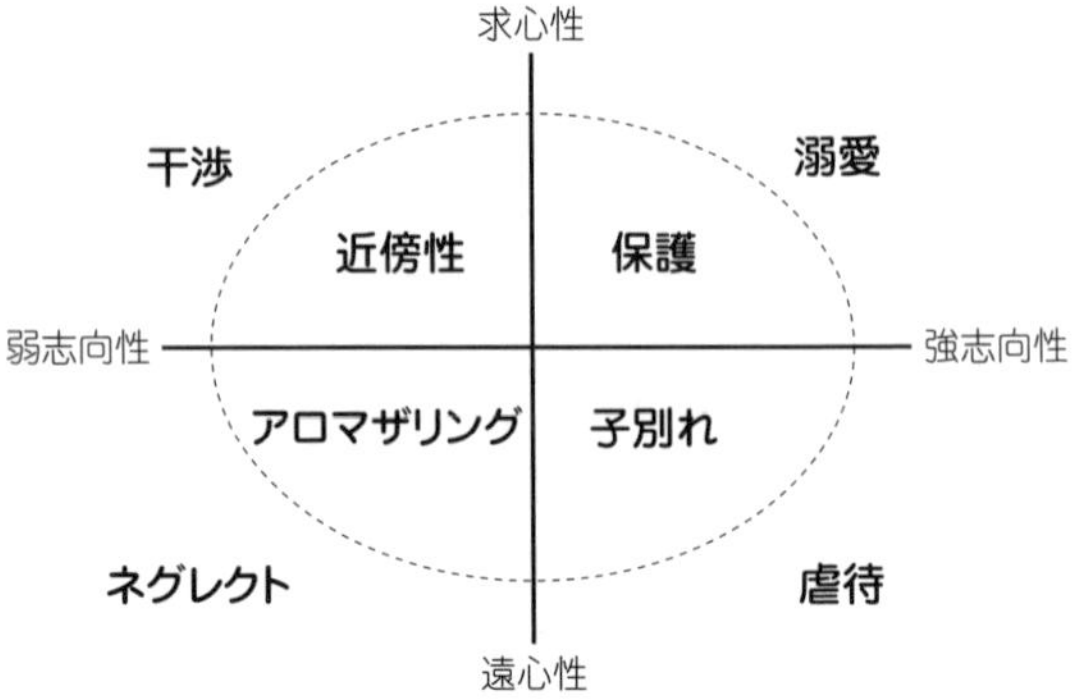

図 54　子育てにおける母子の求心性・遠心性

子の不適切な状態が存在している。破線の円は適応的な母子のやりとりの境界である。同じような図式は、父親にも成り立つ。

これまで、遠心性には子別れとアロマザリングという二つの顔があると指摘してきた。子別れは発達のなかである時期に母子間の矛盾が顕在化することによってもたらされる対立とそれによる関係の再構造化であり、発達段階を画する節目の巨視的な出来事である。それに対してアロマザリングは生活文脈のなかで場面的・微視的にくり返し発現するものである。つまり遠心性は、発達的・巨視的・一方向的な子別れと、場面的・微視的・循環的なアロマザリングとからなっている。

とはいえ、その二つはまったく別々に存在するものではない。日々の分離と再結合のくり返しが母子の分離をじわじわと進行させ、ある発達時期に臨界点を超え、飛躍的に分離が促進するということもある。あるいは逆に、ある時期に飛躍的に分離が進み、そのギャップの痛手を和らげる意味でアロマザリングが導入されるということもあるだろう。ヒトの場合、子どもの入学・入園や親の職場復帰などの外的な要因で一気に分離が達成されるとき、子どもを母親から無理に引き離そうとすれば、それに対して子どもは泣いて抵抗する。その対立の過酷さを和らげるためにヒトやモノによるアロマザリングが援用されることとなる。

保育所への新規入園のときは、抵抗する子どもを母親から無理矢理引き離すというような子別れ系の遠心性が発現するが、それは同時にそのことによって子どもが保育所という新たな世界を知り、喜々としてアロマザリングを受け入れ自立していくという展開につながる。母親から離れることが裏返せばアロマザーである保育士や仲間の子どもたちとの接近となり、母親からの分離と他者との出会いが同時並行的に起こっている。つまり子別れとアロマザリングという Push 型と Pull 型の遠心性はコインの両面のごとく表裏一体で、親・家庭から社会への移行という子どもの自立発達に際して、異なる角度からスポットライトを当ててできる二つの投影像であるという方が正しい。

また求心性と遠心性の混淆は母子ユニット内でも生じうる。母親が子どもを追いかけ子どもが逃げるという「追いかけ遊び」は丁々発止のかけひきを楽しむ遊びであるが、子どもは逃げつつ途中で止まって親の接近を待ち、親も追いかけとらえてはみるものの、深追いはせず子どもを逃がす。その近接と回避は両者の微妙な境界をまたいで、相手を外に出したり内に入れたりしつつくり返される。あるいは、くすぐり遊びやイナイイナイバアなどの遊びでも、分離や攻撃などの遠心的要素が楽しさや親近感といった求心性を賦活化している。このように、図54の破線の円内で、日常の適応的な母子のやり取りによって、遠心性から求心性へ、強志向性から弱志向性へ、もしくはその逆へと目まぐるしく移行し、時々刻々の展開をみせる。このダイナミックな姿こそがコソダテなのである。

第3節　最適近接ゾーン──母子間における「ヤマアラシのジレンマ」

離れつつ保護をするというヒトの子育てのジレンマ解消法の一つは、近傍性つまり「あたかも触れているかのような」へだたりであった。これは子どもには母親に接触しているような安心感を与え、母親には非接触による負荷の低減と高い自由度とを保障する。日英の家庭における追跡観察研究での0・5m以内というへだたり（近傍性）はまさに、母親が身体移動をともなわせず腕の伸展だけで子どもに到達できる距離という意味で、離れる・つくということが両立・混在する距離であり、いいかえると母子のかけひきが活性化される距離である。近傍性は、相手の心的状態を推測しつつ母子間で相互に調整することが求められる距離であり、それが生後半年で増加したということは、その相互調整が可能になるために生後半年という時間が必要であることを示していた。また、床に横たわった赤ん坊に母親が近づき抱き上げる場面で、抱き上げの直前になって母親が手を広げてその態勢に入ることがある[2]。それは子どもにとってのそちらからこちらへと侵入する際の挨拶のような行動であると思われた。母子のまわりにはそのような異質な空間が存在するのである。

筆者は「つかず離れず」のように、母子の接近分離によるプラスとマイナスの差分によって測られる、親子それぞれの相手からの最適なへだたりの帯を「最適近接ゾーン（zone of optimal closeness, ZOC）」と呼んでいる（図55[3]）。プラスは子どもの保護であるが、何がマイナスであるかは親と子どもで異なる。もちろん時には接触が最適距離となる場合もあるが、求心性のベクトルと遠心性のベクトルという矛盾する指向性をほぼ常にもつ母子にとっては接触がつねに理想というわけではなく、むしろその2つのベクトルを妥協させた中間距離が好ましい距離であり、それはダイナミックに揺らいでいる。

子どもにおける最適距離のうねりと母親における最適距離のうねりは必ずしも一致するとは限らず、親にとっては近すぎるが子どもにとっては離れすぎているというような不協和が生まれうる。その場合、親は相手から退こうとし、子どもは接近しようとしてコンフリクトが生じる。そして不協和を解消しようとして相互に相手の動きに呼応した移動や相手への移動の要求・操作が生じ、ダイナミックな調整がみられる（図56）[4]。就寝など特定の距離が長時間安定的に保たれるのは比較的限られた状況であり、親子とはむしろたえずそのような相互調整を行い続けている存在である。

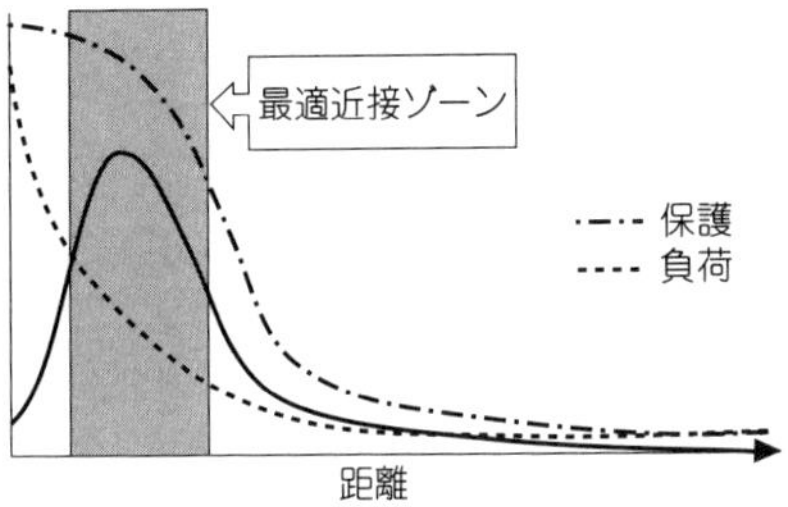

図 55　母子の最適近接ゾーン

プラス要因を子どもの保護（一点鎖線），マイナス要因をその負荷（破線）としており，実線は保護と負荷の差分である。（根ヶ山，2013）[3]

アロマザリングとは、母親が離れて保護が低下した子どもに他個体もしくはモノが接近してその保護をカバーすることであり、図55の右半分の位置にアロマザーによる保護のコブができるようなものである。それは母親と子どもとアロマザーとしてのヒト・モノという三者構造を便宜的に直線上に配置するとしたイメージだが、現実には人間のコソダテは子どもの回りにそういったモノやヒトが複数存在し、それらとの最適近接ゾーンが四次元的に展開される営みで

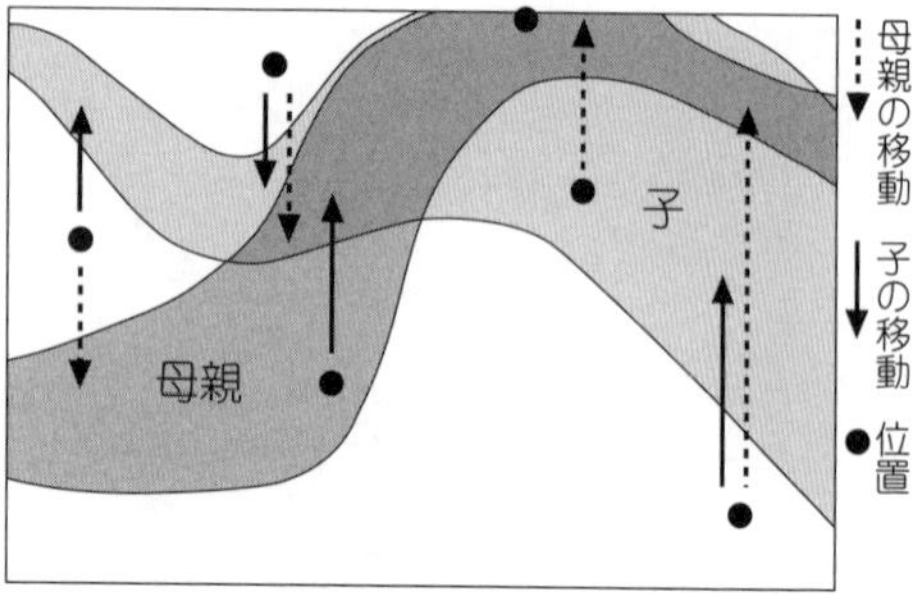

図 56　母子の最適近接ゾーンのうねりと位置変化
(根ヶ山, 2014)[4]

あると考えるべきである。またアロマザーは単に保護の役割だけを担うわけではなく、それ以外にもさまざまな機能を果たすものであろうし、子どもの心理行動特性に適合するものでないと保護どころか事故の危険性さえともなうものである。

「ヤマアラシのジレンマ」という表現がある。[5] ヤマアラシは体に長い針をもつ哺乳類だが、敵に襲われたりすると体を丸め、そのトゲで自分を防衛する。そのヤマアラシが2個体いて他者に対して近づきたければ接近が生じる。近づきすぎると今度は互いのトゲが相手に刺さって痛いため遠ざかるが、しかし離れるとさびしくてまた近づこうとする、という葛藤のことを指すたとえである。つまり接近と回避のコンフリクトのなかで、正負感情の混合のダイナミックな揺らぎが生じるというのである。これはなかなか秀逸なたとえで、まさに最適近接ゾーンをめぐる母子間のダイナミズムである。

冒頭で述べたとおり、分離しつつ保護するというのがヒトの子育ての本質的特徴であった。分離と保護は本来矛盾するものである。分離を針に、保護を接近に置き換えれば、まさにこれはヤマアラシのジレンマの構造である。それは親子が、遺伝子の共有という点からみて「半自・半他」の関係であることとも不可分に関わっている。半自という側面では子どもは自分の適応にとってかけがえのない同志であり、半他という側面では子どもは自分の生を脅かす宿敵であるということ、これは親子関係の絶対矛盾である。親子とはそういう矛盾を抱えた、永遠に合一できない関係なのである。

第4節　親子関係の楕円モデル

これまでおもに母子に焦点を合わせて議論してきたが、それはそこに生物学的な根拠を認めてのものであった。また日本では母子の求心性に重きを置く傾向があって、あえてそうしてきた。そうすることで日本のコソダテの問題性が浮き彫りにされると考えたからである。アロマザリングへのこだわりはそういう問題意識に基づいていた。しかし考察のなかで、父親というアロマザーの他に替えがたい独自性と、それによる共親行動の重要性も注目されねばならないことが指摘された。したがって、ここからの議論は母親だけに議論を絞るのではなく、父親も対等に議論の俎上に載せることとする。これ以降、親といえば母親と父親の双方を指し、あえてどちらか一人の親をいいたいときには母親（もしくは父親）とする。

時間とともに親子は近づいたり遠ざかったりしてゆらぎ、またそれを子どもが行ったり親が行ったりする。反復的に揺らぎながら、自分の行動の効果を確かめ、相手の行動の先を読み、相手に応じたり相手を拒否したりして相手を操作する。このキャッチボールがヤマアラシのジレンマの実体である。

子育てが親と子どもという異なる主体の共同作業であるという観点は、それが繁殖という枠組みのなかで、親と子どもそれぞれの繁殖戦略のぶつかり合い、かけひきの場であるとする立場でもある。親は

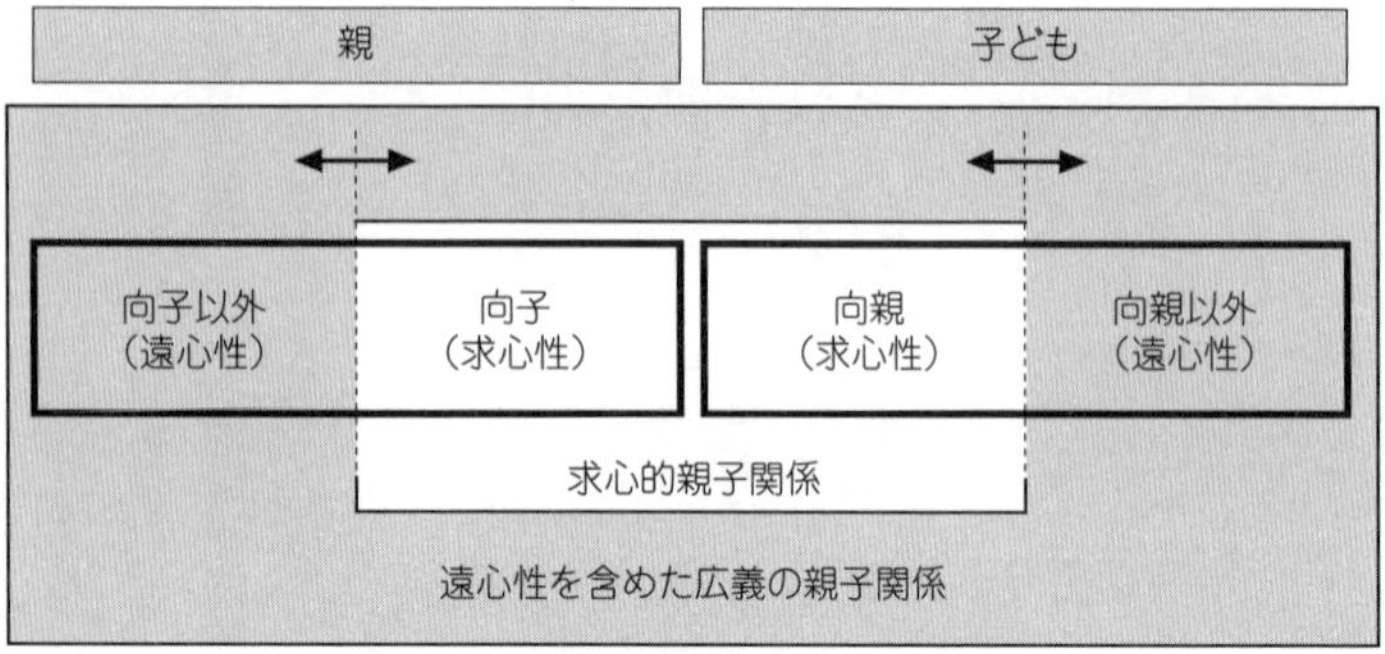

図57　親子関係の志向性の構図

子どもに寄り添い、子どもの幸せを第一に考え世話をする。しかし同時に、親は当該の子育てだけのために生きている人ではない。他にもやりたいことを抱えながら、時間をやりくりして子どもに接しているのである。そのような親に対して、子育てだけの世界で自己完結するように親を論じるのは非現実的だし酷でもあろう。また子どもも、親に愛情を注がれることだけを求めてはいない。周囲のさまざまな興味あるものに対して好奇心を抱き、開かれた世界のなかで行動を広げようとしているのである。子どもはときとして親に保護を求めるし、それが親の重要な機能のひとつではあるとしても、親と子どもがひたすら見つめ合うような世界を描く親子関係像は息苦しい。親子ともども、相互に求心的なベクトルだけではなく遠心的ベクトルももっている。そしてやがて子どもは親から離れ自立する。

親子関係における双方の志向性を表した図57でいえば、向子・向親の求心性だけで親子関係を語るのではなく、向子（求心性）と向子以外（遠心性）の2種類の矛盾する行動を自分の内部に抱えた葛藤的存在としての親と、向親と向親以外との間で葛藤する子どもの関係としてみる視点である。しかもその配分は、時には求心性∨遠心性となったり遠心性＞求心性となったり、時々刻々と変化する。親子ともども、自分と相手のその時々刻々の変化をみながら、自分の有限な生活時間の一部分を使って親子関係を切り結んでいる。いわば個体内に抱える葛藤に対して自分自身で折り合いをつけつつ、自分と相手の求心性と遠心性の比率の調整を行っているのが親と子どもである。求心性に遠心性を加味して親子を考えるというのはそういうことである。

子どもはときに親以外の対象を求めるし、親からの関わりを拒否しようともする。このように親と子どもの関係をとらえることは、子どものもつたくましい主体性を認めることである。子どもは幼弱で親に依存し、親が守ってやらねばならないとする親子観で子どもに接すると、子どもからの反発に出会う。親にもそれぞれの世界があり、子育ての場でそれを子どもとすり合わせつじつまを合わせている。親子はときに衝突もし、また仲直りもしながら関係を紡いでいく存在なのだ。そのことを忘れると、それは親と子どもを圧迫する要素となりうる。

ここで再度アタッチメントに立ち戻れば、この問題は安心感の輪でみたところの母親の手から離れて再びその手に戻るという子どもの姿を思い起こさせる。これを説明するためには外界への好奇心という遠心成分を加えること、いいかえると母親に近づく求心性と母親以外に近づいて母親からは遠ざかる遠心性の両方が必要であった。アタッチメントの求心性だけでは「片肺飛行」なのである。離れるからこそ接近の喜びが増すし、接近が続けばそれに倦んで離れたくもなる。ほぼいついかなるときでも子どもには求心性のベクトルと遠心性のベクトルとが同時存在していて、時々刻々とその強さがダイナミックに変化する。それは、求心性と遠心性という二つの中心をもつ楕円上の点が、その2点からの距離を

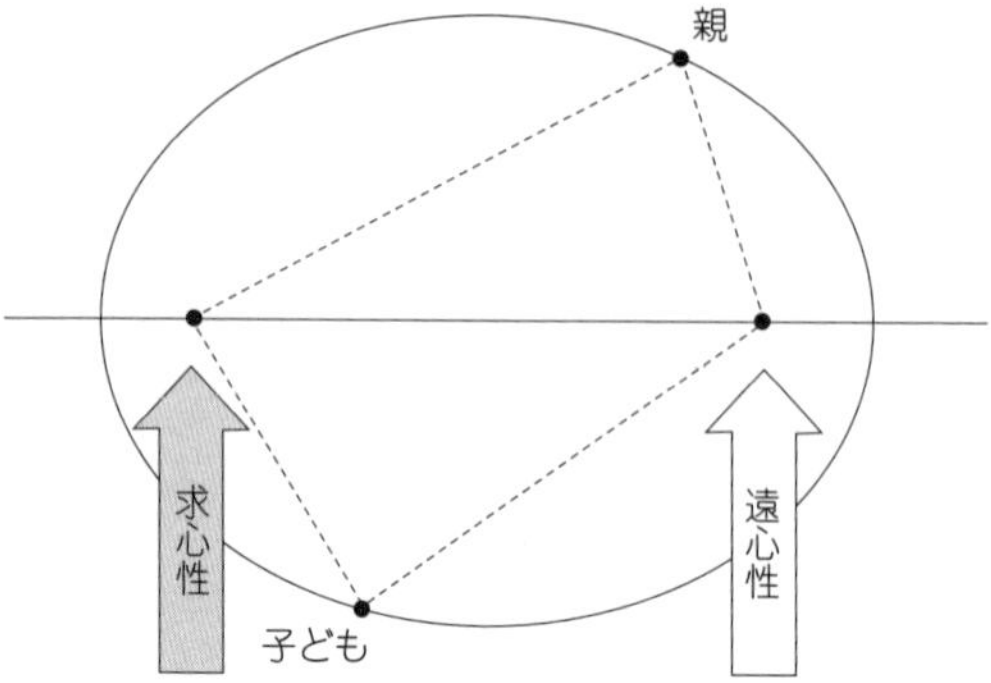

図58　親子関係の楕円モデル

時々刻々と変えて動いているようなイメージである。

　当然ながら親も同様に輪を描いて離れたり戻ったりする存在である。安心感の輪を生み出すのは、親子のまわりにある魅力的な世界であるということを想定しないと、この場面の理解がリアリティを欠いたものになる。親子は互いに相手の動きを見ながら、2人でその楕円の円周を回っているのである。これを筆者は親子関係の楕円モデルと呼ぶ（図58）。いいかえると親子は、常時求心性と遠心性という矛盾するベクトルの狭間に存在し、その混合比を互いに時々刻々すり合わせている関係なのである。親も子どももともにこの双極性をかかえ、たえずそのバランスをとりながらダイナミックに相互調整し合うものだ、とする親子関係像は本書の重要な結論である。

　子どもに適切なレベルの愛情を注ぐことは、前方視的に将来の親子関係にいい効果をもつだろう。子どもの将来における個としての自立を予見しながら、現在の子育てを行うという視点である。人間の発達を考えるにはこの視点が不可欠である。遠心性は、それを求心性の否定としてみれば即時的には望ましからざる性質と映るかもしれない。しかしそれは親子を適切にへだてて、子どもと親を将来のあるべき相互自立に向かわせるものであり、求心性ばかりでは子どもの健全な発達が損なわれる。親も子どももともに、求心性と遠心性の適切なバランスが必要であり、かつ

表8　アタッチメントタイプと親子の戦略（Chisholm, 1996）[8]

アタッチメント分類	親の繁殖戦略	子どもの発達（初期繁殖）戦略
A. 回避	• 短期 • 投資に消極的 • 高い配偶努力 • 子どもを拒否	• 短期的生存の最大化 • 拒否的・潜在的な子殺し的親の回避
B. 安定	• 長期 • 投資可能で投資に積極的 • 高い養育努力 • 子どもに無条件で受容的、敏感、反応的	• 長期の学習と発達の質の最大化 •「豊かな」親からの投資の維持
C. 不安、アンビバレント	• 短期 • 投資不可 • 不適切な資源での投資努力 • 否定的ではないが、一貫しない上の空状態	• 短期の成熟と発達の「量」最大化 •「貧しい」親からの投資維持

それはダイナミックに相互調整しているのである。同時に親には、自らの生い立ちを後方視的にふり返って自分の現在と対応づけ、それをふまえて前方視的に子どものあるべき将来の姿を予期するという、後方視と前方視の交錯する発達観をもちつつ子育てを行っている[6]。

第5節　アタッチメントのタイプと遠心性

先に述べたように、アタッチメントには回避型、安定型、抵抗／アンビバレント型、無秩序型のタイプがある。そのタイプの違いを、繁殖戦略という生物学的概念を背景にして、子どもの異なる環境への適応戦略であるとする考え方がある[7]。またチザム[8]は不適切なアタッチメントタイプについて表8のように解釈した。A型（回避型）は親子が互いに拒否的、C型（不安、アンビバレント型）は親の投資が不安定的というのである。このことは、安定群に比べて不安定群に何らかのネガティブな要素が親もしくは子どもに含まれていることを意味している。

ベルスキー（Belsky, J.）らはアタッチメントと繁殖戦略をリンクさせて、不安定群は感受性が低くストレス下で両親が不和であり、拒否的で一貫性を欠く養育を受け、利己的、攻撃／不安な性格傾向をもち、早熟、男女関係が不安定で子どもへは低投資の親になる、その一方で安定群は安定で応答的、支持的な養育を経験し、成熟が遅く男女の関係が長く続き、子どもに高投資する親になるという進化的モデルを提唱している[9]。

メインは、こういったアタッチメントのタイプの違いを環境への適応のバリエーションとして解釈しようとした。進化の枠組みをふまえて一次戦略と二次戦略の条件的な行動選択の考え方を導入したのである[10]。そこではBタイプを一次戦略と位置づけ、危険への反応性を最小化するAタイプ、逆に危険への反応性を最大化するCタイプが二次戦略であるという考え方が示されている。

本書の主張である両価性に立てば、チザムやベルスキーの不安定愛着群についての議論を、求心性と遠心性のバランスの問題として説明することができないだろうか。回避や抵抗は遠心的属性であることをふまえれば、親子ともに求心性と遠心性を併せもち、その比率が異なるとして、その親子の組み合わせをもってタイプの違いに対応づけられるかもしれない。ファン・アイゼンドールンとサギ＝シュワルツ[11]によれば、14の先行研究におけるそれぞれのタイプの生起率のレンジ（とその中央値）は、回避型0～28％（16％）、安定型56～80％（68・5％）、抵抗型6～37％（18％）であった。このように複数の研究間でそれぞれのタイプの生起率にある程度の一致がみられており、このことには文化を越えた共通性の存在が示唆されている。求心性と遠心性という二つの相反する行動傾向の混合戦略という点から、「タカ・ハト」ゲーム的なゲームモデルの発想を援用してこのことの説明を試みたい[12]。

まず、ある性質とそれに対立する性質が、親子共通に等しく存在すると仮定する。その発生確率をそれぞれX、（1－X）とすると、親子の組み合わせにおけるバリエーションはX＊X、X＊（1－X）、（1－X）＊X、（1－X）＊（1－X）の4通りとなる。発生確率は異なるタイプの個体の集団における構成比の可能性もあるし、同一個体内におけるゆらぎの混合比の可能性もある。Xが子どものアタッチメントや親のケアという求心性を複合的に反映する求心傾向、（1－X）がそれと対立するPush型とPull型の遠心性を複合的に反映する遠心傾向と考えて、仮にXに0・8を当てはめると（1－X）は0・2であるから、その値はそれぞれ0・64、0・16、0・16、0・04となり、上記のBACD4タイプの発生率の中央値にかなり近い数値が得られることになる。あえてそこに何らかの意味を読みとることができるとすれば、それはどんなことだろうか。

チザムは回避型、抵抗／アンビバレント型をそれぞれ「投資したがらない親」「投資できない親」への子どもの適応として考察したが、[13]この文脈に置き換えてみるならば、投資したがらない親とは主に親の性質として親が（1－X）の場合、投資できない親とは主に子どもの性質によるとして子どもが（1－X）である場合、と対応づけてみることができるかもしれない。双方からの遠心傾向が基盤となって相手の調整機能が活性化され、それがいわゆる不安定なアタッチメントと分類される関係を生むと考えられはしまいか。

シンプソンとベルスキーはトリヴァースによる親子のコンフリクト理論とアタッチメント理論の関係を考察することを通じて、親の離婚再婚・年齢・貧困、子どもの病気・障害など、さまざまな要因による親性投資の低さが不安定なアタッチメントをもたらすという可能性を議論し、さらに死亡率と繁殖戦略の視点から、そういう親子の関係が子どもの後の発育や性成熟、繁殖の早遅、子育ての質にも影響すると考えている[14]。本書では遠心性を母子関係の相互調整機能という至近要因として考察してきたが、シンプソンとベルスキーの立場は究極要因からこの問題に光を当てている。彼らが指摘するように遠心性は多様な具体的要因と関連していると考えられ、その検討を通じて遠心性の背後にある生活史的な意味の考察が可能となるであろう。

第6節　子育てと子育て以外のせめぎ合い

親子関係の楕円モデルで、子どもにも親にも求心性と遠心性の両ベクトルが同時に併存し、その混合比が異なるという二元的図式を提唱した。親子の円周上の位置はそれぞれ遠心性の中心と求心性の中心からの距離で決まるが、その比率は時々刻々と変化しており、位置取りも移動する。さらに、それぞれの位置は相手の位置取りに応じて変化するので、両者が連動してダイナミックに動き合うこととなる。この親部分を固定したうえで、子ども部分を取り出したものが、安心感の輪として示されている子どもの周回軌道の姿である。

図59は親子が相互作用する際、求心性と遠心性のベクトルの組み合わせのバリエーションを示している。この矢印は、図57における向子・向子以外、向親・向親以外と同じ意味である。1番上のパターン①では親子ともに求心性を発し、近づき合っている。②は、子どもは求心性を向けているが親が遠ざか

るパターンであり、ストレンジ・シチュエーションの分離場面はこれを強制的に設定している。③はその逆で、親の接近志向にもかかわらず子どもが回避的であり、離乳食場面における親の供給に対する子どもからの拒否などはこの場面であった。そして最後が親子ともに相手から遠ざかろうとするパターンである。①と④は親子が対称で協和的であるが、②と③は親子が非対称で不協和が存在し調整が求められる。

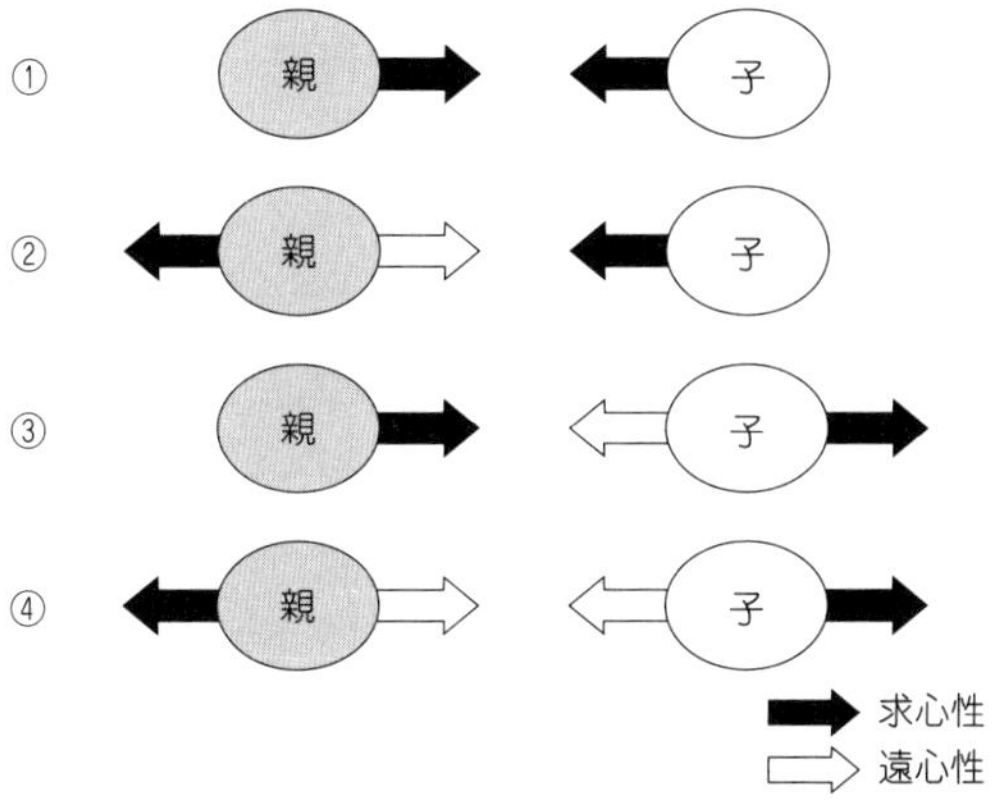

図59 親子における求心性ベクトルと遠心性ベクトルの組み合わせ

日常の親子はこの4つのパターンを目まぐるしく渡り歩いている。親子はともに相手の両ベクトルのバランスの状態を見積りながら自分の行動を繰り出し、その効果をみて行動を柔軟に変更し合っているという関係にある。相手の状態と意図を推測し読み取りながら自分の行動を繰り出し、それが引き起こす相手の変化をモニターして自分の行動を調整する、ということを親子それぞれが相互に行い、丁々発止の相互調整をやり取りのなかで行っている。親子ともに、このダイナミックな調整を掛け合いで行うことを通じて、コミュニケーション力を鍛え相互に自立を遂げているのである。遠心性は親子間の反発性（Push 型）だけではなく、親子の外にある誘因に対しても向けられる（Pull 型）。いいかえると、親子のそれぞれ外側には彼らが求心性を向けるヒトやモノが存在している。したがってこれは親子で閉じておらずそれを包み込むひろがりの面のなかでコソダテを考える視点である。地域の共生ネットワークのイメージといってよかろう。

遠心性は、子育ての構成要素でありながら子育て以外とも関わっている。仕事や趣味、社会活動など子育て以外の大事な事柄との折り合いをつけるために遠心性が求められる。またアロマザリングには父親を含めたヒト、育児具を含めたモノ、保育所を含めたシクミが厖大に詰まっており、それがヒトのコソダテの大きな特徴となっている。子育ては求心性と遠心性から構成されるが、それは子育てとして完結しているのではなく、子育て以外への指向性ともリンクした問題なのである。子育てと子育て以外は親子それぞれにとってどちらも欠かすことのできない大事な生の要素であるが、相互に矛盾するために葛藤と妥協が生じる（図60）。時間資源の足らないことがその矛盾を強めはするが、時間がかりにあっても矛盾は本質的には解消されない。つまり遠心性を考えるということは、子育て以外も抱えつつ、何とかやりくりをつけて子育てを行おうとする親子の姿を丸ごと受けとめるということである。親も子どもも、求心性だけに焦点化するのは問題の矮小化である。

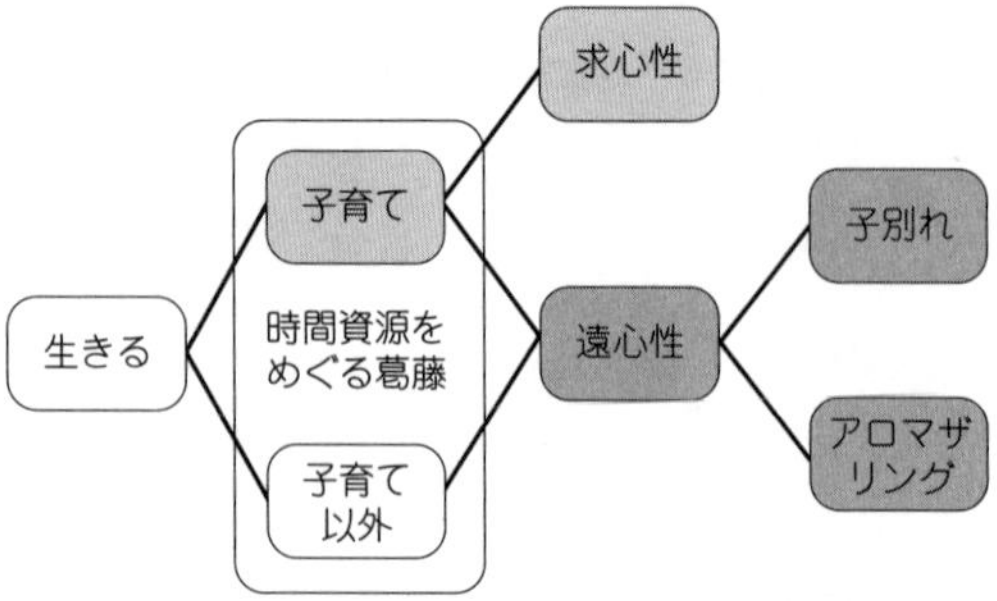

図60　親にとって生きることの全体像

第7節　結論——本書の主張の総括

以上、遠心性という観点から母子をみることによって母子関係に新たな視野が開けることを示してきた。そしてそれは、母子関係から出発するものの、母子という狭隘な論点で議論しようとしているのではなく、それをはるかに超えた大きな広がりのなかで子どもの育つ姿をとらえようとする試みであることを伝えようとした。これまでの議論をもとに、親子に遠心性を導入することで発達行動学的にどのような視点が新たに得られ、子どもをとりまく場面で大人と子どもがどのような共生関係を築くことができるかについて、本書の主張をいくつかのポイントに集約することをもって、本書の総括としたい。

1　親子を求心性と遠心性の両価的存在とみる

母子の求心性へのとらわれを解く

母親は子どもを保護する人、子どもは守ってもらう人という求心的母子イメージが根強く存在してきた。動物研究のエビデンスは、そのような求心的母子像を補強する方向に作用した。それと同時に、このバイアスには幼弱で親に従うという子ども像もあった。たしかに赤ん坊はかわいいし、また子どもは保護を必要とする。子どものもつかわいらしさの刺激特性が、親に子どもを守らせ世話させる。それに対して本書では、求心性バイアスという偏りの可能性を指摘し、それを絶対視せず相対化させることの重要性を示した。安心感の輪に登場する母親的人物像は、自分の手元から出ていく子どもを見守り、戻ってくる子どもを優しく受けとめる存在であるが、母親は本来もっと能動的で遠心的な存在でもある。これもまた動物研究の生んだ重要なエビデンスである。

親子の衝突は、子どもも自己主張的でしたたかな存在であることを教えてくれる。泣くという武器をもって周囲に抵抗し、周囲を手こずらせる。子どもの泣きで授乳が継続され、それが母親の排卵を後傾させる。子育ては親子のかけひきである。親と子どもの関係を相互主体的なものととらえ、親の側の論理と子どもの側の論理を対等に位置づけて親子関係のとらえ直しを試みようというのが、動物行動学をふまえた本書の立場であった。そのためには、愛や親和性という求心的な枠組みに拘泥せず「遠心性」という概念を導入することが必要不可欠であった。

遠心性の一つの要素である親子の対立は、親子がともに主体性をもち、主導権を争奪する関係にあるという点に由来するものであった。親子は、それぞれしたたかに個としての生き方を主張し合う存在である。親子は調和的・求心的関係にあるばかりではなく、利害のズレや矛盾をはらんだ対立の関係でもある。親子ともども、正（求心性）と負（遠心性）の双極性の次元で関係が構成される。子どもが危機場面で親に守ってもらうという図式から出発し、子どもの弱さが前提とされているアタッチメントも、遠心性の要素と組み合わされることで補完され、より豊かでリアルな親子関係像を説明しうる。

遠心性は子育ての要素と子育て以外の要素の組み合わせによって説明できる。子育て以外とは、親にとっては仕事や趣味など、子どもにとっては他の家族や友だち、モノなどとの接触であり、それが親子を互いから遠ざける。親子はその二つの矛盾する志向性を時々刻々見つめ調整し合う関係なのである。そういう調整を通じて互いに相手の意図を読み合い、その二者にとってほどよい距離を探り当てる。子どもはそのコソダテの大海のなかで、時々刻々さまざまな正負資源に出会い、交渉しそれを取捨選択してたくましく生きていく。その点において親は、重要な人物であるには違いないが、あくまでもその一要素にすぎない。また親も、さまざまな資源に取り巻かれてそれを時々刻々取捨選択しながら生きているのであり、子育ては重要とはいえその一要素にすぎない。その全体がコソダテである。

そういう親子の利害衝突と調整の重要な場として、本書では子どもの生存に直結する離乳・食と、親子軸と夫婦軸が直交する就寝に注目した。それらは子別れの問題であるが、それは子育てが親にとって一回性ではなく反復過程であることと関連する。一人の子どもで完結するような子育てのイメージでは、リアルな親子関係の全体像は理解できない。複数の子育て間の「接続」がみえないからである。またヒトの場合は時間資源をめぐって、子どもへの投資か自分への投資かという葛藤も生じうる。将来の自分や子どもの個としてのあり方、あるいは過去の自分の育ちや子育ての成功失敗体験とどう関連づけるかを見通しながら眼前の子どもにどう接するかを考え、その観点から遠心性を位置づけるのが四次元で子育てを考えるということである。

親の主体性と子どもの主体性をともに尊重する

子どもは、進化に裏打ちされた動物的能動性によって、生きるために相手に関わりかける。そして親子はそれぞれの繁殖戦略のなかで、ときに協力し、またときに対立する。その様こそが求心性と遠心性であった。受精卵は母体にとって異物であり排斥の対象である。子どもは着床の瞬間からすでに化学的な能動性をもって、自分を免疫学的に拒否しようとする母体に働きかけている。求心性と遠心性は、親子双方が相手に対して近づいたり遠ざかったり、あるいは相手を近づけたり遠ざけたりしながら展開され、発達していく。親子の志向性は、状況によって一致する場合もあれば矛盾する場合もある。

子どもは未熟な時期を無事育つために親に養育を強く求める。お乳をねだったり接触を求めたりするのは子どもの弱さでなく、親から資源を引き出そうとする子どもの強さである。その強さが親からの拒否を引き起こすこともある。あるいは逆に、親の世話が子どもの主体性を侵害するようなレベルで行われると、親の過剰な介入に対して子どもから拒否が発せられることもある。子どものもつ動物的特性や主張によって親の子育てが導かれ、また調整されて、子どもの主張と周囲の主張を馴染ませ妥協することで双方の関係が平衡に到達するのである。そういった子どもの主体性を正当に尊重すべきである。

中野は、縦の関係としてのアタッチメントではなくコンパニオンシップという水平的な関係を母子に認めることの重要性を指摘した[15]。ここでみてきた対等な親子の関係性と、それに基づく衝突や調整・妥協・寛容という両者の相互作用は、まさにコンパニオンシップと呼ぶにふさわしい。親子のそういった水平性がベースとなって、子どもは親に対等に調整を挑み、それを通じて自己の主体性を育み、他者とも自尊・他尊感情をもちつつ関わっていける。そのような体験があるからこそ、子どもは地域のなかで豊かなヒトとモノのシステムと交流しながら相互交渉できるように育っていく。

親子には、近すぎず遠すぎもしない最適近接ゾーンが存在する。親子の最適近接ゾーンはゆらぎをもち、また親子で必ずしも一致しない。その不一致が両者にダイナミックな交渉・調整を引き起こす。また発達的にも推移して子別れ過程を形づくる。「共調整」は親と子どもという相互に主体的な存在の相手に対する能動性、具体的には要求、受け入れ、拒否、およびへだたりという日常の相互作用のなかで展開される。さらにいえば、親は子育てだけを唯一志向する存在ではないし、その子育ての意味すらも自分の人生のなかに位置づけて相対化しようとするのが親の主体性のあり方である。ただし、親が子どもの主体性と自分の主体性のどちらをより重視するかには大きな個体差が存在する。

親子の身体性を重視する

子別れというPush型遠心性を考えるとき、それは母親のもつ栄養などの身体資源や、子育て以外の安息・仕事など時間資源の争奪をもとにした斥力によることが多い。それと同時に、親子の間でかけひきされる身体的事象は、親子が同型の身体をそれぞれがもつことによるアプリオリな体験の共有（共感性）の存在がベースになる。身体接触はその同型性に基づいて、子どもと親との間に垂直ではなく水平的な共振性を実現する。そのような開かれた共生の姿が共調整である。つまり子別れ的遠心性には身体が隠れた重要な変数ということになる。そこで生じていることは「身体化（embodiment）」として一括できる。

この問題は三項関係の発達を考えることと深く関わっている。真三項関係は親・子ども・対象物によって構成される。二項関係は親と子どもで構成されるが、親子のやり取りとして、くすぐり遊びのように子どもの特定身体部位をターゲットにしてなされるものがあり、その場合にはその身体部位が第三項的に共同注意の対象となる。そこでは親子が、両者の身体の同型性を下敷きにして体験を共有する。そのような親子と子どもの身体部位の関係を原三項関係と呼ぶ。さらに、授乳（摂乳）や共感反応（摂食時の口の共感的開閉や予防接種時の共感的な痛み反応）、排泄物の処理などの場面でも、似たような親子間の身体の重なり合いが生じる。ただしこの場合は、単なる親子間身体接触ではなく、乳汁、食べ物、注射針、排泄物などそこに何らかのモノの介在があるため、区別してこれを準三項関係と呼ぶ。

親子の身体は、ソーシャルタッチという求心性と資源の攻防や接近・接触の拒否という遠心性の二面性をもつ。親子関係は双極的にその二つの中心をもつ楕円構造である。そのかけひきがダイナミックに繰り広げられる結果、親子は近づいたり離れたりという行動をみせる。このさまはヤマアラシのジレンマといわれる。それを規定しているのが親子の身体であり、それゆえに子どもは主張的なのである。

2　広がりのなかに子どもを位置づける

父親・家族の重要性を再確認する

本書はまえがきにおいて、子育てというなじみの深い言葉が、子どもとその育つ過程を結びつける言葉としてはあまりにも矮小な言葉であると主張することから出発した。そしてその豊かな世界を一言で表現する言葉を私たちがもち得ていないことを指摘した。それは私たちが、子どもとそれを取り巻くヒト・モノ・シクミ環境との豊かな関係の全体像を正しくとらえきれていないことを意味する。モノもシクミも大人が作り出す世界だとして煎じ詰めれば、それは子どもと大人との「共生」関係を把握し損ねていることである。その共生関係を本書では「コソダテ」という表現で包括してきた。

哺乳類の場合、子育ての基底構造が母子関係にあることは否定できない。しかしながら逆に、この問題は母子関係だけに閉じているのかといえばまったくそうではない。ヒトは霊長類学上、周辺のアロマザーによる協力的育児を行う種として特徴づけられている。

コソダテを考えるということは、ある時点での子どもの育ちに関わる当該の二者関係がそれを傍観している他者に影響を及ぼしたり、あるいは傍観者である第三者の存在やその視線を意識しつつ当該の二者関係がもたれたり、さらに複数の人が当事者としてタッグを組んで子育てを行うということまで含んでいる。たとえば、母親／父親の子どもに対する接し方がその子どもの父親（自分の夫）／母親（自分の妻）によって影響を受けたり、両者が協力して育児したりというようなことである。

哺乳類全般に雄親は子どもに積極的に関わらない種が多いし、ヒトの文化人類学的資料もそれと矛盾しない結果を示している。その事実を無視して男女対等な育児を提唱することは、この問題の真の理解をかえって遠ざけてしまう。精子と卵は、その数と属性において非対称である。しかも哺乳類には雌にのみ妊娠と哺乳という身体機能が備わっている。哺乳類の雄で子どもに関わりが少ないのは、この特徴の延長である。進化的な背景を考えると、こういった男女間での生物学的な非対称は無視しがたいが、その一方で父親と母親は同じく高い血縁度をもっており対等である、という特徴も同時に明記されねばならない。父親には母親と同類のアロマザーとしての子どもへの優しさと外に向けられた家族防御機能の二面性がある。

単雄単雌群という繁殖形態は、子育てにおける両性の協力という形を生みやすい。ヒトは核家族という選択を二次的に強めてきたが、それはこの特徴と親和的であり、子育てにおいて誠意と優しさをもって母親と力を合わせるという父親の機能がより重要となっている。これも生物学の教えるもう一つの事実である。ヒトは夫婦のペアで生活の負担を平等化する方向を選んだのであり、子育てもその一環なのである。

文化人類学はまた、祖母（とくに母方）という存在の重要性を伝えている。おばあさん仮説といわれるように、祖母は本来貴重なアロマザーであるが、祖父の存在も忘れてはならない。またきょうだいも子育てのヘルパーもしくは子どもの遊び相手として貴重なアロマザーである。そういった主要なアロマザーの集合体が、他の霊長類にはないヒトにユニークな繁殖集団としての家族なのである。

昨今の核家族化と世の価値観の急激な変化により、高齢者の知恵や介入が活用されない傾向が強まっている。また少子化や学校教育により、きょうだいのアロマザリングも減少が著しい。そのなかで父親は、もはや血縁家族のなかではほとんど唯一無二のアロマザーといってもいい。いいかえると家族という繁殖集団において、父親はヘルパーというよりも、母親とともに子育ての二枚看板の主役であり、「共親行動」はその二人による共同育児の姿である。柏木のいう「父親をする」ことが待たれている。

ただし、父親と母親の間には常に、近いからこそ対立の契機が存在しうることも忘れてはならない。動物行動学や文化人類学で指摘される事実も排除すべきではない。なおかつそのうえで父親には、職業生活で身につけた簡潔、論理、概括を旨とするリポートトークから、感情を交えた具体的で長いラポールトークへというコミュニケーション・スタイルの切り替え[16]に象徴されるような自覚と努力が必要とされる。それは、非婚下や離婚下で誰がどうコソダテするかという問いともリンクしている[17]。

マザリングとアロマザリングが相補的であったように、これからは両親の協力によるペアレンティングとそれ以外のヒト・モノ・シクミによるアロペアレンティングの相補性という構図で考えることが不可欠であろう。ヒトの家族・父親のあり方は、これほどまでに生物性と文化社会性が重層的に絡み合った複雑な難題なのである。

ヒト・モノ・シクミによる非血縁アロマザリングの重要性を理解する

親子のまわりにいる人たちは、当事者として親に代わって子どもをケアもするし、また親を子育て以外の行動に誘引もする。親子はそのようにエコロジカルに周囲の環境に開かれ、それらとの豊かなインタラクションをふまえつつ、相互に求心性と遠心性をダイナミックにバランスさせ、時々刻々のかけひきを相互主体的に行う。家族という血縁の枠を超えた専門家がそのアロマザリングに多数含まれることがヒトの大きな特徴である。

親が子どもをそれらの人たちに預けるということもあるし、そういう第三者との接近や回避が先にあって、親子の距離がその結果として開くということもありうる。親子のへだたりといえども両者をつないだ1本の線上の接近・回避ではなく、そのまわりの多様なアロマザーとの対人関係による二次元平面上の、もしくはさらに垂直軸と時間軸も加えた四次元空間上の接近・回避と考えるべきである。

子別れは母子の内部で膨らんだ反発性を通じた矛盾解消と関係の再編成であり、環境と子どもをつなぐ母親の一次的（生物学的）インターフェイス性を縮小することである。他方保育所などのアロマザリングは保育士などの二次的（社会文化的）インターフェイスを母子の間に挿入することである。その二つは異なる遠心性であるが、現実には親との別離と保育士によるケアは、両者間での子どもの手渡しによってつながる一続きの出来事である。

もう一つヒトのコソダテを独自なものとしている点は、ヒトとともにたとえば哺乳瓶や玩具などの夥しいモノがアロマザーとなって、子育てするヒトの身体機能を補佐することである。子育てに限らず、私たちの生活は人工的なモノなしには成り立たない。それらはヒトとセットになってシステムを作り、さらにそれが重層的に組み合わさって保健医療制度・保育制度や学校教育制度などのシクミを作っている。それは家庭と地域の広がりのなかでコソダテがシェアされ共調整される姿とみるべきだろう。生物性だけに基準を求めて他を顧みないことは誤りである。

それらのアロマザーは母親とコソダテを共有し、子どもの世界を広げる。それにより子どもたちの社会的・文化的学習の機会が広がる。けっして母親だけがコソダテを担っているわけではなく、また母親と子ども互いに親和的求心的な関係だけを志向するのではなく、両者ともに遠心的な関係も求める。求心性と遠心性とがない交ぜになりながら、相互に相手をモニターしつつ、血縁・非血縁の多様で豊かな人的物的資源も動員しつつ、さまざまなかけひきを繰り出して相互調整するのがヒトのコソダテなのである。

昨今は、タブレット端末やスマートフォンに子守りをさせるというようなことが、親不在だと批判の色調を帯びて語られる。確かに親が子どものことをほったらかしにするのはよくない。しかし逆にヒトの子育てはモノのサポート機能なしでは存在し得ない。その限界を正しく自覚しながら賢く使うことが大事である。おそらく「子守りロボット」などというモノが登場するのもそれほど先のことではなかろう。AIBOなどのロボット玩具はそのはしりである。そういう時代の到来を近未来に予感しながら、そのような社会にあって、身体性をふまえたあるべきコソダテとは何かを今のうちから考えておく必要がある。

このように多様なヒトやモノが子どもに関わるが、それは同時に子どもがそれらに能動的・選択的に働きかけ、自分の発達を助けさせるという姿ともみることができる。状況に応じてさまざまなヒトやモノから多様な資源を引き出して利用し、環境に能動的に適応するのが子どものたくましさである。親も子どもも、自分たちの二者関係だけではなく、多様な周囲のヒト・モノのアロマザリングを適切に取り込みながら、ほどよい遠心性を保ちつつコソダテすることが期待される。

それは親子の二者関係によるコンパニオンシップによる「線」的遠心性を超え、地域のなかで、ヒトとモノのシステムからなる「面」に包まれることで生まれる親子の遠心性といえる。いいかえれば子どもが生きている「生活の場」への信頼感もしくはアタッチメントといっていいだろう。ブロンフェンブレンナーのいうメゾシステムに近いが、それは子どもにとって、ヒトもモノも自然も文化もすべて含んだ親近性のある広がりとしての多重的なシステムである。実はそれが、私たちが従来「故郷」と呼んできたものなのかもしれない。

親子のほどよいへだたりを実現するベースは社会である

親子のそばにいるヒトは、アロマザーとして子どもの世話に関与するかもしれないが、反対に不審者として子どもの危険要因となり、親子の警戒と接近を招くかもしれない。モノも同様に、好奇心や冒険の対象として探索や遊びの相手となって親子を離すかもしれないが、逆に事故をもたらす危険物として親子を近づけさせるかもしれない。つねに親とヒト・モノへの正・負の志向性がなんらかの強度と比率で共存し、その比率が時々刻々と変動しているものと考えられる。

先島諸島での災害報告書の分析が示すように、危険とか事故とかいうものの基準は絶対的なものではない。もちろん子どもの命を左右するような出来事は回避されなければならないが、軽いけがならけがのうちに入れないという判断もある。また、寝かしつけ時や夜間の就寝、あるいは保育所の入園に際して、親子分離した子どもの悲嘆反応をどう受けとめるかなどにも文化差が大きい。

親子を広がりのなかにおくことは、それをとりまくヒトやモノに社会がどのような正負の価値づけを行うかによって左右される。子育てと子育て以外の矛盾・対立が親子の遠心性を規定するという構図に関しても、それを対立構造にするか否かについては社会のあり方が大きく関与する。育児と仕事を例にとってみれば、親における仕事と育児のコンフリクトは、アロマザリングだけでなく、職場がテレワークや柔軟な勤務形態を認める、もしくは職場に託児施設を設けるなどのある意味では即物的ともいえるちょっとした配慮によって矛盾が大幅に軽減される。それはこういう問題への職場や社会の姿勢が変わり、制度が整えば比較的簡単に実現可能なことである。そのことは新型コロナウイルス禍の状況ですでに確認された。仕事か育児かという二項対立の構図にしてしまっている原因のひとつは、その対立構造を放置して、葛藤の解消を当事者である親の個人的努力の問題に帰してしまう社会の狭量な目である。

子育てと子育て以外の葛藤を解消するには、一つには子別れを通じて親子関係の構造を再編成することにより、親子の内部で「**矛盾を調整する**」というやり方があるが、それ以外にアロマザリングによって親以外のヒトが子育ての負担をシェアするというやり方や、就労条件を緩和して子育てと子育て以外のギャップを縮小するなど、社会の取り組みの変化で仕事か育児かという二者択一の自縛を脱して「**矛盾を最小化する**」というやり方もある。離乳の全国調査で示唆されたように、そもそも母子の身体間の事柄であった哺乳・離乳の問題が、ヒトにおいては厚労省など国の定める離乳指導や女性の就労環境整備の方針次第で現場での母親の行動選択が大きく影響される。職場の労働条件や育児支援体制、あるいは育児補助道具の開発・普及など、社会全体としてこの問題にどう関わるかという姿勢こそがその成否の鍵を握っている。

子育てと子育て以外の矛盾を作るのも縮小・解消するのも社会である。アロマザリングのシクミを充実させたり、就労環境を変えてその二項対立を非矛盾化したりすることは、働く母親と子ども、そしてそれを支え伴走する父親にフレンドリーな社会を構築することに他ならない。それは女性だけの問題ではなく、自分自身の社会的問題でもあるということを男性は自覚せねばならない。男性には単に父親として頑張るだけではなく、これまでそういう社会を作ってきたのは自分たちであるという反省も必要である。この問題は究極的に、ヒトの親子の遠心性を社会全体がどのように受けとめ、それにどう対応するかということにかかっている。

あとがき

この本の原稿を執筆している2020年は、人類史のなかでも特別の年として人々の記憶に残るであろう。いうまでもなく新型コロナウイルスゆえである。感染しないための「三密」回避、ソーシャルディスタンシングという言葉がすっかり有名になった。それは人々が近づきすぎることへの警鐘であった。また休園・休校と在宅勤務・遠隔授業にともない、逆に家庭では親子の近接性が増加することになった。そのことは親子のストレスの高まりを招き、必ずしも近いことが望ましいとはいえないこと、保育所・幼稚園や学校という場が親子のほどよいへだたり作りの場でもあったことをあらためて私たちに気づかせてくれた。このように親子のほどよい距離のあり方をあらためて考えるきっかけとなったこの年に、子育てにおける求心性と遠心性をテーマにした本書を執筆することには運命的なものを感じる。

なるべく先入観にとらわれない目で遠心性も含めて母子を見つめることにより、そのまわりにある世界の豊かさが実感された。そもそも周囲のヒトとモノの豊かな世界が前提として存在しなければ、ヒトの母子関係は始めから立ちゆかない。たしかに母親は生物学的にみて子どもを保護し世話する重要な存在である。哺乳類としてそこから出発はしているが、それと同時に生物学は母親と子どもとの間に対立も存在することを教えている。筆者は大学院生のときからそのことについて一貫して強い関心を寄せてきた。

また母子は二者で閉じてはおらず、母親も子どもも外の広い世界に開かれている。ヒトの母子が他者との協力によって子育てをする動物であることも生物学の示すところである。そこにはヒトだけでなくさまざまなモノ、あるいはそれらが組み合わさったシクミがあり、母親も子どももそれらに近づいたり、あるいはそれらから引き寄せられたりして母子のへだたりがもたらされている。これも筆者が四半世紀にわたり関心をもち続けている問題である。

母子といえども、否母子だからこそ、求心性だけでなく遠心性が問題となる。彼らには求心的に向き合う性質だけではなく、外部に志向性を向ける性質も同時に存在する。そう考えれば、母子は求心性と遠心性という矛盾を抱えて、日々その主体をかけて調整し合う関係であるという母子観が生まれる。かたや子どもは幼弱で母親に守ってもらう存在であり、母親はそのような子どもを深い愛情で献身的に守る存在である、という親密な母子観が根強くある。こればかりを強調するのは、母親と子どものそういった主体性を軽視することになりかねない。本書は遠心性がもつ重要性を正当に評価し、子どもと大人、子どもとモノの共生関係を考察しようというものであった。母子関係は周囲のモノ・ヒト・シクミの豊かなネットワークによってはじめて実現されている。だからこそ、この本は単なる母子関係の本ではないのである。

子育てを過度に美化しないで、親子双方の主体性をかけたぶつかり合いとみる。生きるために必死な子どもを相手にする子育ては、一刻もゆるがせにできない大変な事業である。しかしそれを受けとめるのは母親一人ではない。子育ては親・子ども・周囲のヒト・モノすべてが関わる協力的作業なのだから、お母さんが一人で抱え込まないで肩の力を抜いて、という主張である。また、お父さん頑張ろう、というエールでもあった。

このことを総括する作業は、自分という研究者のたどった道のりを俯瞰し、自己点検することでもあった。筆者はボトムアップ研究を旨とし、生活現場からこの目と耳と体全体で学ぶことを重視してきた。振り返ってみれば、１９７０年代後半のニホンザル母子の子別れの研究、１９９０年代以降の日英における母子関係の文化比較研究、２０００年代半ばからの多良間島でのアロマザリングの研究と、フィールドにおける行動観察研究をベースにして、関心の赴くところにひかれてボトムアップで行ってきた研究が、気づいてみるとそれぞれの時点での新しい研究潮流の波頭でもあったことになる。その足跡をこのような形でまとめ、それをふまえて今後の研究の方向性を確認することは意義のあることであった。

とはいえこれまで、道のりは平坦ではなかった。道に迷ったり、道草を食ったり、挫折したり、後戻りしたりをよくも延々とくり返してきたものだと思う。途中でけがをしたり休憩したり、独りだったり道連れがいたりもした。それを継続させたのは自らの好奇心であったが、その道のりのなかでは、自らの子育て体験から専門家の定説に疑問をもち、それをふまえて筆者の考えを応援してくれるお母様たちの存在が大きかった。そしてその親と子どもというナイーブな弱い立場の人々に寄りそいその力になりたいという思いで研究をここまで続けてきた。そうしながら、少しずつ視界がひらけてきた。

本書が出来上がるまでに、ずいぶんたくさんの方々にお世話になった。大阪大学時代の恩師である故前田嘉明先生と糸魚川直祐先生は、筆者の研究基盤をお導きくださった。とくに糸魚川先生からは、学部から助手時代まで、サルの野外研究と実験室研究に加えヒトの臨床研究まで扱う贅沢な機会を与えていただき、また研究者のあり方についても何かにつけて教わることばかりであった。また東京女子大学名誉教授の柏木惠子先生には、フェミニズムの立場から私の研究視点と研究姿勢に理解をお示しくださり、アロマザリングの共編著をはじめ、いろいろな場での執筆の機会をお与えくださるなど、一貫してご支援と励ましをいただいた。もう公的な執筆はしないとおっしゃる柏木先生に、ご無理をお願いして本書の序文をご寄稿いただいたのはそれゆえである。序文で「(本著における)ジェンダー視点の欠落」というご指摘をいただいた。霊長類学を背景にヒトのコソダテを考える者にとっても非常に重要な視点であると認識している。この問題究明への努力をさらに続けなければと思いを新たにしているところである。

離乳研究がとりもつ縁で武庫川女子大学家政学部時代は食物学科に所属し、そこでヒトの食発達の研究や家庭観察を日英で進めたことは筆者にとって、ヒトの子別れやその文化差を考える貴重な機会となった。英国エディンバラ大学のコルウィン・トレヴァーセン先生、ポーツマス大学のヴァスデヴィ・レディ先生は30年にわたり文化と親子の関わりについて研究・考察する機会を与えてくださった。早稲田大学に移ったのち、早稲田大学の故春木豊先生、白百合女子大学の田島信元先生はさまざまに研究のご支援をくださった。仏国トゥールーズ大学の則松宏子先生、英国ストラスクライド大学のジョナサン・デラフィールド＝バット先生、早稲田大学の外山紀子先生は、共同研究を通じてさまざまな刺激を与えてくださった。共立女子大学の河原紀子先生と白梅学園大学の石島このみ先生は、かつて私の助手として研究をサポートし、議論をともにしてくださった。

筆者にとって現場は研究活動の生命線であり、これまで生活の場から学ぶという姿勢を一貫して重視してきた。埼玉県あかね保育園元園長の牧裕子先生、現園長の高杉敏江先生、沖縄県多良間保育所元園長の佐久本千恵子先生は、筆者の現場主義を理解して快くフィールドをご提供くださった。また、お一人お一人のお名前を列挙することは控えさせていただくが、筆者の多くの先輩・友人や後輩、教え子にも議論の場でさまざまに刺激や研究のヒントを与えてもらった。国内外の数多くの保護者・子どもの皆様は、家庭その他で快く研究にご協力くださった。また筆者の研究テーマはそもそも、研究対象となってくれた多くの動物の存在がなければありえなかった。さらに、新曜社の田中由美子さんには本書の趣旨を深くご理解くださり、根気よく丁寧に原稿を読みこんで適切なコメントや鋭いアドバイスをたくさんいただいた。働く女性というご自身のお立場からいただいた共感や励まし、コメントは、筆者にとってとても示唆に富むものであるとともに、執筆への心強い支えであった。これらすべての方々に深甚なる謝意を捧げる。

筆者にとって子育てを考えるためのもう一つの重要な現場は、自らの家庭であった。自分の家族、あるいは自分の親との間で営まれた生活は筆者にとってかけがえのない思索と実践の場であった。その意味では、この本は家族との共同作業の成果であるといえるかもしれない。最後にそのことを感謝とともに記して筆を擱きたい。

秋色の深まった所沢の自宅にて

２０２０年11月１日

根ヶ山光一

索　引

【さ行】

【た行】

【な行】

【は行】

【ま行】

【や行】

【ら・わ行】

引用文献

序文

1 大城立裕(2018).『あなた』東京：新潮社所収.
2 柏木惠子(2011).『父親になる，父親をする：家族心理学の視点から』東京：岩波書店（岩波ブックレット).
3 菅野幸恵(2001). 母親が子どもをイヤになること：育児における不快感情とそれに対する説明づけ．発達心理学研究，12, 12-23.
4 柏木惠子・若松素子(1994).「親となる」ことによる人格発達：生涯発達的視点から親を研究する試み．発達心理学研究，5, 72-83.
5 柏木惠子(2001).『子どもという価値：少子化時代の女性の心理』東京：中央公論新社（中公新書).

まえがき

1 春日キスヨ(1990).「母性神話」のとらわれ．こころの科学，30, 79-84.

第 1 章

1 根ヶ山光一(2002).『発達行動学の視座：〈個〉の自立発達の人間科学的探究』東京：金子書房.
2 齋藤慈子・平石界・久世濃子編(2019).『正解は一つじゃない　子育てする動物たち』東京：東京大学出版会.
3 Blum, D. (2002). *Love at Goon Park: Harry Harlow and the science of affection.* New York: Basic Books. 藤澤隆史・藤澤玲子訳(2014).『愛を科学で測った男：異端の心理学者ハリー・ハーロウとサル実験の真実』東京：白揚社.
4 Suomi, S. J., Harlow, H. F., & McKinney, W. T. (1972). Monkey psychiatrists. *American Journal of Psychiatry*, 128, 927-932.
5 Harlow, H. F. & Harlow, M. K. (1965). The affectional systems. In A. M. Schrier, H. F. Harlow, & F. Stollnitz (Eds.), *Behavior of nonhuman primates: Modern research trends, Volume II.* New York: Academic Press, pp.287-334.
6 Spitz, R. A. (1962). *Die Entstehung der ersten Objektbeziehungen: Direkte Beobachtungen an Säuglingen während des ersten Lebensjahres.* Stuttgart: Klett-Cotta. 古賀行義訳(1965).『母－子関係の成り立ち：生後 1 年間における乳児の直接観察』東京：東京同文書院.
7 岡野恒也(1983). 心理学における霊長類研究の意義と歴史．岡野恒也編『霊長類心理学Ⅰ』東京：ブレーン出版，pp.1-25.
8 友永雅己・田中正之・松沢哲郎編(2003).『チンパンジーの認知と行動の発達』京都：京都大学学術出版会.
9 根ヶ山光一(1983). 剥奪飼育と行動変容：行動障害の発生．岡野恒也編『霊長類心理学I』東京：ブレーン出版，pp.191-237.
10 たとえば、Menzel, E. W., Davenport, R. K., & Rogers, C. M. (1963). The effects

of environmental restriction upon the chimpanzee's responsiveness to objects. *Journal of Comparative and Physiological Psychology*, 56, 78–85. など.
11 たとえば、Mason, W. A.（1965）. The social development of monkeys and apes. In I. DeVore（Ed.）, *Primate behavior: Field studies of monkeys and apes*. New York: Holt, Rinehart and Winston, pp.514–543. など.
12 たとえば、Berkson, G., Mason, W. A., & Saxon, S. V.（1963）. Situation and stimulus effects on stereotyped behaviors of chimpanzees. *Journal of Comparative and Physiological Psychology*, 56, 786–792. など.
13 根ヶ山光一(1973). ニホンザルの行動研究：対オブジェクト行動を中心として. 大阪大学文学部 1972 年度卒業論文.
14 Sackett, G. P.（1972）. Exploratory behavior of rhesus monkey as a function of rearing experiences and sex. *Developmental Psychology*, 6, 260–270.
15 根ヶ山光一(1978). 隔離飼育霊長類の常同行動. 心理学評論, 21, 19–37.
16 Sackett, G. P.（1973）. Innate mechanisms in primate social behavior. In C. R. Carpenter（Ed.）, *Behavioral regulators of behavior in primates*. Lewisburg: Bucknell University Press, pp.56–67.
17 Tinbergen, N.（1951）. *The study of instinct*. London: Oxford University Press. 永野為武訳(1975).『本能の研究』東京：三共出版.
18 Lorenz, K.（1965）. *Über tierisches und menschliches Verhalten*. München: Piper. 丘直通・日高敏隆訳(1977–1980).『動物行動学（上・下)』東京：思索社.
19 Thorpe, W. H.（1979）. *The origins and rise of ethology*. London: Heinemann Educational. 小原嘉明・加藤義臣・柴坂寿子共訳(1982).『動物行動学をきずいた人々』東京：培風館.
20 前田嘉明(1955). Max Planck 比較行動生理学研究所に Lorenz 教授を訪ねて：本能行動の諸問題. 動物心理学年報, 5, 85–95.
21 Lorenz, K.（1965/1977–1980）. 前掲書 18.
22 Eibl-Eibesfeldt, I.（1984）. *Grundriss der Humanethologie: Die Biologie des menschlichen Verhaltens*. München: Piper. 日高敏隆監修・桃木暁子他訳(2001).『ヒューマン・エソロジー：人間行動の生物学』京都：ミネルヴァ書房.
23 Eibl-Eibesfeldt, I.（1984/2001）. 前掲書 22.
24 Hutt, S. J. & Hutt, C.（1970）. *Direct observation and measurement of behavior*. Springfield: C. C. Thomas.
25 Blurton Jones, N.（Ed.）(1972）. *Ethological studies of child behaviour*. London: Cambridge University Press. 岡野恒也監訳(1995).『乳幼児のヒューマンエソロジー 2 版』東京：ブレーン出版.
26 Wilson, E. O.（1975）. *Sociobiology: The new synthesis*. Cambridge: Belknap Press. 伊藤嘉昭日本語版監修(1999).『社会生物学』東京：新思索社.
27 Krebs, J. R. & Davis, N. B.（1981）. *An introduction to behavioural ecology*. Oxford: Blackwell. 城田安幸・上田恵介・山岸哲訳(1984).『行動生態学を学ぶ人に』東京：蒼樹書房.

28 Clutton-Brock, T. H. (1991). *The evolution of parental care.* New Jersey: Princeton University Press.
29 Archer, J. (1992). *Ethology and human development.* New York: Harvester Wheatsheaf.
30 Bowlby, J. (1969). *Attachment and Loss, Vol. 1 Attachment.* London: Hogarth Press. 黒田実郎・大羽蓁・岡田洋子訳(1976).『母子関係の理論I 愛着行動』東京：岩崎学術出版社.
31 Lewis, M. & Takahashi, K. (Eds.) (2005). Beyond the dyad: Conceptualization of social networks. *Human Development,* 48. マイケル・ルイス／高橋惠子編，高橋惠子監訳(2007).『愛着からソーシャル・ネットワークへ：発達心理学の新展開』東京：新曜社.
32 Ainsworth, M. D. S., Blehar, M. C., Waters, E., & Wall, S. (1978). *Patterns of attachment: A psychological study of the strange situation.* New Jersey: Lawrence Erlbaum.
33 遠藤利彦・田中亜希子(2005). アタッチメントの個人差とそれを規定する諸要因. 数井みゆき・遠藤利彦編著『アタッチメント：生涯にわたる絆』京都：ミネルヴァ書房，pp.49–79.
34 高橋惠子・柏木惠子(1995). 発達心理学とフェミニズム. 柏木惠子・高橋惠子編著『発達心理学とフェミニズム』京都：ミネルヴァ書房，pp.1–16.
35 Takahashi, K. (1990). Are the key assumptions of the 'strange situation' procedure universal? A view from Japanese research. *Human Development,* 33, 23–30.
36 Negayama, K., Delafield-Butt, J. T., Momose, K., Ishijima, K., Kawahara, N., Lux, E. J., Murphy, A., & Kaliarntas, K. (2015). Embodied intersubjective engagement in mother-infant tactile communication: A cross-cultural study of Japanese and Scottish mother-infant behaviors during infant pick-up. *Frontiers in Psychology,* 6:66 (doi:10.3389/fpsyg.2015.00066).
37 Belsky, J. (1997). Attachment, mating, and parenting: An evolutionary interpretation. *Human Nature,* 8, 361–381.
38 Chisholm, J. S. (1996). The evolutionary ecology of attachment organization. *Human Nature,* 7, 1–37.
39 Pianka, E. R. (1970). On *r*- and *K*-selection. *The American Naturalist,* 104, 592–597.
40 Trivers, R. L. (1974). Parent-offspring conflict. *American Zoologist,* 14, 249–264.
41 van der Horst, F. C. P. (2011). *John Bowlby: From psychoanalysis to ethology.* West Sussex: John Wiley.
42 Foss, B. M. (Ed.) (1961–1969). *Determinants of infant behaviour, I-IV.* London: Methuen.
43 糸魚川直祐・南徹弘編(1998).『サルとヒトのエソロジー』東京：培風館.
44 高橋惠子(2010).『人間関係の心理学：愛情のネットワークの生涯発達』東京：東京大学出版会.
45 Negayama, K. (2016). Childrearing (*Kosodate*) in Japan with special reference to mutual mother-child negativity. In Japan Society of Developmental Psychology (Ed.),

Frontiers in developmental psychology research: Japanese perspectives. Tokyo: Hituzi Syobo, pp.19–32.
46 van der Veer, R. (1996). Henri Wallon's theory of early child development: The role of emotions. *Developmental Review,* 16, 364–390.
47 根ヶ山光一(1975). 飼育ニホンザルの社会行動：攻撃行動を中心として．大阪大学大学院文学研究科 1974 年度修士論文.
48 根ヶ山光一(1979). 霊長類における攻撃行動とその個体発達．大阪大学人間科学部紀要，5, 291–316.
49 根ヶ山光一(1977). 隔離飼育成体ニホンザルの攻撃行動．動物心理学年報，27, 33–41.
50 根ヶ山光一(1981). 成体ニホンザルオスの攻撃行動に関する実験的研究．動物心理学年報，31, 103–111.
51 根ヶ山光一(1998). 離乳と子の自立．糸魚川直祐・南徹弘編『サルとヒトのエソロジー』東京：培風館，pp.134–147.
52 Negayama, K. (1981). Maternal aggression to its offspring in Japanese monkeys. *Journal of Human Evolution,* 10, 523–527.
53 根ヶ山光一(1986). 初期母子関係：摂餌との関連について．昭和 60 年度科学研究費補助金（一般研究 A）ニホンザルの生涯発達に関する比較行動学的研究（代表：糸魚川直祐），pp.2–14.
54 Kaufman, I. C. & Rosenblum, L. A. (1969). The waning of the mother-infant bond in two species of macaque. In B. M. Foss (Ed.), *Determinants of infant behaviour IV.* London: Methuen, pp.41–59.
55 Hansen, E. W. (1966). The development of maternal and infant behavior in the rhesus monkey. *Behaviour,* 27, 107–149.
56 Moyer, K. E. (1968). Kinds of aggression and their physiological basis. *Communications in Behavioral Biology,* 2, 65–87.
57 Fairbanks, L. A. & Mcguire, M. T. (1988). Long-term effects of early mothering behavior on responsiveness to the environment in vervet monkeys. *Developmental Psychobiology,* 21, 711–724.
58 Blum, D. (2002/2014). 前掲書 3.
59 Rosenblum, L. A. & Harlow, H. F. (1963). Approach-avoidance conflict in the mother-surrogate situation. *Psychological Reports,* 12, 83–85.
60 Negayama, K., Negayama, T., & Kondo, K. (1986). Behavior of Japanese monkey (*Macaca fuscata*) mothers and neonates at parturition. *International Journal of Primatology,* 7, 365–378.
61 根ヶ山光一(2002). 霊長類を通してみたヒト乳幼児の母子関係：反発性の視点から．心理学評論，45, 399–410.
62 Negayama, K. (2011). *Kowakare*: A new perspective on the development of early mother-offspring relationship. *Integrative Psychological and Behavioral Science,* 45, 86–99.
63 Schwartz, G. G. & Rosenblum, L. A. (1983). Allometric influences on primate

mothers and infants. In L. A. Rosenblum & H. Moltz (Eds.), *Symbiosis in parent-offspring interactions*. New York: Plenum Press, pp.215–248.
64 根ヶ山光一(1998). 前掲論文 51.
65 Marvin, R., Cooper, G., Hoffman, K., & Powell, B. (2002). The Circle of Security project: Attachment-based intervention with caregiver-pre-school child dyads. *Attachment and Human Development*, 4, 107–124.
66 北川恵(2012). 健全な分離を可能にするアタッチメントとは. 高石恭子編『子別れのための子育て』東京：平凡社, pp.83–100.
67 Chisholm, J. S. (1996). 前掲論文 38.
68 氏家達夫(1996).『子どもは気まぐれ：ものがたる発達心理学への序章』京都：ミネルヴァ書房.
69 Ainsworth, M. D. S. et al. (1978). 前掲書 32.
70 Harlow, H. F. & Harlow, M. K. (1962). Social deprivation in monkeys. *Scientific American*, 207, 136–146.
71 Harris, J. R. (1998). *The nurture assumption: Why children turn out the way they do*. New York: Free Press. 石田理恵訳(2000).『子育ての大誤解：子どもの性格を決定するものは何か』東京：早川書房.
72 Sackett, G. P. (1968). Abnormal behavior in laboratory-reared rhesus monkeys. In M. W. Fox (Ed.), *Abnormal behavior in animals*. Philadelphia: Saunders, pp.293–331.

第2章

1 根ヶ山光一・鈴木晶夫編(1995).『子別れの心理学：新しい親子関係像の提唱』東京：福村出版.
2 池田透・塚田英晴(1995). 動物の子別れ総論. 根ヶ山光一・鈴木晶夫編『子別れの心理学：新しい親子関係像の提唱』東京：福村出版, pp.78–92.
3 高石恭子編(2012).『子別れのための子育て』東京：平凡社.
4 Trivers, R. L. (1974). Parent-offspring conflict. *American Zoologist*, 14, 249–264.
5 Simpson, J. A. & Belsky, J. (2008). Attachment theory within a modern evolutionary framework. In J. Cassidy & P. R. Shaver (Eds.), *Handbook of attachment: Theory, research, and clinical applications*, 2nd ed. New York: Guilford Press, pp.131–157.
6 根ヶ山光一(2006).『〈子別れ〉としての子育て』東京：日本放送出版協会.
7 Negayama, K. (2011). *Kowakare*: A new perspective on the development of early mother-offspring relationship. *Integrative Psychological and Behavioral Science*, 45, 86–99.
8 Altmann, J. (1980). *Baboon mothers and infants*. Cambridge: Harvard University Press.
9 Hrdy, S. B. (1999). *Mother nature: A history of mothers, infants, and natural selection*. New York: Pantheon. 塩原通緒訳(2005).『マザー・ネイチャー：「母親」はいかにヒトを進化させたか（上・下）』東京：早川書房.
10 牛谷智一(2019). ミルクでパパも子育て：ハト. 齋藤慈子・平石界・久世濃子編『正解は一つじゃない 子育てする動物たち』東京：東京大学出版会, pp.107–118.

11 Ben Shaul, D. M. (1962). The composition of the milk of wild animals. *International Zoo Yearbook*, 4, 333-342.
12 Ota, K., Makino, Y., Kimura, M., & Suzuki, J. (1991). Lactation in the Japanese monkey (*Macaca fuscata*): Yield and composition of milk and nipple preference of young. *Primates*, 32, 35-48.
13 Blurton Jones, N. (1972). Comparative aspects of mother-child contact. In Blurton Jones, N. (Ed.), *Ethological studies of child behaviour*. Cambridge: Cambridge University Press, pp.305-328. 岡野恒也監訳(1995). 人間の母子の接触性に関する比較研究『乳幼児のヒューマンエソロジー 2版』東京：ブレーン出版, pp.423-458.
14 Hrdy, S. B. (1999/2005). 前掲書 9.
15 杉山幸丸(1980).『子殺しの行動学』東京：北斗出版.
16 Hrdy, S. B. (2009). *Mothers and others: The evolutionary origins of mutual understanding*. Cambridge: Belknap Press.
17 根ヶ山光一(1987). 母子関係と繁殖：その実験的究明の試み. 糸魚川直祐・藤井尚教・根ヶ山光一『繁殖行動と適応戦略：ニホンザル集団を中心に』東京：東海大学出版会, pp.128-191.
18 Negayama, K. (1981). Maternal aggression to its offspring in Japanese monkeys. *Journal of Human Evolution*, 10, 523-527.
19 Altmann, J. (1980). 前掲書 8.
20 Barrett, L. & Henzi, P. (2000). Are baboon infants Sir Phillip Sydney's offspring? *Ethology*, 106, 645-658.
21 Bateson, P. (1994). The dynamics of parent-offspring relationships in mammals. *Trends in Ecology & Evolution*, 9, 399-403.
22 Devinney, B. J., Berman, C. M., & Rasmussen, K. L. R. (2001). Changes in yearling rhesus monkeys' relationships with their mothers after sibling birth. *American Journal of Primatology*, 54, 193-210.
23 土居健郎(1971).『「甘え」の構造』東京：弘文堂.
24 Napier, J. R. & Napier, P. H. (1985). *The natural history of the primates*. Cambridge: MIT Press.
25 Matsuzawa, T. (2006). Evolutionary origins of the human mother-infant relationship. In T. Matsuzawa, M. Tomonaga, & M. Tanaka (Eds.), *Cognitive development in chimpanzees*. Tokyo: Springer-Verlag (e-book).
26 松沢哲郎(2011).『想像するちから：チンパンジーが教えてくれた人間の心』東京：岩波書店.
27 根ヶ山光一(2002).『発達行動学の視座：〈個〉の自立発達の人間科学的探究』東京：金子書房.
28 根ヶ山光一(2002). 前掲書 27.
29 岡田守彦(1984). 直立二足歩行の前段階を考える. 日本人類学会編『人類学：その多様な発展』東京：日経サイエンス, pp.136-149.

30 Portmann, A. (1951). *Biologische Fragmente zu einer Lehre vom Menschen*. Basel: Schwabe. 高木正孝訳(1961).『人間はどこまで動物か』東京：岩波書店（岩波新書).
31 上野有理(2010). 食をめぐる人間の親子関係：他の霊長類との比較からみえること. 心理学評論, 53, 394–404.
32 明和政子(2006).『心が芽ばえるとき：コミュニケーションの誕生と進化』東京：NTT 出版.
33 末岡浩(2000). 着床過程のメカニズムおよびその異常. 日本産科婦人科學會雑誌, 52(11), N412–N415.
34 多田富雄(1993).『免疫の意味論』東京：青土社.
35 Haig, D. (1999). Genetic conflicts of pregnancy and childhood. In S. C. Stearns (Ed.), *Evolution in health and disease*. Oxford: Oxford University Press, pp.77–90.
36 Portmann, A. (1951/1961). 前掲書 30.
37 Winnicott, D. W. (1953). Transitional objects and transitional phenomena. *International Journal of Psycho-Analysis*, 34, 89–97.
38 井原成男(1996).『ぬいぐるみの心理学：子どもの発達と臨床心理学への招待』東京：日本小児医事出版社.

第３章

1 根ヶ山光一(1996). 離乳期までの食行動. 中島義明・今田純雄編『たべる：食行動の心理学』東京：朝倉書店, pp.66–78.
2 根ヶ山光一・相川公代(2017). アロマザリングからみたレジリエンス：桶谷式断乳をめぐる考察. 乳幼児医学・心理学研究, 26, 71–80.
3 根ヶ山光一(1997). 離乳と母子関係：桶谷式断乳とラ・レーチェ・リーグ式卒乳の比較. 行動科学, 36, 1–11.
4 Anderson, P. (1983). The reproductive role of the human breast. *Current Anthropology*, 24, 25–45.
5 Clark, C. B. (1977). A preliminary report on weaning among Chimpanzees of the Gombe National Park, Tanzania. In S. Chevalier-Skolnikoff & F. E. Poirier (Eds.), *Primate bio-social development: Biological, social, and ecological determinants*. New York: Garland, pp.235–260.
6 Trevarthen, C. & Hubley, P. (1978). Secondary intersubjectivity: Confidence, confiding and acts of meaning in the first year. In A. Lock (Ed.), *Action, gesture, and symbol: The emergence of language*. London: Academic Press, pp.183–229.
7 Gustafson, G. E., Green, J. A., & West, M. J. (1979). The infant's changing role in mother-infant games: The growth of social skills. *Infant Behavior and Development*, 2, 301–308.
8 McDade, T. W. (2001). Parent-offspring conflict and the cultural ecology of breast-feeding. *Human Nature*, 12, 9–25.
9 WHO (1981). *Contemporary patterns of breast-feeding*. Geneva: World Health

Organization.
10 今村栄一編著(1981).『離乳の基本：離乳食幼児食研究班報告と解説』東京：医歯薬出版.
11 母子衛生研究会編(1997).『改定 離乳の基本 理論編』東京：母子保健事業団.
12 梅木和宣(2018). 乳幼児健康診査制度の変遷と健康診査情報の利活用について. 小児保健研究, 77, 488-496.
13 Negayama, K., Norimatsu, H., Barratt, M., & Bouville, J.-F. (2012). Japan-France-US comparison of infant weaning from mother's viewpoint. *Journal of Reproductive and Infant Psychology*, 30, 77-91.
14 Wright, P. (1989). Feeding experiences in early infancy. In R. Shepherd (Ed.), *Handbook of the psychophysiology of human eating*. Chichester: Wiley, pp.157-178.
15 Mennella, J. A. & Beauchamp, G. K. (1993). The effects of repeated exposure to garlic-flavored milk on the nursling's behavior. *Pediatric Research*, 34, 805-808.
16 根ヶ山光一(2002).『発達行動学の視座：〈個〉の自立発達の人間科学的探究』東京：金子書房.
17 Negayama, K. (1993). Weaning in Japan: A longitudinal study of mother and child behaviours during milk- and solid-feeding. *Early Development and Parenting*, 2, 29-37.
18 鯨岡峻(1997).『原初的コミュニケーションの諸相』京都：ミネルヴァ書房.
19 Negayama, K. (2000). Feeding as a communication between mother and infant in Japan and Scotland. *Research and Clinical Center for Child Development: Annual Report*, 22, 59-68.
20 Negayama, K. (2000). 前掲論文 19.
21 Rozin, P., Hammer, L., Oster, H., Horowitz, T., & Marmora, V. (1986). The child's conception of food: Differentiation of categories of rejected substances in the 16 months to 5 year age range. *Appetite*, 7, 141-151.
22 根ヶ山光一(2006).『〈子別れ〉としての子育て』東京：日本放送出版協会.
23 河原紀子(2004). 食事場面における1～2歳児の拒否行動と保育者の対応：相互交渉パターンの分析から. 保育学研究, 42, 112-120.
24 大岡貴史・坂田美恵子・野本富枝・村田尚道・内海明美・弘中祥司・小倉草・向井美恵(2011). 乳幼児の食事や口腔内の状況に関する保護者の疑問や不安についての実態調査. 口腔衛生学会雑誌, 61, 551-562.
25 Jansen, P. W., de Barse, L. M., Jaddoe, V. W. V., Verhulst, F. C., Franco, O. H., & Tiemeier, H. (2017). Bi-directional associations between child fussy eating and parents' pressure to eat: Who influences whom? *Physiology & Behavior*, 176, 101-106.
26 Cole, N. C., Musaad, S. M., Lee, S. -Y., Donovan, S. M., & The STRONG Kids Team. (2018). Home feeding environment and picky eating behavior in preschool-aged children: A prospective analysis. *Eating Behaviors*, 30, 76-82.
27 Tovar, A., Vaughn, A. E., Fallon, M., Hennessy, E., Burney, R., Østbye, T., & Ward, D. S. (2016). Providers' response to child eating behaviors: A direct observation study. *Appetite*, 105, 534-541.

28 川田学(2014).『乳児期における自己発達の原基的機制：客体的自己の起源と三項関係の蝶番効果』京都：ナカニシヤ出版.
29 Negayama, K. (2000). Development of parental aversion to offspring's bodily products: A new approach to parent-offspring relationships. *Research and Clinical Center for Child Development: Annual Report*, 22, 51–58.
30 Case, T. I., Repacholi, B. M., & Stevenson, R. J. (2006). My baby doesn't smell as bad as yours: The plasticity of disgust. *Evolution and Human Behavior*, 27, 357–365.
31 根ヶ山光一(2001). 子どもの身体から発せられるものへの親による嫌悪の発達的変化. ヒューマンサイエンス, 13, 2–13.
32 根ヶ山光一(1997). 子どもの顔におけるかわいらしさの縦断的発達変化に関する研究. 人間科学研究, 10, 61–68.
33 Negayama, K. (1999). Development of reactions to pain of inoculation in children and their mothers. *International Journal of Behavioral Development*, 23, 731–746.
34 根ヶ山光一(1997). 親子関係と自立：日英比較を中心に. 柏木惠子・北山忍・東洋編『文化心理学：理論と実証』東京：東京大学出版会, pp.160–179.
35 中根千枝(1972).『適応の条件：日本的連続の思考』東京：講談社（講談社現代新書).
36 Colson, E. R., Willinger, M., Rybin, D., et al. (2013). Trends and factors associated with infant bed sharing, 1993–2010: The national infant sleep position study. *JAMA Pediatrics*, 167, 1032–1037.
37 Billingham, R. E. & Zentall, S. (1996). Co-sleeping: Gender differences in college students' retrospective reports of sleeping with parents during childhood. *Psychological Reports*, 79, 1423–1426.
38 Abel, S., Park, J., Tipene-Leach, D., Finau, S., & Lennan, M. (2001). Infant care practices in New Zealand: A cross-cultural qualitative study. *Social Science and Medicine*, 53, 1135–1148.
39 片山勢津子(2010). 子どもの就寝様式に対する母親の意識について. 日本建築学会計画系論文集, 75, 17–23.
40 三星喬史・加藤久美・清水佐知子・松本小百合・鳫野雪保・井上悦子・毛利育子・下野九理子・大野ゆう子・谷池雅子(2012). 日本の幼児の睡眠習慣と睡眠に影響を及ぼす要因について. 小児保健研究, 71, 808–816.
41 Sadeh, A., Tikotzky, L., & Scher, A. (2010). Parenting and infant sleep. *Sleep Medicine Reviews*, 14, 89–96.
42 Jenni, O. G., Fuhrer, H. Z., Iglowstein, I., Molinari, L., & Largo, R. H. (2005). A longitudinal study of bed sharing and sleep problems among Swiss children in the first 10 years of life. *Pediatrics*, 115 (Supplement 1), 233–240.
43 Volkovich, E., Ben-Zion, H., Karny, D., Meiri, G., & Tikotzky, L. (2015). Sleep patterns of co-sleeping and solitary sleeping infants and mothers: A longitudinal study. *Sleep Medicine*, 16, 1305–1312.
44 Volkovich, E., Bar-Kalifa, E., Meiri, G., & Tikotzky, L. (2018). Mother-infant sleep

patterns and parental functioning of room-sharing and solitary-sleeping families: A longitudinal study from 3 to 18 months. *Sleep*, 41, 1–14, doi:10.1093/sleep/zsx207
45 Volkovich, E. et al.（2018）. 前掲論文 44.
46 American Academy of Pediatrics（2016）. SIDS and other sleep-related infant deaths: Updated 2016 recommendations for a safe infant sleeping environment. *Pediatrics*, 138, DOI: 10.1542/peds.2016–2938. Originally published online October 24, 2016.
47 Bergman, A. B.（2013）. Bed sharing per se is not dangerous. *JAMA Pediatrics*, 167, 998–999.
48 McKenna, J. J., Ball, H. L., & Gettler, L. T.（2007）. Mother-infant cosleeping, breastfeeding and sudden infant death syndrome: What biological anthropology has discovered about normal infant sleep and pediatric sleep medicine. *Yearbook of Physical Anthropology*, 134, 133–161.
49 Barry, E. S.（2019）. Co-sleeping as a proximal context for infant development: The importance of physical touch. *Infant Behavior and Development*, 57, 101385. https://doi.org/10.1016/j.infbeh.2019.101385.
50 Teti, D. M., Shimizu, M., Crosby, B., & Kim, B. -R.（2016）. Sleep arrangements, parent-infant sleep during the first year, and family functioning. *Developmental Psychology*, 52, 1169–1181.
51 Ball, H. L., Hooker, E., & Kelly, P. J.（2000）. Parent-infant co-sleeping: Fathers' roles and perspectives. *Infant and Child Development*, 9, 67–74.
52 Blurton Jones, N. G. & da Costa, E.（1987）. A suggested adaptive value of toddler night waking: Delaying the birth of the next sibling. *Ethology and Sociobiology*, 8, 135–142.
53 Huang, Y., Hauck, F. R., Signore, C., Yu, A., Raju, T. N. K., Huang, T. T. -K., & Fein, S. B.（2013）. Influence of bedsharing activity on breastfeeding duration among US mothers. *JAMA Pediatrics*, 167, 1038–1044.
54 Volkovich, E. et al.（2018）. 前掲論文 44.
55 WHO（1981）. 前掲書 9.
56 Buswell, S. D. & Spatz, D. L.（2007）. Parent-infant co-sleeping and its relationship to breastfeeding. *Journal of Pediatric Health Care*, 21, 22–28.
57 Shimizu, M., Park, H., & Greenfield, P. M.（2014）. Infant sleeping arrangements and cultural values among contemporary Japanese mothers. *Frontiers in Psychology*, 5, doi: 10.3389/fpsyg.2014.00718
58 Caudill, W. & Plath, D. W.（1966）. Who sleeps by whom? Parent-child involvement in urban Japanese families. *Psychiatry*, 29, 344–366.
59 St. James-Roberts, I., Harris, G., & Messer, D.（1993）. *Infant crying, feeding, and sleeping: Development, problems, and treatments*. New York: Harvester Wheatsheaf.
60 Messmer, R., Miller, L. D., & Yu, C. M.（2012）. The relationship between parent-infant bed sharing and marital satisfaction for mothers of infants. *Family Relations*, 61, 798–810.

61 Teti, D. M. et al. (2016). 前掲論文 50.

62 Mileva-Seitz, V. R., Bakermans-Kranenburg, M. J., Battaini, C., & Luijk, M. P. C. M. (2017). Parent-child bed-sharing: The good, the bad, and the burden of evidence. *Sleep Medicine Reviews*, 32, 4–27.

第４章

1 根ヶ山光一・柏木惠子編著(2010).『ヒトの子育ての進化と文化：アロマザリングの役割を考える』東京：有斐閣.

2 Wilson, E. O. (1975). *Sociobiology: The new synthesis*. Cambridge: Belknap Press. 伊藤嘉昭日本語版監修(1999).『社会生物学』東京：新思索社.

3 MacLamon, A. & Ross, C. (Eds.) (2000). Evolution of non-maternal care in primates. *Folia Primatologica*, 71.

4 Solomon, N. G. & Hayes, L. D. (2009). The biological basis of alloparental behaviour in mammals. In G. Bentley & R. Mace (Eds.), *Substitute parents: Biological and social perspectives on alloparenting in human societies*. New York: Berghahn, pp.13–49.

5 長谷川寿一・長谷川眞理子(2000).『進化と人間行動』東京：東京大学出版会.

6 Trivers, R. L. (1972). Parental investment and sexual selection. In B. Campbell (Ed.), *Sexual selection and the descent of man, 1871–1971*. Chicago: Aldine, pp.136–179.

7 Clutton-Brock, T. H. (1991). *The evolution of parental care*. New Jersey: Princeton University Press.

8 Wilson, E. O. (1975/1999). 前掲書 2.

9 Itani, J. (1959). Paternal care in the wild Japanese monkey, *Macaca fuscata fuscata*. *Primates*, 2, 61–93.

10 Rowell, T. E., Hinde, R. A., & Spencer-Booth, Y. (1964). "Aunt"-infant interaction in captive rhesus monkeys. *Animal Behaviour*, 12, 219–226.

11 Lancaster, J. B. (1971). Play-mothering: The relations between juvenile females and young infants among free-ranging vervet monkeys (*Cercopithecus aethiops*). *Folia Primatologica*, 15, 161–182.

12 Wilson, E. O. (1975/1999). 前掲書 2.

13 濱田穣(1999). コドモ期が長いというヒトの特徴：成長パターンから見た霊長類の進化．科学，69, 350–358.

14 Kramer, K. L. (2010). Cooperative breeding and its significance to the demographic success of humans. *Annual Review of Anthropology*, 39, 417–436.

15 Ben Shaul, D. M. (1962). The composition of the milk of wild animals. *International Zoo Yearbook*, 4, 333–342.

16 江原昭善(1985). 霊長類をどう理解するか．江原昭善・大沢済・河合雅雄・近藤四郎編『霊長類学入門』東京：岩波書店，pp.9–18.

17 Dunbar, R. I. M. (1997). 言語の起源．科学，67, 289–296.

18 Valeggia, C. R. (2009). Flexible caretakers: Responses of Toba families in Transition.

In G. Bentley & R. Mace (Eds.), *Substitute parents: Biological and social perspectives on alloparenting in human societies*. New York: Berghahn, pp.100–114.
19 Kramer, K. L. (2010). 前掲論文 14.
20 Kleiman, D. G. & Malcolm, J. R. (1981). The evolution of male parental investment in mammals. In D. J. Gubernick & P. H. Klopfer (Eds.), *Parental care in mammals*. New York: Plenum, pp.347–387.

第5章

1 Reddy, V. (2000). Coyness in early infancy. *Developmental Science*, 3, 186–192.
2 Clutton-Brock, T. H. (1991). *The evolution of parental care*. New Jersey: Princeton University Press.
3 Clutton-Brock, T. H. (1991). 前掲書 2.
4 Leutenegger, W. (1979). Evolution of litter size in primates. *American Naturalist*, 114, 525–531.
5 Daly, M. & Wilson, M. (1983). *Sex, evolution, and behavior*, 2nd ed. Belmont: Wadsworth.
6 Sear, R. & Mace, R. (2008). Who keeps children alive? A review of the effects of kin on child survival. *Evolution and Human Behavior*, 29, 1–18.
7 Sear, R. & Mace, R. (2009). Family matters: Kin, demography and child health in a rural Gambian population. In G. Bentley & R. Mace (Eds.), *Substitute parents: Biological and social prespectives on alloparenting in human societies*. New York: Berghahn, pp.50–76.
8 Lewis, C. (1986). The role of the father in the human family. In W. Sluckin & M. Herbert (Eds.), *Parental behaviour*. Oxford: Blackwell, pp.228–258.
9 太田素子(2017).『江戸の親子：父親が子どもを育てた時代』東京：吉川弘文館.
10 根ヶ山光一(2002).『発達行動学の視座：〈個〉の自立発達の人間科学的探究』東京：金子書房.
11 舩橋惠子(1994).『赤ちゃんを産むということ：社会学からのこころみ』東京：日本放送出版協会.
12 柏木惠子 (2011).『父親になる，父親をする：家族心理学の視点から』東京：岩波書店（岩波ブックレット).
13 Lamb, M. E. (Ed.) (1976). *The role of the father in child development*. New York: John Wiley. 8か月の子供と両親との交流. 久米稔・服部広子・小関賢・三島正英訳 (1981).『父親の役割：乳幼児発達とのかかわり』東京：家政教育社, pp.283–303.
14 Ball, H. L., Hooker, E., & Kelly, P. J. (2000). Parent-infant co-sleeping: Fathers' roles and perspectives. *Infant and Child Development*, 9, 67–74.
15 McHale, J. P. (1997). Overt and covert coparenting processes in the family. *Family Process*, 36, 183–201.

16 Feinberg, M. E. (2003). The internal structure and ecological context of coparenting: A framework for research and intervention. *Parenting: Science and Practice*, 3, 95–131.
17 Van Egeren, L. A., & Hawkins, D. P. (2004). Coming to terms with coparenting: Implications of definition and measurement. *Journal of Adult Development*, 11, 165–178.
18 Belsky, J., Putnam, S., & Crnic, K. (1996). Coparenting, parenting, and early emotional development. *New Directions for Child and Adolescent Development*, 74, 45–55.
19 Feinberg, M. E. (2003). 前掲論文 16.
20 柏木惠子・若松素子(1994).「親となる」ことによる人格発達：生涯発達的視点から親を研究する試み．発達心理学研究，5, 72–83.
21 Scrimgeour, M. B., Blandon, A. Y., Stifter, C. A., & Buss, K. A. (2013). Cooperative coparenting moderates the association between parenting practices and children's prosocial behavior. *Journal of Family Psychology*, 27, 506–511.
22 Hill, K. & Hurtado, A. M. (1991). The evolution of premature reproductive senescence and menopause in human females: An evaluation of the "grandmother hypothesis". *Human Nature*, 2, 313–350.
23 Danielsbacka, M., Tanskanen, A. O., Jokela, M., & Rotkirch, A. (2011). Grandparental child care in Europe: Evidence for preferential investment in more certain kin. *Evolutionary Psychology*, 9. https://doi.org/10.1177/147470491100900102.
24 Sear, R. & Mace, R. (2009). 前掲論文 7.
25 小林由希子(2010). 出産前後の里帰りにおける実母の援助と母子関係・母性性の発達．日本助産学会誌，24, 28–39.
26 Tronick, E. Z., Morelli, G. A., & Ivey, P. K. (1992). The Efe forager infant and toddler's pattern of social relationships: Multiple and simultaneous. *Developmental Psychology*, 28, 568–577.
27 Sear, R. & Mace, R. (2009). 前掲論文 7.
28 Weisner, T. & Gallimore, R. (1977). My brother's keeper: Child and sibling caretaking. *Current Anthropology*, 18, 169–173.
29 Rogoff, B., Sellers, M. J., Pirrotta, S., Fox, N., & White, S. H. (1975). Age of assignment of roles and responsibilities to children: A cross-cultural survey. *Human Development*, 18, 353–369.
30 Bove, R. B., Valeggia, C. R., & Ellison, P. T. (2002). Girl helpers and time allocation of nursing women among the Toba of Argentina. *Human Nature*, 13, 457–472.
31 Harris, J. R. (1998). *The nurture assumption: Why children turn out the way they do.* New York: Free Press. 石田理恵訳(2000).『子育ての大誤解：子どもの性格を決定するものは何か』東京：早川書房.
32 マイケル・ルイス／高橋惠子編，高橋惠子監訳(2007).『愛着からソーシャ

ル・ネットワークへ：発達心理学の新展開』東京：新曜社.
33 Feldman, R. (2016). The neurobiology of mammalian parenting and the biosocial context of human caregiving. *Hormones and Behavior*, 77, 3-17.
34 Malloch, S. & Trevarthen, C. (Eds.) (2009). *Communicative musicality: Exploring the basis of human companionship*. Oxford: Oxford University Press. 根ヶ山光一・今川恭子・蒲谷慎介・志村洋子・羽石英里・丸山慎監訳(2018).『絆の音楽性：つながりの基盤を求めて』東京：音楽之友社.
35 レヴィット，M. J. (2007). 児童・青年期の人間関係：コンボイ・モデルによる検討. M. ルイス・高橋惠子編『愛着からソーシャル・ネットワークへ：発達心理学の新展開』東京：新曜社，pp.39-71.
36 McHale, J. P. (2007). When infants grow up in multiperson relationship systems. *Infant Mental Health Journal*, 28, 370-392.
37 Bronfenbrenner, U. (1979). *The ecology of human development: Experiments by nature and design*. Cambridge: Harvard University Press. 磯貝芳郎・福富護訳 (1996).『人間発達の生態学：発達心理学への挑戦』東京：川島書店.
38 Bronfenbrenner, U. (1986). Ecology of the family as a context for human development: Research perspectives. *Developmental Psychology*, 22, 723-742.
39 Super, C. M. & Harkness, S. (1986). The developmental niche: A conceptualization at the interface of child and culture. *International Journal of Behavioral Development*, 9, 545-569.
40 和辻哲郎(1935).『風土：人間学的考察』東京：岩波書店.
41 Vygotsky, L. S. (1978). *Mind in society: The development of higher psychological processes*. Cambridge: Harvard University Press.
42 井原成男(1996).『ぬいぐるみの心理学：子どもの発達と臨床心理学への招待』東京：日本小児医事出版社.
43 藤永保(1995).『発達環境学へのいざない』東京：新曜社.
44 石毛直道(1971).『住居空間の人類学』東京：鹿島研究所出版会.
45 菅野幸恵(2001). 母親が子どもをイヤになること：育児における不快感情とそれに対する説明づけ. 発達心理学研究，12, 12-23.
46 太田素子(2007).『子宝と子返し：近世農村の家族生活と子育て』東京：藤原書店.
47 沢山美果子(2008).『江戸の捨て子たち：その肖像』東京：吉川弘文館.
48 中田元子(2019).『乳母の文化史：一九世紀イギリス社会に関する一考察』京都：人文書院.
49 Badinter, E. (1980). *L'amour en plus: Histoire de l'amour maternel*. Paris: Flammarion. 鈴木晶訳(1991).『母性という神話』東京：筑摩書房.
50 Hrdy, S. B. (1999). *Mother nature: A history of mothers, infants, and natural selection*. New York: Pantheon. 塩原通緒訳(2005).『マザー・ネイチャー：「母親」はいかにヒトを進化させたか（上・下）』東京：早川書房.
51 岡部造史(2014). 統治権力としての児童保護：フランス近現代史の事例か

ら．橋本伸也・沢山美果子編『保護と遺棄の子ども史』京都：昭和堂，pp.129–152.
52 原ひろ子(1989).『ヘヤー・インディアンとその世界』東京：平凡社.
53 厚生労働省(2016). 里親及び特別養子縁組の現状について．https://www.mhlw.go.jp/file/05-Shingikai-11901000-Koyoukintoujidoukateikyoku-Soumuka/0000147429.pdf. 2020 年 7 月 18 日確認
54 中山哲志・深谷昌志・深谷和子編(2018).『子どもの成長とアロマザリング：里親里子問題への接近』京都：ナカニシヤ出版.
55 中山哲志(2018a). 里親とはどのような人々か：アロマザーする人々．中山哲志・深谷昌志・深谷和子編(2018).『子どもの成長とアロマザリング：里親里子問題への接近』京都：ナカニシヤ出版，pp.3–11.
56 中山哲志(2018b). 里子とはどのような子か：育てにくい問題を持つ子どもたち．中山哲志・深谷昌志・深谷和子編(2018).『子どもの成長とアロマザリング：里親里子問題への接近』京都：ナカニシヤ出版，pp.12–23.
57 中山哲志(2018b). 前掲論文 56.
58 中山哲志(2018a). 前掲論文 55.
59 白井千晶(2019). 社会的養護とみんなで子育て：フォスターから見える子育てのこれから．子育て研究，9, 6–13.
60 平田修三・根ヶ山光一(2012). 制度化されたアロケアとしての児童養護施設：貧困の観点から．発達心理学研究，23, 460–469.
61 河原紀子・根ヶ山光一(2010). 保育園におけるアロマザリング．根ヶ山光一・柏木惠子編著『ヒトの子育ての進化と文化：アロマザリングの役割を考える』東京：有斐閣，pp.185–200.
62 The NICHD Early Child Care Research Network (Ed.) (2005). *Child care and child development: Results from the NICHD study of early child care and youth development.* New York: Guilford Press.
63 National Institute of Child Health and Human Development. (2006). *The NICHD study of early child care and youth development: Findings for children up to age 4 1/2 years.* NIH Pub. No. 05-4318. https://www.nichd.nih.gov/sites/default/files/publications/pubs/documents/seccyd_06.pdf 日本子ども学会編 (2009).『保育の質と子どもの発達：アメリカ国立小児保健・人間発達研究所の長期追跡研究から』東京：赤ちゃんとママ社.
64 根ヶ山光一・河原紀子・福川須美・星順子(2008). 家庭と保育園における乳幼児の行動比較：泣きを手がかりに．こども環境学研究，4, 41–47.
65 Deynoot-Schaub, M. J. J. M. G. & Riksen-Walraven, J. M. (2008). Infants in group care: Their interactions with professional caregivers and parents across the second year of life. *Infant Behavior and Development*, 31, 181–189.
66 藤永保(2013).『幼稚園と保育所は一つになるのか：就学前教育・保育の課程と子どもの発達保障』東京：萌文書林.
67 相澤輝美(2009). 子育て支援の担い手としての保育士・幼稚園教諭．繁多進

編『子育て支援に活きる心理学：実践のための基礎知識』東京：新曜社，pp.163-172.

68 Aviezer, O., van IJzendoorn, M. H., Sagi, A., & Schuengel, C. (1994). "Children of the dream" revisited: 70 years of collective early child care in Israeli kibbutzim. *Psychological Bulletin*, 116, 99-116.

69 Barromi-Perlman, E. (2012). Public and private photographs of children on kibbutzim in Israel: Observation and analysis. *Photography and Culture*, 5, 149-166.

70 Fox, N. (1977). Attachment of kibbutz infants to mother and metapelet. *Child Development*, 48, 1228-1239.

71 Barromi-Perlman, E. (2012). 前掲論文 69.

72 Sagi, A., van IJzendoorn, M. H., Aviezer, O., Donnell, F., & Mayseless, O. (1994). Sleeping out of home in a kibbutz communal arrangement: It makes a difference for infant-mother attachment. *Child Development*, 65, 992-1004.

73 Ophir-Cohen, M., Epstein, R., Tzischinsky, O., Tirosh, E., & Lavie, P. (1993). Sleep patterns of children sleeping in residential care, in kibbutz dormitories and at home: A comparative study. *Sleep*, 16, 428-432.

74 Aviezer, O. et al. (1994). 前掲論文 68.

75 Scher, A., Tirosh, E., Jaffe, M., Rubin, L., Sadeh, A., & Lavie, P. (1995). Sleep patterns of infants and young children in Israel. *International Journal of Behavioral Development*, 18, 701-711.

76 Dollberg, D., Shalev, O., & Chen, P. (2010). 'Someone's been sleeping in my bed!' Parental satisfaction associated with solitary and parent-child co-sleeping in Israeli families with young children. *Early Child Development and Care*, 180, 869-878.

77 Volkovich, E., Ben-Zion, H., Karny, D., Meiri, G., & Tikotzky, L. (2015). Sleep patterns of co-sleeping and solitary sleeping infants and mothers: A longitudinal study. *Sleep Medicine*, 16, 1305-1312.

78 Sadeh, A., Mindell, J. A., Luedtke, K., & Wiegand, B. (2009). Sleep and sleep ecology in the first 3 years: A web-based study. *Journal of Sleep Research*, 18, 60-73.

79 Dollberg, D. et al. (2010). 前掲論文 76.

80 根ヶ山光一(2012).『アロマザリングの島の子どもたち：多良間島子別れフィールドノート』東京：新曜社.

81 根ヶ山光一・外山紀子・宮内洋編著(2019).『共有する子育て：沖縄多良間島のアロマザリングに学ぶ』東京：金子書房.

82 具志堅邦子(2013). 守姉という存在. 地域文化論叢，15, 45-63.

83 根ヶ山光一・石島このみ・川田学(2019). 守姉行動とはどういうアロマザリングか. 根ヶ山光一・外山紀子・宮内洋編著『共有する子育て：沖縄多良間島のアロマザリングに学ぶ』東京：金子書房，pp.10-24.

84 Lancaster, J. B. (1971). Play-mothering: The relations between juvenile females and young infants among free-ranging vervet monkeys (*Cercopithecus aethiops*). *Folia Primatologica*, 15, 161-182.

85 谷川健一(1970).『沖縄：辺境の時間と空間』東京：三一書房.
86 福地曠昭編著(1983).『糸満売り：実録・沖縄の人身売買』沖縄：那覇出版社.
87 鳥越憲三郎 (1971).『沖縄庶民生活史』東京：雄山閣出版.
88 多良間村史編集委員会編(1993).『多良間村史 第4巻資料編3：民俗』沖縄：多良間村.
89 松本なるみ(2019). 沖縄離島の習俗「守姉」によるアロケアと養護性：池間島の「守姉(ムイアニ)」. 東京家政大学研究紀要, 59, 35-43.
90 白石優子・石島このみ・根ヶ山光一(2019).「風習」として受け継がれた子守の形. 根ヶ山光一・外山紀子・宮内洋編著『共有する子育て：沖縄多良間島のアロマザリングに学ぶ』東京：金子書房, pp.28-44.
91 具志堅邦子(2013). 前掲論文 82.
92 川田学(2019). 保育所の設立と守姉：その歴史的関係をさぐる. 根ヶ山光一・外山紀子・宮内洋編著『共有する子育て：沖縄多良間島のアロマザリングに学ぶ』東京：金子書房, pp.48-62.
93 神里博武(2014). 沖縄保育の歴史：沖縄における保育問題の形成過程. 浅井春夫・吉葉研司編著『沖縄の保育・子育て問題：子どものいのちと発達を守るための取り組み』東京：明石書店, pp.187-218.
94 小島康生(2019). 就学前の子どもの対人的かかわり. 根ヶ山光一・外山紀子・宮内洋編著『共有する子育て：沖縄多良間島のアロマザリングに学ぶ』東京：金子書房, pp.116-130.
95 Rogoff, B.(2003). *The cultural nature of human development.* Oxford University Press. 當眞千賀子訳(2006).『文化的営みとしての発達：個人, 世代, コミュニティ』東京：新曜社.
96 根ヶ山光一(2012). 前掲書 80.
97 石島このみ・白石優子・根ヶ山光一(2019). 大人がいだく子ども像. 根ヶ山光一・外山紀子・宮内洋編著『共有する子育て：沖縄多良間島のアロマザリングに学ぶ』東京：金子書房, pp.66-78.

第6章

1 Field, T. (2019). Social touch, CT touch and massage therapy: A narrative review. *Developmental Review*, 51, 123-145.
2 Field, T. (2001). *Touch.* Cambridge: MIT Press.
3 石島このみ・根ヶ山光一(2013). 乳児と母親のくすぐり遊びにおける相互作用：文脈の共有を通じた意図の読みとり. 発達心理学研究, 24, 326-336.
4 Brand, R. J., Baldwin, D. A., & Ashburn, L. A. (2002). Evidence for 'motionese': Modifications in mothers' infant-directed action. *Developmental Science*, 5, 72-83.
5 Gogate, L. J., Bahrick, E., & Watson, J. D. (2000). A study of multimodal motherese: The role of temporal synchrony between verbal labels and gestures. *Child Development*, 71, 878-894.

6 Stern, D. N. (1985). *The interpersonal world of the infant.* New York: Basic Books. 小此木啓吾・丸田俊彦監訳／神庭靖子・神庭重信訳(1989).『乳児の対人世界 理論編』東京：岩崎学術出版社.
7 Malloch, S. N. (1999). Mothers and infants and communicative musicality. *Musicae Scientiae,* 3, Special Issue, 29–57.
8 Trevarthen, C. (1999). Musicality and the intrinsic motive pulse: Evidence from human psychobiology and infant communication. *Musicae Scientiae,* 3, Special Issue, 155–215.
9 Malloch, S. & Trevarthen, C. (Eds.) (2009). *Communicative musicality: Expoloring the basis of human companionship.* Oxford: Oxford University Press. 根ヶ山光一・今川恭子・蒲谷慎介・志村洋子・羽石英里・丸山慎監訳(2018).『絆の音楽性：つながりの基盤を求めて』東京：音楽之友社.
10 Trevarthen, C. (1999). 前掲論文 8.
11 根ヶ山光一・山口創(2005). 母子におけるくすぐり遊びとくすぐったさの発達. 小児保健研究, 64, 451–460.
12 根ヶ山光一(2002).『発達行動学の視座：〈個〉の自立発達の人間科学的探究』東京：金子書房.
13 Harris, C. R. & Christenfeld, N. (1999). Can a machine tickle? *Psychonomic Bulletin & Review,* 6, 504–510.
14 Rochat, P. (2001). *The infant's world.* Cambridge, MA: Harvard University Press. 板倉昭二・開一夫監訳(2004).『乳児の世界』京都：ミネルヴァ書房.
15 Feldman, R. (2003). Infant-mother and infant-father synchrony: The coregulation of positive arousal. *Infant Mental Health Journal,* 24, 1–23.
16 根ヶ山光一(2002). 前掲書 12.
17 Blakemore, S. -J., Bristow, D., Bird, G., Frith, C., & Ward, J. (2005). Somatosensory activations during the observation of touch and a case of vision-touch synaesthesia. *Brain,* 128, 1571–1583.
18 Reddy, V. & Mireault, G. (2015). Teasing and clowning in infancy. *Current Biology,* 25, R20–R23.
19 大藪泰(2020).『共同注意の発達：情動・認知・関係』東京：新曜社.
20 西條剛央・根ヶ山光一(2001). 母子の「抱き」における母親の抱き方と乳幼児の「抱かれ行動」の発達：「姿勢」との関連を中心に. 小児保健研究, 60, 82–90.
21 西條剛央(2002). 母子間の「横抱き」から「縦抱き」への移行に関する縦断的研究：ダイナミックシステムズアプローチの適用. 発達心理学研究, 13, 97–108.
22 根ヶ山光一・石島このみ・百瀬桂子・河原紀子(2020). 発達初期の抱きと抱きにくさに関する縦断研究. 小児保健研究, 79, 314–321.
23 Rhine, R. J., Norton, G. W., & Westlund, B. J. (1984). The waning of dependence in infant free-ranging yellow baboons (*Papio cynocephalus*) of Mikumi National Park.

American Journal of Primatology, 7, 213–228.

24 Negayama, K., Kawai, M., Yamamoto, H., Tomiwa, K., Sakakihara, Y., & Japan Children's Study Group.(2010). Behavioral development of infant holding and its laterality in relation with mothers' handedness and child-care attitude. *Infant Behavior and Development*, 33, 68–78.

25 田島信元(1995). 家族と子別れ. 根ヶ山光一・鈴木晶夫編『子別れの心理学』東京：福村出版, pp.42–59.

26 京野尚子・大島和子・尾本ひとみ・石原三津子(2002). 1歳児の“抱っこ”をめぐる母親の意識について：母親の語りとアンケート結果から. 家庭教育研究所紀要, 24, 133–140.

27 土谷みち子(2004). 親子関係の調整からみた早期の育児および発達支援：「抱っこ」のぎこちなさに焦点をあてて. 小児保健研究, 63, 674–684.

28 根ヶ山光一・石島このみ・百瀬桂子・河原紀子(2020). 前掲論文 22.

29 Ishijima, K. & Negayama, K. (2017). Development of mother-infant interaction in tickling play: The relationship between infants' ticklishness and social behaviors. *Infant Behavior and Development*, 49, 161–167.

30 Tomasello, M., Kruger, A. C., & Ratner, H. H. (1993). Cultural learning. *Behavioral and Brain Sciences*, 16, 495–511.

31 Tomasello, M. (1995). Joint attention as social cognition. In C. Moore & P. J. Dunham (Eds.), *Joint attention: Its origins and role in development*. Hillsdale: Lawrence Erlbaum. 大神英裕監訳(1999).『ジョイント・アテンション：心の起源とその発達を探る』京都：ナカニシヤ出版, pp.93–117.

32 大藪泰(2020). 前掲書 19.

33 根ヶ山光一(2014). 子どもの身体・発達とアロマザリング. 子ども学, 2, 118–135.

34 根ヶ山光一(2012). 対人関係の基盤としての身体接触. 根ヶ山光一・仲真紀子編『発達科学ハンドブック 4 発達の基盤：身体・認知・情動』東京：新曜社, pp.119–130.

35 Tomasello, M. (1995). 前掲書 31.

36 Mennella, J. A. & Beauchamp, G. K. (1993). The effects of repeated exposure to garlic-flavored milk on the nursling's behavior. *Pediatric Research*, 34, 805–808.

37 大藪泰(2020). 前掲書 19.

38 Trevarthen, C. & Aitken, K. J. (2001). Infant intersubjectivity: Research, theory and clinical applications. *Journal of Child Psychology and Psychiatry*, 42, 3–48.

39 Trevarthen, C. & Hubley, P. (1978). Secondary intersubjectivity: Confidence, confiding and acts of meaning in the first year. In A. Lock (Ed.), *Action, gesture, and symbol: The emergence of language*. London: Academic Press, pp.183–229.

40 根ヶ山光一(2000). 子どもにおける障害物回避行動の発達に関する実験的研究. 発達心理学研究, 11, 122–131.

41 Simmel, M. L. (1966). Developmental aspects of the body scheme. *Child*

Development, 37, 83–95.
42 Plumert, J. M. (1995). Relations between children's overestimation of their physical abilities and accident proneness. *Developmental Psychology*, 31, 866–876.
43 Plumert, J. M. & Schwebel, D. C. (1997). Social and temperamental influences on children's overestimation of their physical abilities: Links to accidental injuries. *Journal of Experimental Child Psychology*, 67, 317–337.
44 根ヶ山光一(2010). 巨大地震への対応にみられる親子関係：子別れの観点からの検討. 発達心理学研究, 21, 386–395.
45 Ampofo-Boateng, K., Thomson, J. A., Grieve, R., Pitcairn, T., Lee, D. N., & Demetre, J. D. (1993). A developmental and training study of children's ability to find safe routes to cross the road. *British Journal of Developmental Psychology*, 11, 31–45.
46 山本利和・成田健一(1995). 迷子に関する調査報告. 日本発達心理学会第6回大会発表論文集, 1.
47 鬼頭宏(1986). 迷子と行方不明：18 世紀京都の人口現象. 人口学研究, 9, 49–57.
48 根ヶ山光一(2020). 離島と都市部における小学生の事故と教師による対応：災害報告書の分析から. こども環境学研究, 16, 118–123.
49 Gershoff, E. T. (2002). Corporal punishment by parents and associated child behaviors and experiences: A meta-analytic and theoretical review. *Psychological Bulletin*, 128, 539–579.
50 菅野幸恵(2001). 母親が子どもをイヤになること：育児における不安感情とそれに対する説明づけ. 発達心理学研究, 12, 12–23.
51 神谷哲司(2015). 親としての発達. 平木典子・柏木惠子編『日本の親子：不安・怒りからあらたな関係の創造へ』東京：金子書房, pp.107–126.
52 坂上裕子(2003). 歩行開始期における母子の共発達：子どもの反抗・自己主張への母親の適応過程の検討. 発達心理学研究, 14, 257–271.
53 氏家達夫(1999). 親になること, 親であること：“親”概念の再検討. 東洋・柏木惠子編『社会と家族の心理学』京都：ミネルヴァ書房, pp.137–162.
54 岩井八郎(2010). 容認される「親による体罰」: JGSS–2008 による「体罰」に対する意識の分析. 日本版総合的社会調査共同研究拠点研究論文集, 10, 49–59.
55 Lansford, J. E., Wager, L. B., Bates, J. E., Pettit, G. S., & Dodge, K. (2012). Forms of spanking and children's externalizing behaviors. *Family Relations*, 61, 224–236.
56 Lansford, J. E., Chang, L., Dodge, K. A., Malone, P. S., Oburu, P., Palmérus, K., Bacchini, D., Pastorelli, C., Bombi, A. S., Zelli, A., Tapanya, S., Chaudhary, N., Deater-Deckard, K., Manke, B., & Quinn, N. (2005). Physical discipline and children's adjustment: Cultural normativeness as a moderator. *Child Development*, 76, 1234–1246.
57 Raphael-Leff, J. (1983). Facilitators and regulators: Two approaches to mothering. *British Journal of Medical Psychology*, 56, 379–390.

58 Hubert, S. & Aujoulat, I.（2018）. Parental burnout: When exhausted mothers open up. *Frontiers in Psychology*, https://doi.org/10.3389/fpsyg.2018.01021
59 坂上裕子（2005）.『子どもの反抗期における母親の発達：歩行開始期の母子の共変化過程』東京：風間書房.
60 根ヶ山光一・河原紀子・福川須美・星順子（2008）. 家庭と保育園における乳幼児の行動比較：泣きを手がかりに. こども環境学研究, 4, 41–47.
61 Keller, H.（2007）. *Cultures of infancy*. New York: Psychology Press.
62 Keller, H., Borke, J., Staufenbiel, T., Yovsi, R., Abels, M., Papaligoura, Z., Jensen, H., Lohaus, A., Chaudhary, N., Lo, W., & Su, Y.（2009）. Distal and proximal parenting as alternative parenting strategies during infants' early months of life: A cross-cultural study. *International Journal of Behavioral Development*, 33, 412–420.
63 Barnlund, D. C.（1973）. *Public and private self in Japan and the United States*. Tokyo: The Simul Press. 西山千・佐野雅子訳（1979）.『新版日本人の表現構造』東京：サイマル出版会.
64 根ヶ山光一・則松宏子（2009）. 子どもの身体は親にとって快か不快か：身体接触・身体産生物・体臭への感情の日仏比較. 乳幼児医学・心理学研究, 18, 103–115.
65 根ヶ山光一（2020）. 家庭環境における母子の身体接触遊び行動：日英の縦断的比較. こども環境学研究, 16, 26–32.
66 Suvilehto, J. T., Nummenmaa, L., Harada, T., Dunbar, R. I. M., Hari, R., Turner, R., Sadato, N., & Kitada, R.（2019）. Cross-cultural similarity in relationship-specific social touching. *Proceedings of the Royal Society B: Biological Sciences*, 286, 20190467. doi:10.1098/rspb.2019.0467.
67 Henrich, J., Heine, S., & Norenzayan, A.（2010）. The weirdest people in the world? *Behavioral and Brain Sciences*, 33, 61–135.
68 Caudill, W. & Plath, D. W.（1966）. Who sleeps by whom? Parent-child involvement in urban Japanese families. *Psychiatry*, 29, 344–366.
69 小此木啓吾・北山修編（2001）.『阿闍世コンプレックス』東京：創元社.
70 和辻哲郎（1935）.『風土：人間学的考察』東京：岩波書店.
71 浜口恵俊（1982）.『間人主義の社会日本』東京：東洋経済新報社.
72 大藤ゆき（1967）.『児やらい』東京：岩崎美術社.
73 大藤ゆき（1999）.『子育ての民俗：柳田国男の伝えたもの』東京：岩田書院.
74 根ヶ山光一（1997）. 親子関係と自立：日英比較を中心に. 柏木惠子・北山忍・東洋編『文化心理学：理論と実証』東京：東京大学出版会, pp.160–179.

第 7 章

1 Negayama, K.（2016）. Childrearing（*Kosodate*）in Japan with special reference to mutual mother-child negativity. In Japan Society of Developmental Psychology（Ed.）, *Frontiers in developmental psychology research: Japanese perspectives*. Tokyo: Hituzi Syobo, pp.19–32.

2 Negayama, K., Delafield-Butt, J. T., Momose, K., Ishijima, K., Kawahara, N., Lux, E. J., Murphy, A., & Kaliarntas, K. (2015). Embodied intersubjective engagement in mother-infant tactile communication: A cross-cultural study of Japanese and Scottish mother-infant behaviors during infant pick-up. *Frontiers in Psychology*, 6:66 (doi:10.3389/fpsyg.2015.00066).
3 根ヶ山光一(2013). 子別れ・アロマザリングから子育てを考える. 乳幼児医学・心理学研究, 22, 1-8.
4 根ヶ山光一(2014). 子どもの身体・発達とアロマザリング. 子ども学, 2, 118-135.
5 Bellak, L. (1970). *The porcupine dilemma: Reflections on the human condition*. New York: Citadel Press. 小此木啓吾訳(1974).『山アラシのジレンマ：人間的過疎をどう生きるか』東京：ダイヤモンド社.
6 Cole, M. (2002). Culture and development. In H. Keller, Y. H. Poortinga, & A. Schölmerich (Eds.), *Between culture and biology: Perspectives on ontogenetic development*. Cambridge: Cambridge University Press, pp.303-319.
7 van IJzendoorn, M. H. & Sagi-Schwartz, A. (2008). Cross-cultural patterns of attachment: Universal and contextual dimensions. In J. Cassidy & P. R. Shaver (Eds.), *Handbook of attachment: Theory, research, and clinical applications*, 2nd ed. New York: Guilford Press, pp.880-905.
8 Chisholm, J. S. (1996). The evolutionary ecology of attachment organization. *Human Nature*, 7, 1-37.
9 Belsky, J., Steinberg, L., & Draper, P. (1991). Childhood experience, interpersonal development, and reproductive strategy: An evolutionary theory of socialization. *Child Development*, 62, 647-670.
10 Main, M. (1990). Cross-cultural studies of attachment organization: Recent studies, changing methodologies, and the concept of conditional strategies. *Human Development*, 33, 48-61.
11 van IJzendoorn, M. H. & Sagi-Schwartz, A. (2008). 前掲論文 7.
12 Maynard Smith, J. (1978). The evolution of behavior. *Scientific American*, 239, 176-193.
13 Chisholm, J. S. (1996). 前掲論文 8.
14 Simpson, J. A. & Belsky, J. (2008). Attachment theory within a modern evolutionary framework. In J. Cassidy & P. R. Shaver (Eds.), *Handbook of attachment: Theory, research, and clinical applications*, 2nd ed. New York: Guilford Press, pp.131-157.
15 中野茂(2005). 多面的な親子関係の発達モデルを探る：Attachment から間主観的 companionship へ. 北海道医療大学心理科学部研究紀要, 1, 47-66.
16 柏木惠子(2013).『おとなが育つ条件：発達心理学から考える』東京：岩波書店（岩波新書).
17 McHale, J. P., Kuersten-Hogan, R., & Rao, N. (2004). Growing points for coparenting theory and research. *Journal of Adult Development*, 11, 221-234.

著者紹介

根ヶ山光一（ねがやま こういち）
1977 年大阪大学大学院文学研究科博士課程中退。大阪大学助手，武庫川女子大学講師・助教授等を経て，現在早稲田大学人間科学学術院教授。その間英 Edinburgh 大学，同 Strathclyde 大学，仏 Toulouse 大学客員教授。博士（人間科学）。発達科学研究教育奨励賞（1990），発達臨床研究賞（2006），こども環境学会賞論文賞（2007）を受賞。専門は発達行動学。
長年「子別れ」をキーワードに，ヒトを含む霊長類の母子における反発性をふまえた相互自立発達を研究してきたが，最近はそれにアロマザリングを加え，母子の遠心性の問題として求心性とともに包括的見地から考察している。
著書は『子別れの心理学：新しい親子関係像の提唱』（共編著，福村出版）『繁殖行動と適応戦略：ニホンザル集団を中心に』（共著，東海大学出版会）『発達行動学の視座：〈個〉の自立発達の人間科学的探究』（金子書房）『〈子別れ〉としての子育て』（日本放送出版協会）『身体から発達を問う：衣食住のなかのからだとこころ』（共編著，新曜社）『発達の基盤：身体，認知，情動』（共編著，新曜社）『ヒトの子育ての進化と文化：アロマザリングの役割を考える』（共編著，有斐閣）『アロマザリングの島の子どもたち：多良間島子別れフィールドノート』（新曜社）『共有する子育て：沖縄多良間島のアロマザリングに学ぶ』（共編著，金子書房）など。

新曜社

「子育て」のとらわれを超える
発達行動学的「ほどほど親子」論

初版第 1 刷発行　2021 年 3 月 12 日

著　者　根ヶ山光一
発行者　塩浦　暲
発行所　株式会社　新曜社
〒101-0051　東京都千代田区神田神保町 3-9
電話(03)3264-4973(代)・FAX(03)3239-2958
E-mail：info@shin-yo-sha.co.jp
URL：https://www.shin-yo-sha.co.jp/

印　刷　長野印刷商工
製　本　積信堂

ISBN978-4-7885-1713-4　C1011